# 马云
# 我的管理心得

赵伟◎著

浙江人民出版社

图书在版编目（CIP）数据

马云：我的管理心得 / 赵伟著．—杭州：浙江人民出版社，2017.6

ISBN 978-7-213-08040-1

Ⅰ．①马… Ⅱ．①赵… Ⅲ．①电子商务－商业企业－企业管理－经验－中国 Ⅳ．①F724.6

中国版本图书馆 CIP 数据核字（2017）第 119692 号

马云：我的管理心得

赵伟　著

出版发行　浙江人民出版社（杭州市体育场路 347 号　邮编 310006）

责任编辑　马方方　徐　婷

责任校对　徐永明

封面设计　刘红刚

电脑制版　顾小固

印　　刷　三河市冀华印务有限公司

开　　本　700 毫米 ×980 毫米　1/16

印　　张　20.25

字　　数　240 千字

版　　次　2017 年 6 月第 1 版

印　　次　2017 年 6 月第 1 次印刷

书　　号　ISBN　978-7-213-08040-1

定　　价　39.80 元

# 前　言

马云，这个名字无人不知、无人不晓。

作为当今中国当之无愧的“创业教父”，马云独特的管理风格总是被人们拿来琢磨和学习；马云成功的原因被无数人当作话题来探讨。人们觉得马云身上有挖掘不尽的思想宝藏，每个人都想通过对马云的研究吸取一点有助于自己成功的营养。

马云的思想和行为总是与常人有异，他打破常规的逆反思维往往给人带来深思，出人意料的“马云语录”更是发人深省。在中国的企业家中，马云被看作是一个具有独特精神和风范的代表人物。

在用人方面，马云认为不用最好的，只用最合适的。只要他具备一定的能力，并且认同阿里巴巴的价值观，愿意和阿里巴巴一同成长，那么，不管这个人是名牌大学毕业的高才生，还是普通院校毕业的学生，马云都欢迎他加入。马云强调“员工第一”，他主张成立一个幸福感超强的团队。作为企业的管理者，马云看重的是人，他主张人人平等，与员工同乐。无论是荣誉还是财富，马云都不吝惜，他希望能够和员工分享一切成功。马云的这种管理方式得到了阿里巴巴成员的认可，他们都愿意为阿里巴巴付出时间、精力甚至所有。

在战略管理上，马云不追求高、大、空的理念，而是要求脚踏实地的结果，马云不愿意跟随市场，而是要引领市场；在品牌管理上，马云要打出全世界最响亮的品牌，马云要让自己企业的名字被全世界熟知；在思想管理上，马云希望公司的价值观是健康的、正确的、向上的，能为员工带来正能量的；在资本管理上，马云不会看重钱，也不会乱花投资人的一分钱，他深知钱多了未必是好事。

马云说："时间将证明一切，我有信心，最重要的是我们知道我们在做什么。而且幸运的是，未来互联网产业会比较坚挺并且充满希望。我们都很平庸，好在我们有梦想，一旦有了梦想，我们将无所畏惧，而且感到不再无能为力！"这就是马云成功的秘密，只要明确了方向，确立了信心，不管创业道路多么艰难，坚持到底就是胜利。

本书从战略管理、团队管理、中高层管理、竞争管理、品牌管理、商业模式管理、思想管理、企业文化管理、创新管理、自我情绪管理和资本管理11个方面清晰地分析了马云成功的管理经验。从这些方面可以看到阿里巴巴一步一步的成长历程，同时也可以看到其成长背后，马云和他的团队付出的辛苦努力。

书中以语录+案例+分析的形式，对每个主题都进行了深入浅出的阐释，全面解析了马云作为一个商界奇才的管理秘诀，将马云睿智的管理心得呈现在读者面前，为读者提供了一本很好的管理笔记，同时也给正在奋斗的年轻人、想要创业的满怀理想的人提供了榜样式的引导。

# 目录

*Contents*

**第一章**

**战略管理：不需要花哨的理念，只需要脚踏实地的结果_1**

先生存再挑战，这样赢的机会更大_2

距离不可怕，可怕的是你不知道距离_6

第一天就要站在世界舞台上_10

被别人说服是犯错的开始_14

所有资源在一点突破，才有可能赢_18

在变化中求生存，阵法比招数更重要_23

要做新游戏规则的制定者_27

**第二章**

**团队管理：收入和理想都要有，软硬两手抓_33**

不是因为你能做什么，而是你该做什么_34

要让自己的员工把事业和工作当作自己的孩子_38
用人最大的突破在于信任人_43
在奔跑中一定会有人掉下来_47
一定要把自己的利益抛开_52
不能让雷锋穿打补丁的衣服上街_56
在每个阿里巴巴人身上植入阿里巴巴的DNA_60

第三章

中高层管理：找最合适的人，而不是最成功的人_65
做不好士兵的人永远当不了将军_66
把你的团队的怨气都发泄出来才会走得更好_70
领导者要让员工为了共同的使命去工作_74
总监以上干部要随时调整_78
领导要让下属成为劳模，而不是自己当劳模_82
从内部找替代自己的人_86

第四章

竞争管理：灾难时客户第一，员工第二，然后才是对手_93

人要被狠狠PK过，才会有出息_94

遇到强大的对手，该做的不是挑战而是弥补_98

不要把竞争者当作一个榜样_102

不从竞争对手那里挖人_105

小不忍则乱大谋_109

诚信就是竞争力_113

在错误面前，面子一文不值_118

第五章

品牌管理：一个名字让全世界的人都记得住_123

让全世界记住的名字_124

站在名人的肩膀上来宣传_128
别人都死光了，你还活着，就是品牌_132
不要卖你想卖的品牌，而要卖顾客想买的品牌_136
“马云”这两个字是属于阿里巴巴的_140
品牌不是炒概念，而是注重可信度_144
娱乐营销：好玩，好看，才好卖_148

第六章

商业模式管理：不是打败所有对手，而是形成独特优势_153
搞定最难说服的客户_154
世界上没有最好的模式，只有最适合自己的模式_158
诚信不是一种销售，是实实在在的细节_162
结盟，合作才是王道_168
最好的服务是让客户不需要服务_172

第七章

思想管理：力是你单个的，能是集体的_177

人永远不要忘记自己第一天的理想_178

拥有持久的激情才可以赚钱_182

机会太多，只抓一只兔子_186

不用利益吸引员工，而是要用企业文化_191

书读得不多没关系，就怕不在社会上读书_195

管理者不但是严师，更是家长_199

我们应该为结果付报酬，为过程鼓掌_203

第八章

企业文化管理：怕犯错误，我们就不会有明天_207

对未来的判断上可以犯错，在原则上绝不犯错_208

什么都可以谈，只有价值观不能谈判_212
使命感驱动阿里巴巴前进_216
执行力：现在、立刻、马上_220
道德是阿里巴巴的天条，永不能犯_223
管理企业就是管理人心_228

第九章
创新管理：让不占优势的事情发挥出潜在的优势_233

读书太多的人不会成功_234
倒立看世界，一切皆有可能_238
外行是可以领导内行的，比技术更重要的是思想_241
拥抱变化是一种境界，是一种创新_245
变化是应对竞争的利器_249

第十章

自我情绪管理：今天的最强，可能是明天的最弱_253

永远用乐观的眼光看待这个世界_254

男人的胸怀是被冤枉撑大的，领导人不要怕被冤枉_258

在别人把你当英雄的时候，你千万别把自己当英雄_261

人不怕犯错误，就怕不承认错误_265

学会放弃的时候，才是进步的开始_270

成功是个人价值的实现，更是时代价值的实现_274

第十一章

资本管理：银行不改变，我们就改变银行_279

基本面决定一切，好的公司可以吸引全世界的投资者_280

不要受资本意志控制_284
寻找策略投资_288
花别人的钱比花自己的钱更加痛苦_292
找风险投资时，必须跟风险投资共担风险_297

附 录

马云简历_304
阿里巴巴发展史_307

第一章

# 战略管理：不需要花哨的理念，只需要脚踏实地的结果

马云说："战略不能落实到结果和目标上，都是空话。一个正确的制定战略过程，首先要做正确的事情，再有就是正确地做事。你做正确的事，就可以事半功倍，如果你做的事情是错误的，后边做得越正确，死得越快。"

# 先生存再挑战，这样赢的机会更大

如果碰到一个强大的对手或者榜样，我觉得你应该做的不是去挑战他，而是去弥补他，做他所做不到的，去服务好他，先求生存，再求挑战，这是所有商家经营的基本规律。你还没有站稳脚跟就去向人家挑战肯定是不行的，先生存再挑战，这样赢的机会就更大。

——2007年《赢在中国》马云点评

## 马云管理案例

正确的战略方针对一个公司的发展至关重要，马云在阿里巴巴发展初期，因为一次重大决策失误，也就是过分追求国际化和过早实施海外扩张，导致了阿里巴巴差一点存活不下去，险遭破产。

马云在成立了阿里巴巴之后，凭借过人的胆识和超人的判断力，很快将阿里巴巴做得风生水起。马云有了之前做中国黄页和在外经贸部网站工作的经验，他将阿里巴巴的定位设置为“中国中小企业贸易服务商”，吸引了大批客户。在互联网的世界中，马云的名号越来越响，马云也越来越游刃有余，阿里巴巴连续4年被《福布斯》评为全球最佳电子商务网站第一名。

1999年2月阿里巴巴网站上线，到当年7月份已经发展到了3.8万名会员，到9月份会员数迅速增长为8万，库存买卖信息20万条，日新增信息800条，到1999年年底，阿里巴巴会员数已经超过了10万人。

快速的发展令阿里巴巴成为互联网界的一匹黑马，吸引了很多人的关注。拉到投资的马云在资金充裕的情况下决定放手大干一场，他计划将阿里巴巴迅速推到世界互联网的舞台中央。

2000年时，踌躇满志的马云带着融资来的几千万美元决心大干一场，将阿里巴巴成功扩展到海外去。在2000年2月，马云率领着一队人马杀到了欧洲，他在欧洲放出豪言："一个国家一个国家地杀过去，然后再杀到南美，再杀到非洲，9月份再把旗插到纽约，插到华尔街上去：嘿！我们来了！"可是，9月份到了，阿里巴巴并没有发展到纽约，马云为他的着急扩张付出了代价。

高速的扩张为阿里巴巴赢得了很高的关注度，但同时，高速扩张也为阿里巴巴带来了运营成本的不断上涨，每个办事处的花销都是天文数字。很快，在2000年年底网络泡沫破裂时，阿里巴巴的账上只剩下700万美元了。当时大量互联网公司倒闭，按照这个趋势走下去，阿里巴巴很快也会走到"关门大吉"的地步。为了保住阿里巴巴，马云痛定思痛，毅然决定停止扩张，全球大幅度裁员。为了休养生息，留住元气，阿里巴巴这一次的"壮士断腕"行为，后来被马云称为"回到中国"。

阿里巴巴的这一次挫败成了当时舆论的焦点，很多报纸杂志都刊登了关于阿里巴巴退回国内的一些看法。一篇文章是这样写的："无数的IT企业员工在今年度过了一个难忘的夏天，一个接一个地拿到了‘粉色传票’——下岗的命令。在互联网最艰难的时候，阿里巴巴也收缩海外战线，回到中国，把总部从上海撤回到杭州，实实在在地做事。”

回到中国后的阿里巴巴放弃了很多业务，专注于为中小企业提供B2B贸易服务，在调整了战略之后，阿里巴巴很快再次走上了发展壮大的道路。马云在后来总结这一次失败的原因时说道：“互联网上失败一定是自己造成的，要不就是脑子发热，要不就是脑子不热、太冷了。”

## 马云管理智慧

马云说：“战略有很多意义，小公司的战略简单一点，就是活着，活着最重要。”

对于一家企业来说，最重要、最首要的事情是生存下来。只有盈利之后，才能继续发展，如果一味想要扩张，想要扩大名声，而不管公司的财务状况，那即便名声再大，这家企业也是无法发展长久的。

在中国，乃至全世界，每天都有企业在倒闭，而这种现象多半发生在中小企业身上。有资料显示，极少有企业生存超过75年，大企业的寿命仅仅是普通人平均寿命的一半，甚至大多数不会超过普通人寿命的一半。

物竞天择，适者生存。人类从猿进化而来，正是这句话的体现，企业也是如此。如果一家企业想要持续地生存发展，就要主动去适应市场，针对适合自己的消费群体，结合企业自身的状况，这样才能使企业在茫茫的市场大海中取得一点立足之地。

危机来临，马云为了保住公司，大幅裁员，很多人不理解他的战略。

作为管理者的马云全力安抚公司员工，他为公司员工规划了阿里巴巴未来的目标与计划。马云提出了切实的点子，慢慢让员工躁动不安的情绪安定了下来。马云对公司的员工说："如果认为我们是疯子，请你离开；如果你专等上市，请你离开；如果你带着不利于公司的个人目的，请你离开；如果你心浮气躁，请你离开。"

经历了这次的动荡，马云心浮气躁的状态渐渐消失了。马云虽然是一个杰出的企业家，但也是一个普通人，难免会犯一些错误。在阿里巴巴迅速壮大之后，马云忽视了潜在的危机，他和大部分企业家一样，一心想要把自己的企业做大做强，所以，他不断扩展阿里巴巴，加速阿里巴巴的发展，不断抢占市场。这样的做法虽然能够在短时间内创造很大的价值，可是快速地发展和大面积地铺张，令企业因为尾大不掉而最终被市场的洪流所冲垮。

马云意识到这一点后，很快调整了战略，就像他在宁波演讲时说的那样："在互联网最艰难的时候，阿里巴巴回到中国，把总部从上海撤回到了杭州，实实在在地做事，放弃国内其他的市场，非常非常艰难。阿里巴巴第一次裁员，我跟会员很郑重地说，在2000年，把一些美国的工程师灭了，如果我们晚半年，可能公司也没了。不是我们聪明，而是没有办法。我们在中国实施'回到中国'策略的时候，对外没有说。我们说我们阿里巴巴一直在开拓海外市场，结果有一些竞争对手跟我们去打海外市场，去了就关门了，没能回来。

"是什么让阿里巴巴活下来的？是什么让阿里巴巴走到现在的？我们把回来做的第一件大事比作毛泽东经过长征，来到了延安。一是要做延安整风运动，二是建立抗日军政大学，三是南泥湾开荒。"

为了能够重整旗鼓，马云在2001年1月邀请在通用电气工作了16年的关明生加入阿里巴巴，担任首席运营官。在关明生的协助下，马云在阿里巴巴内部实施了上面他提到的三个战略。也正是因为马云这一次及时地调整战略，将阿里巴巴重新拉回到起点，更为阿里巴巴蓄力，令阿里巴巴在接下来的路程中跑得更快，后劲更足。

所以说，企业首先要生存下去，才能有精力去迎接其他挑战。如果企业破产了、消亡了，那挑战就无从谈起，更无从谈起战略发展了。对于企业来说，生存是摆在第一位的。作为企业的管理者，马云正是将生存当作企业的最高战略，才使得阿里巴巴发展为今日的互联网巨头。

## 距离不可怕，可怕的是你不知道距离

我们最近跑了一些地方，特别是我在中央电视台《对话》节目里看到中国的知名企业家讲了这句话，让我觉得很不以为然。他说："我这个企业很难管理，哪怕通用前任CEO杰克·韦尔奇来到我这里管理，最多只能待3天。"

第一，杰克·韦尔奇不会待3天；第二，他来了一定会改变你的企业。可怕的不是距离，而是不知道有距离。我在网站上也讲过这句话。我先讲一个例子，我有一个朋友，在浙江省散打队当教练，他给我讲了一个故事：武当山下面有一个小伙子非常厉害，他把所有的人都打败了。他认为自己天下无敌，就跑到北京，找到北京散打集训队教练，说："我要跟你的队员打一场。"教练不让，反而让这个小伙子更跃跃欲试。最后教练同意了，结果5分钟不到，这个小伙子就被打下来了。教练跟他说：“小伙子，你每天练两个小时，把每天练半个小时的人打败了。我这些队员每天练10个小时，你怎么可能跟他们打？而且我们队员还没有真打。天外有天，人外有人。”

——2002年宁波会员见面会马云发言

## 马云管理案例

马云认为：“在公司的管理、资本的运用、全球的操作上，要毫不含糊地全盘西化……阿里巴巴要的是放眼世界、挑战世界，真正做到打进全球市场。”他定下的战略目标是长远的，也是正确的，但是在错误的时间，用了错误的决策，导致了马云在进军世界舞台时差点全军覆没。

事后，马云意识到了自己与世界的距离，他开始反思自己犯下的错误，并从中吸取教训。马云在斯坦福大学演讲时，就提到了这一点：

“今天，大家总是在写关于阿里巴巴的成功故事。但是我并不真的认为我们有多么聪明，我们犯了很多错误，当时我们还是很愚蠢的，所以我在想，如果哪天我要写关于阿里巴巴的书，我会写阿里巴巴的1001个错误。这才是大家应该记住的事情，应该学习的事情。如果你想知道其他人是怎么成功的，这是非常难的，因为成功有很多幸运的因素；但是如果你想学习别人是怎么失败的，你就会受益很多。我总喜欢看那些探讨人如何失败的书。因为，当你仔细去分析的时候，任何失败的公司，他们失败的原因总是不尽相同，而这才是最重要的。淘宝成功了，接下来我们做了支付宝。大家都说中国没有信用体系，银行很糟糕，物流很糟糕，你为什么还要做电子商务？今天，我不是来这里跟大家说我的生意经的，我没有准备PPT，因为我没有股票要卖给大家。但是我想，正因为中国落后的物流、信用体系和银行，我们才需要有创业精神。这就是我们需要创建自己的蓝图。所以我相信这个事情我先做了，然后慢慢地就成了中国的标准。我记得6年前当我来美国的时候，我说我相信5年以后，中国的网民人口会超过美国。人们说，不会的。然后我说，你们的人口才3亿，中国有13亿人口不是吗？如果让你们有4亿人口，没有人口死亡，人们还要不停地生孩子，你们需要50年的时间。我们只需要5年时间。所以这只是一个时间问题，不是吗？我们走着瞧。今天，中国网络用户的人数超过了美国。然后人们说为什么你们的购买力这么低？我们5年后再说。今天，每月人均消费大概只有200元人民币。5年以后，这些人会每月消费2000元人民币。而且我们很有耐心，我们还很年轻。我是老了，但是我们员工的平均年龄才26岁。他们还很年轻，所以让我们期待未来。”

华为创始人任正非说过：“人是有差距的，要承认差距的存在。一个人对自己所处的环境要有满足感，不要不断地攀比。你们对自己付出的努力没有一种满足感，就会不断地折磨自己并痛苦着。真是身在福中不知福。这不是宿命，宿命是人知道差距后而不努力去改变。”

### 马云管理智慧

人贵有自知之明，做企业也要有自知之明。马云之所以能成功，并不是因为马云比别人更加聪明，实力更加雄厚，而是因为马云懂得反思，不是一味向前冲。马云总能够在自己犯了错误时，适时地停下脚步，回过头去，看一看，想一想，总结教训，然后从摔倒的地方爬起来，从头再来。

在一个企业中，管理者除了要带领员工们冲刺业绩、取得好的收益之外，更重要的是能够停下脚步，思考在发展过程中有哪些地方是需要改进的。很多管理者都意识不到这一点，他们认为只要能够赚取利润就够了，但其实，一个优秀的管理者一定要总结错误，发现自己与别人之间的距离。人无完人，没有一个管理者是足够优秀的，都会有犯错误的时候，这个时候，就需要管理者调整状态、总结经验了。

丰田是世界十大汽车工业公司之一，丰田之所以能够取得这么好的成绩，其中一个重要的因素就是丰田的管理者一直懂得自我反思，看清自己与别的企业之间的距离，然后思考战略改进。

在丰田汽车生产中心，管理者给了工人一个权力，就是发现问题“拉灯”的权力，这样做就有可能随时发现产品的潜在问题了。如果不能及时解决这些潜在的问题，丰田就会停止整条生产线。丰田的管理者给了每一个员工发现问题的权力。

在每一个成员的监管下，丰田自然会及时发现错误，并及时改进，这就是丰田越做越强大的原因。很多企业的管理者认为自己的企业就是业内数一数二的，足够厉害，可以高枕无忧了。但其实竞争每天都在进行，一日的松懈就会造成日后无法追赶的差距。

就像马云说的那样：“距离不可怕，可怕的是你不知道距离。”企业的管理者应当时时刻刻有这种距离感，随时做出战略调整，好拉近自己与其他企业之间的距离。企业管理者的这种居安思危，不仅能帮助企业确立正确的战略目标，还能帮助企业的管理者制订出更加适合企业发展的方案。所以，每一个管理者都不要在自己的企业内埋头苦干，要放眼到市场上，这样才能令企业立于不败之地。

## 第一天就要站在世界舞台上

去年我们的战略有一些调整，我们觉得整个中国的电子商务市场又开始热起来了。由于淘宝的加入，我们在国内做了很多广告，去年我们在中央电视台等媒体上面有大量的广告。2002年以前，阿里巴巴在中国的广告预算为零，但是去年我们花了很多钱。

很多会员讲，阿里巴巴花了那么多钱，是不是烧钱？我认为不是，我们是把赚来的钱继续投入市场。去年我们有不少钱投在中国的市场上，我们在中国投入广告以后，有很多企业向阿里巴巴学习。所以去年我们决定干脆到国外去，我们在美国的CNBC包了大量的广告。

大家觉得这个时候做广告可能是最贵的，但因为我们是第一个这样在美国本土做广告的中国公司，所以我们谈业务的时候价格就很便宜。我们跟他们讲，我们代表中国市场，如果我们做得好，很多企业会进来。其实，我们是以很便宜的价格在美国和欧洲进行宣传的。去年开始，我们的重要战略是进行海外推广，今年我们参展的次数几乎是去年的三倍，所有的展览都有阿里巴巴的展位。我本人这一年也跑了很多地方。这是我们去年的战略，今年和明年，我们依旧会在国外进行大量的宣传。

——马云2005年在上海网商论坛上的演讲

## 马云管理案例

2004年时，国内出现了轰动性的新闻——“阿里巴巴逾亿元在美打电视广告”。也许阿里巴巴并没有花这么多钱打广告，但这条新闻让阿里巴巴赚足了人们的眼球，加强了阿里巴巴在市场上的影响力，还吸引了很多海外会员来加盟。

马云很懂得造势，为了能够更好地走入国际市场，更快地被国际市场所接纳，马云可是煞费了一番苦心。“当时甚至不敢说自己是中国的公司，因此还取了‘阿里巴巴’这样非中非西的名字，因为当时大家都认为，中国不可能有好的互联网公司。”

在建立阿里巴巴时，马云就将客户源定位在了国内和国外两个价值链上：一头是海外买家，一头是中国供应商。所以，阿里巴巴自始至终走的都是国际化的战略路线。马云说：“我们要打开国际电子商务市场，培育中国国内电子商务市场。”

但是，那个时候中国的工厂还不像现在这样先进发达，电子商务想要成功，主要还得依赖海外的资源。互联网的核心技术和核心企业在海外，能向互联网投资的主流资金也在海外，如果想要让阿里巴巴更加顺利地走下去，马云就需要搞定海外的资源和人脉。

阿里巴巴只有做成全球性的网站，做全球的生意，才能走出自己的道路。马云为了实现这个目标，只有全身心投入，没有退路。

为了吸引全球的人才来阿里巴巴工作，从1999年到2000年，马云开始满地球地奔波，去经济发达的国家做商业演讲，用他超级棒的口才去宣传阿里巴巴，宣传他关于B2B的理念。

马云就像一台促销机器，不断重复他的理论，在不同的人面前演示自己网站的优势。最疯狂的时候，他一个月去了三趟欧洲，一个礼拜跑了七个不同的国家。每到一个地方，他所做的事情只有一件，那便是不停地演讲。马云在BBC做过现场直播的演讲，也在麻省理工学院、哈佛大学等高等学府做过演讲，还在“世界经济论坛”演讲过，在亚洲商业协会演讲过。

在这些演讲现场，马云激情无限地说：“电子商务是一个新的领域，我们最重要的是永远为你所激情的事情激情下去。做电子商务不容易，今天有这么多人在，我非常高兴。从事网络的人，尤其是这几年活下来的人，经历的事情太多……”

很快，功夫不负苦心人，马云的努力得到了回报。马云和阿里巴巴的名声在欧美地区火爆起来，大家都知道东方有个小个子的男人，常常挥舞着拳头，神情激动地喊：“B2B模式最终将改变全球几千万商人的生意模式。”马云开始被一些世界重量级的杂志和报纸所关注。

看到这些小成就，马云越发坚定自己的营销方式，他把到欧美一些名校里去演讲当作他营销的一部分，他说：“沃顿、哈佛的MBA，5年后就是大公司的高层，在他们脑子里播下阿里巴巴的种子，5年后就发芽长大了。”

马云的演讲很受欢迎，每场都是人满为患。也许是当年做过老师的缘故，马云在这些学校演讲时，学生们对“马老师”的演讲很是肯定。马云在哈佛演讲时，发生过一件有趣的事情。哈佛的一位教授问了马云一个问题：“马云先生，在你开始演讲之前，能否先谈谈在你简历里面没有提到过的事情呢？”马云风趣地回答：“十年前我申请过三次哈佛，被你们拒绝了，你们看都不看就拒绝掉了我的申请。”学生们被逗得哈哈大笑。

不卑不亢、急中生智、风趣幽默就是“马氏演讲”的特色，马云在哈佛做完演讲，之后有35个哈佛MBA的毕业生陆续进入阿里巴巴企业工作。

### 马云管理智慧

对于企业的管理者来说，眼光一定要放得长远一些，想要让企业长久发展，就要制定一个长远的奋斗目标。马云一直都是走在时代前端的，他创办海博翻译社，成立中国黄页，后来建立阿里巴巴，这些都是先人一步，走在大部分人前面。马云曾经说过：“我们绝对是放眼世界的，真正做到打到全世界去。”

在互联网这个概念还没有传到中国时，马云便开始琢磨了。当时，互联网教父尼葛洛庞帝在《数字化生存》一书中说，“互联网精灵的尖叫是大型公司走向覆灭的丧钟”，而那时杨致远才刚刚创建雅虎。互联网这个概念太新了，很多人都无法理解。在这种时候，马云坚持要做互联网。他后来回忆道：“其实最大的决心并不是我对互联网有很大的信心，而是我觉得做一件事，经历就是一种成功，你去闯一闯，不行还可以掉头。”

时至今日，马云成功了，他成功地站到了世界的舞台上，大放光彩，阿里巴巴成了全球人都知晓的知名企业。如果马云当初没有制定站到世界舞台的战略目标，那可能也就没有今天的阿里巴巴。

默多克是美国著名的媒体经营者，他大学毕业后就在英国伦敦的《每日快报》上班。父亲去世后，他便继承了父亲的家业，到澳大利亚经营父亲留下的一家地方报纸——阿德莱德《新闻报》。

默多克不甘心只经营这一份地方报纸，他为报社制定了跨国经营的战略目标。1963年，他购买了香港亚洲杂志公司28%的股份；1964年，又购买了新西兰惠灵顿的《自治报》；1968年，拥有了美国历史上最悠久的《世界新闻报》集团49%的股份；1989年，接管了柯林斯出版公司。默多克在全球掀起了热潮。

如今的默多克，建立起了横跨五大洲的传媒帝国，他本人站在了世界的舞台上。作为企业的管理者，一开始就要有一个雄伟的目标，心中装着世界舞台才行。企业想要在市场中获得成功，企业的管理者就要有大的目标。将目标当作自己奋斗的方向，并持之以恒，就一定能够成功。

## 被别人说服是犯错的开始

金庸作品里面的义气，我是断章取义。我买过四五套金庸的书，也买过盗版的。上次在香港吃饭，请金庸签名，结果拿出来一看是盗版的，很惭愧。因为看得确实比较多，每次看完就忘了，忘了才会再看。最近5年来第一次在马尔代夫度假，睡了三天，醒了就看《笑傲江湖》，把这套书认真看了三天。

何为笑傲江湖？“笑”，有眼光、有胸怀才能笑；“傲”，有骄傲才能傲。网络就是江湖。网络是非常不景气的，我这些年走过来，听到很多人骂阿里巴巴一分钱不赚，什么也没练好，皮倒是练得很厚。我自己在“外练一层皮，内练一口气”。1995年做网络，人家认为我们是骗子；1997年提出中国黄页，人家认为我们是疯子；现在人家认为我们是狂人。不在乎别人怎么说，坚信自己是对的，就做下去。冤枉、误解在网络中是很正常的。我自己觉得，皮子倒真是越练越厚了。

钢铁是怎样炼成的？我们做网络，各种各样的投资者都有自己的看法，有员工对我们的看法，也有评论界的，特别是互联网的评论家。中国的互联网评论家数量远远超过世界上其他任何国家，而且他们的积极态度也是超过其他任何地方的。我们看网上网民的各种评论很多，评论家多了，这个模式行，那个模式不行，众说纷纭。网络现在的变化非常快，半年以前B2C刚刚热起来，过了三个月突然说B2C不行了，做B2B；B2B还没弄清怎么回事，又去做基础设施，变成ASP；现在ASP没搞清楚，又不流行了。这就是网络，在不断地变化。如果变化过程中太在乎别人怎么评价你，你可能真的什么也做不好了。

——马云2000年9月在第一届“西湖论剑”上的讲话

## 马云管理案例

马云的特立独行是出了名的，他有自己的想法，不会向现实妥协，也不会轻易被别人说服。很多人说马云是“狂人”，但其实，马云只是个坚持自我、坚持理想的人。年轻的马云在大学当老师当得好好的，却非要辞职下海，去创办翻译社。当时很多朋友劝阻他，认为他大可不必冒这个风险，但马云还是坚持辞职，创办了海博翻译社。

后来，马云回忆起那段日子，说道：“刚开始做互联网，能不能成功我也没信心。只是，我觉得做一件事，无论失败与成功，总要试一试、闯一闯，不行你还可以掉头；但是你如果不做，总走老路子，就永远不可能有新的发展。”

事实证明，马云成功了，他在新的道路上走得很远，但马云并不满足，他不满足于自己的脚步仅仅停留在一个翻译社上。之后不久，马云又创办了阿里巴巴。在阿里巴巴的创建过程中，马云依旧按照自己的想法去做事。

阿里巴巴与当时很多互联网公司不同，马云提出阿里巴巴要为中小企业服务，他提出的独特B2B模式很多人不赞同，甚至有人对马云说："如果阿里巴巴能成功，无异于把一艘万吨轮船抬到喜马拉雅山顶峰。"

马云可不管这些，他对阿里巴巴的团队成员说："我们的任务是把这艘轮船从山顶上抬到山脚下。别人怎么说，没关系，你自己要明白，你要去哪里，你能对社会创造什么样的价值。我们希望创造一个真正由中国人创办的、让全世界感到骄傲的伟大公司，那是我的梦想和我们这一代人的梦想。"

2000年是中国互联网的转折之年，互联网界开始衰败。互联网分析人士方兴东回顾这一年时，说这一年的互联网是"从黄金到垃圾"。方兴东在文章中写道："市场热的时候，什么概念都是美好的；市场冷的时候，什么概念都是虚幻的，例如.com和e标签。市场好的时候，什么样的商业模式都是黄金；市场差的时候，什么样的商业模式都像垃圾，例如B2C、C2C。"

马云所从事的正是B2B，虽然前途暗淡，还被指为垃圾，但马云并不放弃。他没有因为别人的不看好就轻易放弃自己的事业。马云在这一年号召起了第一届的"西湖论剑"，和一众互联网人士共同探讨互联网危机，讨论应当如何应对。

马云不会因为别人几句打击的话就放弃自己设定的目标，他在创业期间始终坚持做自己认为对的事情。

## 马云管理智慧

马云的人生信条之一便是相信自己，不管是之前创业的时候，还是后来管理阿里巴巴时，他都坚持这个信条。因为马云知道，作为一个管理者，被别人说服往往就是自己犯错的开始。别人的话或许有道理，可一味地去听从别人的建议，会让自己迷失。在管理企业要做重大决定时，管理者就要坚定自己的信念，不要被旁人的意见所左右。

在员工大会上，马云曾这样说过："我们believe才会学习，所以不要去管别人怎么说，也不要去管别人怎么看我们。疯人院里面的人从来不相信自己是疯子，而我们这里的人不能相信自己是傻子。听到了，断言、重复，传染'我是第一'，传十遍，然后重复说一百遍，然后你就是第一了。很多事都是这么起来的。"

作为企业的管理者，你只有相信自己、肯定自己，坚定不移地走自己要走的道路，这股精神力量才会感染企业员工，使大家不断奋进。有很多失败的管理案例，就是因为管理者不能够坚持自己的想法，而是盲目跟随大溜，看到市场上有什么新动态，就去模仿、抄袭。这样的管理者在拟定和选择最终决策方案时，会因为旁人的意见动摇，让自己原本的决定胎死腹中，可是听从别人的意见也未必就能为企业带来良好的发展，没准还会为企业带来负面影响。

创造了一代商业神话的苹果前CEO乔布斯，从小就是一个很有主见的人。他的养父母并不富裕，但为了乔布斯能够受到良好的教育，还是拿出了几乎所有积蓄，供乔布斯上了里德学院。他们本希望乔布斯能够在学院好好学习，毕业后找一份好工作，却没想到乔布斯上了几个月学后，便选择了退学。

退学后的乔布斯留在里德学院，旁听了一门美术字课。乔布斯学习掌握了很多种字体，学会了在不同的字母组合中改变空格的长度，还学会了如何做出漂亮的印刷字体。他所学的这些在别人看来是毫无用处的，但谁也没想到，十年之后，乔布斯和沃兹尼克设计了第一台Macintosh电脑时，乔布斯当初所学的“无用知识”派上了大用场。

乔布斯将那时在美术字课堂上掌握的知识都放进了Mac电脑里，而也正是因为有了乔布斯的设计，Mac电脑成了历史上第一台拥有漂亮的印刷字体的电脑，受到了很多文字工作者的青睐。

“你的时间有限，所以不要为别人而活。不要被教条所限，不要活在别人的观念里，不要让别人的意见左右自己内心的声音，最重要的是，勇敢地去追随自己的心灵和直觉，只有自己的心灵和直觉才知道你自己的真实想法，其他一切都是次要的。”乔布斯在成功之后这样说道。

这番话也值得许多管理者去思考。管理者要尊重别人的意见，听取员工的建议，但更重要的是，应当有自己的主见，遇到好的建议，可以采纳；遇到糟粕，就要果断地摒弃。在管理中，接收四面八方涌来的信息，同时也要相信自己。有着这样的气魄和胆识的管理者，才能更好地管理一家企业。

## 所有资源在一点突破，才有可能赢

1999年3月，我去新加坡出席亚洲电子商务大会，发现85%的演讲者是美国人，85%的听众是美国人，举的例子全是美国的。我觉得这里面肯定有问题，我就站起来说，我也不知道问题是什么，但我觉得“亚洲是亚洲，美国是美国，中国是中国”。当时我有一个想法，就是要找出一个有中国和亚洲特色的东西。

首先，我发现亚洲企业有一个特点，就是“宁为鸡头，不为凤尾”，大家都想自己做老板。其次，互联网的特色是个性化，而不是集团化。网络的用户是以个人为中心，而不像EDI（Electronic Data Interchange，电子数据交换）时代那样以企业为中心。

我另外一个发现是，大家在游长城时总喜欢在城墙上写上“××到此一游”，这表明BBS是亚洲人喜欢的东西。我还有一个观点是互联网时代不是信息太少，而是信息太多，所以我觉得要做一个信息库，做一个亚洲任何企业都会用的东西，为中小企业服务。美国的模式是以大企业为主，它们的工作是把自己的供应商搬到自己的网站上来，它们的一套软件要100万美元。中国没有多少企业买得起100万美元一套的软件，即使买得起，也不一定用得好，因为中国企业的流程不一样。中国特色的B2B就是Business people to Business people。

——马云在2001年第89届广交会阿里巴巴会员见面会上回答会员提问

### 马云管理案例

引领电子商务潮流的马云总是走在互联网的尖端，马云的嗅觉似乎比常人更敏锐，他总是能发觉先机，在别人还未动时，他已经先动了起来。2005年1月31日，马云在瑞士滑雪胜地达沃斯发表了一个观点：“2005年将是中国电子商务的安全支付年。”

2005年春节刚过不久，马云的这个观点很快便得到了验证。马云召开大会宣布，支付宝要全面升级，还要单独推出支付平台AliPay网站，目标是要将支付宝做成国内电子商务在线支付的标准技术。

之所以要这样做，是因为马云觉得，支付宝的服务对象不应当仅仅局限于阿里巴巴和淘宝网的用户，还要同时为其他的客户服务，只要是使用电子商务网站的客户，都可以用支付宝来实现他们的资金周转。

支付宝的一位高层这样说过："马总想解决的是整个国内电子商务中的支付问题，而不是仅仅给淘宝网找一个支付的解决方案，所以，支付宝必定是要从淘宝网中脱离出来的。脱离淘宝网，支付宝才可能成为一个真正的第三方支付平台。"

华尔街投资者曾经预言："谁在支付上掌握了主动，谁也就掌握了中国的电子商务市场。"马云这一次出击，就是要在支付上掌握主动权，从而掌握中国的电子商务市场。试想，如果买卖双方都能接受支付宝，做任何交易都选择支付宝为其支付资金的工具，那么，如果买家在eBay易趣上看中一件商品，但是这位买家习惯于用支付宝支付货款，就会要求卖家用支付宝进行交易。几次这样下来，卖家就会考虑换一个能够方便使用支付宝的平台来做生意，那对eBay易趣的威胁可是巨大的。

支付宝在马云的商业战略中从来都不是一个仅仅依附于淘宝网的衍生品，而是有着更加重要的地位，所以，马云让支付宝随后脱离了淘宝网，成了一个独立运作的公司。

单独推出支付平台AliPay网站，支付宝也将适用于阿里巴巴的B2B网上交易。看到马云开动了支付交易平台的脑筋，eBay易趣自然也不甘落后，eBay易趣的首席运营官发表声明，说eBay为中国公司eBay易趣投资了1亿美元，用来研发更安全、更方便使用的支付产品，用来改善用户体验。

双方的火药味很浓，但马云的一番话或许可以看出这场战争中谁更胜一筹："任何标准都是市场决定的，只有客户真的认为你好，然后你越做越大，才能变成一个标准，这是一个自然而然的过程。"

支付宝先声夺人地抢占了国内大部分的市场，让后来者再也无法居上。凭借优良的服务和近乎完美的客户体验，截至2005年7月，已经有超过上千家购物平台加盟了支付宝，很多大的网站也公开表示支持支付宝，包括搜狐、百度、金山等，也包括佐丹奴等一批在淘宝网开店的传统企业。

另外还有很多中小型的个人购物网站也支持支付宝，虽然名气不大，但数量很多，加起来也有千余家。中关村在线网站还和支付宝公司合作推出了ZOL二手交易支付宝平台，支付宝在电子商务市场中越来越得人心，这是其他的网站所不能比的。

用淘宝网执行总经理孙彤宇的话来说就是："支付宝是在2003年10月提出的，我们现在回想，如果没有支付宝这种安全交易的媒介的话，那么中国电子商务市场不会那么成熟。"

## 马云管理智慧

阿里巴巴的商业模式有着鲜明的"中国特色"，从一开始，这种"中国特色"被深深质疑，马云不被人理解，到后来被广泛接受，赌的就是马云的好眼力。在商业发展中，市场是千变万化的，其中蕴含了无数商机，只要企业管理者有一双发现机会的慧眼，那就能够在市场上独领风骚。

马云总能发现市场上的商机，这也就是马云能够创业成功的原因。虽然他一开始缺资金、缺人才，但还是能创业成功。马云在管理阿里巴巴时，并不是什么都做，他认为做企业一定要有重中之重，只有将所有的资源都集中在一点突破时，才有可能会赢。

所以，马云在做支付宝时就是瞄准了支付平台这个商机，他果断下手，抢占了市场份额，令后来看到商机想要跟进的商家无法和他竞争。这就是马云的战略方针，看重一个点，就毫不犹豫地全力出击。

在2013年5月28日，马云辞去了阿里巴巴的CEO，没过几天悠闲的生活，便在深圳宣布组建了“菜鸟网络科技有限公司”，担任董事长。马云这一次要出击的是物流行业。马云想要进军物流行业，并不是今时今日才有的想法。其实，早在2007年阿里巴巴战略讨论会上，马云就提出了做物流的想法，不过因为当时条件有限，马云没有将这个战略付诸行动。

后来到了2010年，阿里巴巴选择了星晨作为物流发展的第一块试验田，可惜的是，经过两年的运作，因为资金问题，宣告破产。但马云并没有放弃物流这块市场，到2013年，他重整旗鼓，首期投资1000亿元人民币，二期达到2000亿元人民币，开始重新做物流。

马云强调，阿里巴巴永远不会做快递，做的这个物流是联合产业链上下游的合作伙伴，搭建一个基于数据的物流基础设施平台。马云看中的还是阿里巴巴一贯延续的“平台化”的战略思路。

李嘉诚在谈到自己的战略目标时曾这样说过：“好景时，绝不过分乐观；不景气时，也不过度悲观。在衰退期间，大量投资。我们主要的衡量标准是，从长远角度看该项投资是否有盈利潜力，而不是该项资产当时是否便宜，或者是否有人对它感兴趣。”

作为企业的管理者，就必须有一针见血、高瞻远瞩的战略眼光，能够把握市场发展的脉搏，顺应市场发展的趋势，这样才能不断占领新的市场，为企业带来新的生机和发展前景。

## 在变化中求生存，阵法比招数更重要

做生意还要讲究风水。你觉得好就是好，你觉得好就会越来越好，所以我们七家公司的布局：第一是B2B，第二是淘宝网，第三是支付宝，第四是雅虎中国，第五是口碑网，第六是阿里妈妈，第七是阿里软件。我们不会有第八家公司，除非他们把我给开除了。我们到目前为止经营状态还是不错的，淘宝网今年是第五年，第一年我们做了8个亿，今年我们要突破1000亿。

我们希望在10年内能超过沃尔玛，成为全球零售业的老大。沃尔玛在中国2006年全年的销售总额是76万亿，淘宝要做到非常困难。

我们发现，沃尔玛在不断创造奇迹的过程中制造了很多种形态，在20世纪他们是为制造业做定制，但现在出现了互联网和淘宝以后，我们将逐步实现为消费者定制个性化产品。

人类已经开始走向个性化，而加速的电子商务使制造业定制走向为消费者定制，所以淘宝会为人类社会做很大的贡献。

——马云2008年在北京网商论坛上的演讲

## 马云管理案例

马云从不满足于眼前的成绩，他知道互联网的世界瞬息万变，是个变化很快的领域，如果取得一点小成绩就扬扬自得，最后只会被强者所淘汰。马云认为互联网发展得越来越快，如果犹犹豫豫、瞻前顾后，到最后先机就都被别人抢了，自己什么也做不了。为此，互联网企业的发展需要“内练一口气，外练筋骨皮”。

在2001年10月21日的第二届西湖论剑大会上，马云总结了互联网最大的特征，就是变化。游击队想要变成正规军，阵法比招数更重要。但这种变化不是持续性的，有时候需要变化，有时候不需要变化。在20世纪90年代，有变化是好的，应该有变化，但在这几年，还是应当以守为主。守不是被动地防守，守是练内功，这可能是最好的变化。

所以，马云认为阿里巴巴在守的时候不是被动等待危机过去，也不是要铸造什么宝剑，修炼什么大招，而是要变阵，因为单个的网络时代已经过去，现在的网络讲的是团队精神。企业的内部管理问题更需要重视，如何留住员工，如何吸引人才，如何让人才适得其用，这些问题都是需要慎重解决的。

所谓阵法，便是要解决企业的内部管理问题，让企业由内向外地强大起来，这样才能使得企业更加强韧。

当旧的B2C模式遇到瓶颈、难以发展时，马云开始思考，如何颠覆传统，创新未来。传统的B2C模式需要投入巨资建立仓储、配送中心，中间的成本耗资巨大，可获取的利润十分少，仅在5%左右。马云谈到B2C时，说道：“即使美国有那么好的配送和物流基础，但是亚马逊只有5%的利润。在中国，B2C的市场已经很成熟了，但是你看卓越、当当还是活得很辛苦，说明这个模式有问题。”

马云认为应该有一种更新的模式，更适合中国国情的电子商务模式出现。在2004年的时候，他曾表示：“未来的电子商务，将没有B2C与B2C的界限。”“人们经常问我5年后会怎么样，我要说的是，5年后已经没有人再谈论网络了。像20年前彩色电视很热闹，现在没人谈。那时候网络深入千家万户，再谈网络，用杭州话来说就是很‘背时’了。”马云当时就是这样说的。他在2000年的时候，就认识到想要在互联网的世界中生存下去，就一定要走在时代前端。

在2004年9月，阿里巴巴成立5周年的时候，马云宣布了公司战略从“meet at alibaba”全面跨越到“work at alibaba”。

马云为公司这个转变做出的解释是：“‘meet’就是把客户聚在一起，就像做水库，如果养鱼，没什么意思；如果做旅游，还要花费水电。所以，‘meet’的钱都是小钱。‘work’则意味着水库要铺管道，把水送到家里变成自来水，自来水厂赚的钱一定比水库多。我就希望电子商务对每一个中小企业来说都能像拧自来水一样方便。这次转型主要是向更专业化的方向调整。我们认为去年、今年和明年是电子商务的一个积累期，到了2008年、2009年必然有一个爆发。因此我们必须抢在这个变化前先变，而不是等到出了问题再去想法解决。这是阿里巴巴保持变革能力的关键。互联网世界总是充满风险的，谁能拥抱变化并且具有大胆追求的勇气，谁就能在这个领域里生存下去，而阿里巴巴恰恰具备了这种勇气。”

## 马云管理智慧

马云这次改革的变化，不但完全融合了B和C的B2C2的模式，还形成了之后整个电子商务的走向。马云为阿里巴巴勾勒出这样一幅蓝图：以阿里巴巴为平台，逐步将中小企业的销售中心、人事中心、技术中心、支付中心和财务中心都放在上面，到了那个时候，阻挡在B2B、B2C及C2C之间的所有障碍将通通被清除，而此时的阿里巴巴将成为一个虚拟的商务王国，其中有自己的货币、自己的游戏规则、自己的运行体系。

为了实现这伟大的蓝图，阿里巴巴开始把其买家和卖家引到淘宝网，鼓励淘宝网的卖家去阿里巴巴进货，并且把商品批发给消费者，从而打通了B2B和C2C的界限。阿里巴巴进行的这种模式让电子商务模式直接介入了企业流程，把电子商务的工具真正还给了厂商，帮助他们在各个环节上赚钱。

这种新模式一经推出与推广，很多国内外知名厂商，如摩托罗拉、阿迪达斯、苹果iPod等纷纷“趋之若鹜”，在淘宝网上开了专门的店铺。而华硕电脑、迪斯尼家电、马克华菲等厂商还专门为淘宝网的B2C平台推出了定制产品。

新的模式被接受，一种商业模式被完全颠覆，马云这一次抢先出击又取得了完胜。创新永远要走在时代的前端。马云通过改进完善“淘宝网”所带来的巨大影响远超过他所获得的巨大收益，这是他在战略上的一个巨大胜利。

马云懂得去了解变化，懂得去适应变化，在变化中求生存，在变化中带领企业、管理企业。所以马云度过了低潮，最终走向了成功。成功之后的马云还会制造变化，然后在变化来临之前变化自己。

如果一家企业想要成长发展，那就要主动寻求变化战略。企业的管理者，尤其是企业的高层管理者必须能够主动改变自己，寻求突破，带动企业一起改变，在改变中求好的生存。因为，管理者是企业的管控者，管理者只有先看到变化，比他人提前做出改变，那么企业的整体发展才能得到良好的改善。

IBM负责人托马斯·沃森有一句自己很喜欢并且一直当作座右铭的格言：“如果你想在未来建成一个大企业，你必须从现在开始就像一个大企业那样行事。”作为企业的管理者，如果想带领企业走向大企业的道路，那从一开始就要看到市场的先机，在危机来临之前，制定出能够顺应市场变化的战略。

就像马云说的：“我觉得我们中国也很奇怪，20世纪60年代尤其奇怪，动不动就想改变世界，动不动就想完善世界，动不动就要上升非常高才觉得伟大。我今年48岁，记住，改变别人先改变自己；要完善世界，先完善自己；要帮助好别人，先帮助自己。如果你不能帮助自己，那一切都是瞎扯。”

## 要做新游戏规则的制定者

2001年是阿里巴巴超速发展的一年。到年末，员工已超过400人，而前年同期只有260~280人。今年我们还将录用150名新员工。

三年半前，公司筹建时，我们就曾预测到“会员数不到100万，是不可能赚钱的”。终于在2001年12月27日突破了100万会员大关，与此同时，正如预计的那样，我们实现了盈利。

今年会员量继续高速增长。今年4月10日，会员总数超过了110万，我们充满信心地进入了另一个发展阶段。

在过去的三年中，真正相信我们的人并不多，因为我们在做的是一份其他人从来没有做过的事业。但是我们对自己有信心，我们知道我们的使命，我们要创建以亚洲为中心的中小企业的网上基地。结果，我们成功了，我们成了中国真正的服务于商人和企业的电子商务公司以及最大的商务信息平台，在全世界范围内，我们成为存活下来的不多的网络公司之一，也成为网上国际贸易的领导者。

——马云2002年接受《日经》杂志采访

## 马云管理案例

马云收购了雅虎中国后，便马不停蹄地开始促进雅虎中国的“变身运动”。马云看中了搜索市场这块大蛋糕，他放言道：“在中国，雅虎就是搜索，搜索就是雅虎。”马云高调表示，雅虎中国要坐上中国搜索市场的“头把交椅”。他还宣称，到2006年的时候，雅虎中国要实现8个亿的收入。

这些目标并不是在夸海口，马云是真的有这样的壮志。2006年3月17日，在南京召开的“2006全球搜索引擎战略大会”上，马云又一次发表惊人言论，他说：“当初收购雅虎中国也是因为觉得电子商务的发展中缺少搜索，这将阻碍电子商务的发展。”马云还强调雅虎中国不能做搜索市场中的追随者，要当新的游戏规则的制定者。

“目前的搜索技术只是工程师的游戏，并没有考虑用户的真正需求，搜索也只是一种工具，并不会改变我们的生活，所以互联网才会改变中国。”马云认为，就用户的满意度来说，不但雅虎搜索，就连百度等其他的搜索也都是不合格的，不是真正意义上的搜索，所以，他要做出真正意义上的搜索，即成熟、能经得起用户检验的引擎。

马云认为，雅虎中国的目的是要实施电子商务战略，“做搜索也可以更好地发展电子商务，在未来5年，将一直结合搜索来发展电子商务”。

第一步的战略便是推出“知识堂”的公测版。当时，新浪推出了“爱问搜索”，百度推出了“百度知道”，各大网站都纷纷转战“问答搜索”的市场，想要趁早在这个市场中站稳脚跟，所以，马云自然也不能落后，雅虎中国推出的“知识堂”就是要让雅虎中国也能够在国内的搜索大战中赢得先机。

雅虎中国的“知识堂”做得和别的搜索有些不同，“知识堂”不是主要采用搜索关键词的方式，而是采用了“知识共享社区+搜索引擎”的模式，用户提出自己想问的问题，然后网友们针对这个问题纷纷进行回答，彼此分享答案和信息，最终形成一个知识点汇集起来的信息库，所以，用户既是信息的享用者，也是信息的提供者。

马云的这个战略是很妙的，“知识堂”的推出正是迎合了中国市场的需求，相比之前雅虎进入中国的“水土不服”，在马云的“妙手回春”下，雅虎中国开始越来越能被中国市场接受，而面对已经在搜索市场抢占了先机的“新浪爱问”和“百度知道”，马云希望雅虎的“知识堂”能够借助雅虎的全球资源，赢得更多的用户支持。

但马云同时也不希望雅虎中国最终和美国雅虎一样，他说：“只有本土的，才是最好的。雅虎中国不会套用美国雅虎的东西，也不会升级为美国雅虎，美国雅虎是根据美国客户的需求做的，阿里巴巴雅虎也必须根据中国客户的需求来定制，而不是模仿。”

马云希望雅虎中国能做出一个不一样的搜索引擎，所以，他针对用户群体不断对搜索引擎进行改革，就是要迎合用户的需求，使得雅虎中国的搜索引擎能够脱胎换骨，成为大众最喜爱使用的搜索引擎。

马云在加强搜索引擎的服务能力时，也没有忘记发展雅虎中国的网络实名服务系统。网络实名可以帮助网民更加方便、迅捷地找到自己想要找的资料，也能够帮助企业在网上对自己进行更深入的推广。马云将搜索引擎和实名服务结合在一起，大大提升了雅虎中国的品牌效应。

## 马云管理智慧

虽然对于互联网，马云是个技术上的门外汉，但在战略部署上，马云却是比很多“懂行”的人还要厉害很多，马云的每一次战略都是一次突破。马云对雅虎中国进行大刀阔斧的改革，自然有着他的道理：“一方面固然是因为我从一开始就是冲着搜索来的，其实另外还有一个原因，就是为了让雅虎中国的员工知道，不是不可以变化的，一切都可以变。”雅虎中国在马云的带领下，慢慢走上了高峰。

对于企业的领导者来说，当企业发展到一定规模的时候，制定战略一定要谨慎，因为一个不小心或者失误，就有可能为企业带来灾难。但面对企业的发展，战略的制定又是管理者不得不做出的决策，一个好的管理者，应当不断为企业带来新的转机。

盛大网络的创始人陈天桥说：“当每天收入达到100万元的时候，我觉得它是诱惑，它可以让你安逸起来，让你享受起来，让你能够成为一个土皇帝。当时我们只有30岁左右，急需一个人在旁鞭策，就像唐僧去西天取经一样，到了女儿国，有美女有财富，他是停下来还是继续去西天？我们希望有人在边上不断督促说：你应该继续往你取经的地方去，这才是你的理想。”

马云对陈天桥的这番话很是认同。马云认为，作为企业的管理者，就要不断改变，但也要改变得恰到好处，不要脑袋一热就去改变，那样的管理者制定出来的战略一定会有很多缺陷，是不可取的。

本田汽车在全球享有盛誉，本田的创始人本田宗一郎在一开始创业的时候也经历了很多磨难。年轻的本田宗一郎在一家汽车修理厂当学徒，他认真好学，用6年的时间掌握了汽车的修理技术，他的修理技术迅速提升，让他有了自己当老板的念头。于是，本田宗一郎回到家乡，开了一家汽车修理厂，大家都看好本田宗一郎过硬的修理技术，都来找他修理汽车。本田宗一郎的汽车修理厂发展得很快，发展到了好几个员工。

这时，本田宗一郎没有再管越来越繁忙的业务，而是去发明零件。几年之后，本田宗一郎转行去做了汽车配件生产，这个举动让他周围的人很不解，本田宗一郎却有着自己的打算和发展方向。第二次世界大战之后，他花了很少的钱买下了陆军通信设备上的微型发动机，并且安到了自行车上，这种交通工具受到了顾客的热捧和欢迎。随后，他又研发了自己的发动机，本田企业由此开始发展，继而蒸蒸日上。

本田汽车的成功，是因为本田的管理者目标明确，有着与众不同、出彩的战略方向，本田宗一郎善于改变策略，在创业的道路上目光长远，能够看到市场的空缺部分，从而抢先占领。

作为企业的管理者，就是要有这样的战略眼光，一步一个脚印地坚持下来，这样才能接近成功，接近梦想。

第二章

# 团队管理：收入和理想都要有，软硬两手抓

马云说：“什么是团队呢？团队就是不要让另外一个人失败，不要让团队中任何一个人失败。”

## 不是因为你能做什么，而是你该做什么

这几天我的心情很沉重！从上午知道确诊后到现在，我一直想向所有的人表示深深的歉意！如果今天有任何事可以交换我们不幸患病的同事的健康，如果今天我们可以做任何事来确保同事和杭州父老兄弟姐妹的健康，我愿意付出一切！

我知道今天做的任何解释都毫无意义，毕竟事情已经发生！我为我们的同事在事发前所做的一切应急预防准备工作表示遗憾！因为我的准备工作也许是杭州最好的之一，但由于种种偶然的因素，我们还是被SARS击中！而我们的应急方案居然真的派上了用场！

确实，阿里巴巴存在很多不足之处和漏洞，很多问题我们会在灾难后认真反省！作为公司负责人，我很想承担所有的责任，如果可以的话。但理智告诉我，今天还不到指责埋怨的时候！今天我需要和大家一起共渡难关，迎接挑战！一家由年轻人组成的年轻的公司，经过这次，我们会成熟得很快！

这几天令我感动的是，面对挑战，所有阿里人选择了乐观坚强的态度，我们互相关心、互相支持。在共同面对SARS挑战的同时，我们没有忘记阿里人的使命和职责！因为灾难总会过去，而生活仍将继续，与灾

难抗争的同时，我们继续为自己钟爱的事业奋斗！

我为有这样的年轻人而骄傲！我为自己能在这样的公司里工作而自豪！我也希望阿里的家人、朋友们为你们这样的年轻人，这样敢于接受挑战的年轻团队而鼓掌！因为你们没有选择恐慌、退缩和悲观！这是阿里价值观的作用！阿里人能理解！

——马云致员工的信件

## 马云管理案例

2003年发生了一场“非典”大灾难，在那场突如其来的灾难中，很多人都被感染，一时之间很多人都提“非典”色变，而马云更是对那一场“非典”无法忘怀。当年4月，第93届广交会正在广州召开，因为这场席卷全国的疾病，许多参展商都不得不取消了参展计划。

广交会所在的广州当时虽然是疫区，但因为阿里巴巴之前对客户的承诺是除了真正的不可抗力不会去，能做到的阿里巴巴都会做到。而且当时广交会正常举办，出于对客户负责的考虑，马云派出了几名员工奔赴广州参加展会。不久之后，这几名员工回到杭州总部，继续开始工作。

几天后，其中一名参加展会的女员工开始出现咳嗽、高烧等症状，在其自行去医院就诊后，最终被确诊为“非典”患者。因为她在公司与多名员工接触过，阿里巴巴公司也迅速被政府确定为重点防范对象，公司被全部封锁起来，员工们都被隔离在家，不许出门。马云那段时间的压力非常大，不仅要面对同座大厦其他公司的责难，还要面对杭州市民的指指点点。当时他走在街上，人们都会指着他说：“看看，快看，那个‘非典’来了。”然后惶恐地逃离。虽然不能去公司上班，但公司的业务发展不能停，马云只好和员工们在各自家里办公，从未遇到过这种情况的马云只能摸索着进行。

与此同时，员工家属的质疑更是纷纷指向马云，他们质问马云为什么要在这么危险的时刻派员工去参加广交会。面对员工家属的埋怨，想到员工是因为自己的安排而被传染的，这让马云心里在备受煎熬的同时也感到十分难过。于是，在5月4日深夜，他提笔写了一封信，并通过邮件发送给阿里巴巴所有的员工及他们的亲友，表达了自己的歉意。

在信中，马云诚恳地说：“我理解大家现在的心情，真的对不起！影响了大家正常的生活和工作！养好身体比啥都重要！请大家认真配合有关部门的工作！请各位阿里人把此信转给我们尊敬的亲属、朋友和所有因我们而受各种损失的人士！并向他们表示深深的歉意！

“让我们共同为那位生病的同事祈祷！祝福她早日康复！”

马云的这封信，感染了阿里巴巴的所有员工，面对灾难，他们没有抱怨，而是互相鼓励，他们和马云一起携手，共同度过那个难熬的时段。员工们都很配合地在各自家里安装了电脑、宽带和通信设备，用电话和网络与客户联系沟通，员工的家人也积极参与进了阿里巴巴的日常工作，负责接电话、打印文件等。在整个隔离期间，阿里巴巴给客户的感觉就是一切正常，没有人能感觉有什么异常。

## 马云管理智慧

“电子商务在那个时候被认识到是如此重要和方便。而我们自己，也将对互联网的运用提高到了一个前所未有的高度。为了解除单身员工被隔离时的心理问题，我们甚至利用网络举行过几次公司范围内的卡拉

OK比赛！这在正常时候是很难理解的。因为利用电子邮件和网络聊天工具来交流，同事们之间变得更加直接和坦率，效率也随之提高。”

马云坦言，那时候，他亲自参与到公司这种新的交流方式中，大家利用网络，互通有无。管理并不只是简单地让员工增加工作时间，提高工作效率，而是一门艺术，管理者要让员工能够融入企业之中，与企业一起成长。

“这是一件好事，‘非典’成为凝聚人心的时刻。”马云事后回忆起来，十分感动。那段时间，阿里巴巴的业绩不但没有降低，反而增长了5~6倍。马云作为一名管理者，在危机来临的时候，没有自乱阵脚，而是冷静处理，从员工的角度出发考虑问题，为员工的切身利益考虑，令员工感到企业如同家庭一般温暖。

马云提醒企业的管理者：“做企业赢在细节，输在格局。‘格’是人格，‘局’是胸怀，细节好的人格局一般都差，格局好的人从来不重细节，两个都干好，那才叫好。主宰非洲草原的不是狮子，而是土壤里的微生物；决定公司成功的不是老板的英明，而是基层员工的素质。再好的老板只能保证不败，而员工却能决定胜利。”

为了纪念阿里人在“非典”时期所表现出的果断、团结、敬业、互助互爱和永不放弃的精神，2005年4月20日，马云宣布将以后的每年5月10日定为阿里精神日，他说：“但凡一个人乃至一个公司，要成就其非凡的伟大，必经受并战胜非常的困难和挑战。当非典的记忆悄悄地在我们的脑海中退去的时候，阿里人在抗击非典过程中所体现出来的果断、团结、敬业、互助互爱的阿里精神却历久弥新，不管是否亲身经历过那段危急时刻，都深深为阿里人所创造的奇迹感动着、激励着。我们相信，‘非典’只是一个试金石，其实在我们日常工作中的点点滴滴中都能感受到作为阿里人所具有的独特质量，就是这种质量、这种精神，让我们坦然地面对挑战并战胜挑战；让我们迅猛发展并更加迅猛强劲地发展；让阿里之所以为阿里，让阿里人之所以为阿里人。

“在阿里巴巴走过的历程中，我们创造了许许多多的商业奇迹，所有阿里人都为之欢呼、为之自豪；但是我们知道在闪亮的业绩背后，更值得骄傲的是推动阿里不断前进的阿里精神和价值观。为了让更多的阿里新老同事能更深切地体会和交流阿里巴巴所倡导的企业价值观，我们隆重推出专属阿里人的节日‘阿里精神日’。在每年的5月10日，我们会推出一系列的活动来激荡和升华每位阿里人心中对阿里精神的领悟，让更多的同事看到、听到、闻到身边的同事是如何在工作中展现阿里价值观的，如何在平凡中孕育奇迹的。在这样一个特殊的日子里，让我们的心在同一个频率上跳动，让我们的声音在同一个地方回响，让我们的微笑以同一个方式绽放。”

## 要让自己的员工把事业和工作当作自己的孩子

有人问我怎么把阿里巴巴的员工拉住，其实我不需要拉住员工，我希望阿里巴巴所有的员工在阿里巴巴都有一个“孩子”，网上开店，网上创业，一份事业、一份工作首先是你的孩子。父母再穷也不会卖孩子，不会怪孩子。

我们养过孩子的都知道，越养越开心，不会在养孩子时，脑子里想着这以后能给自己赚多少钱，不赚钱把他卖了。如果你有养孩子的这种心态，生意会越做越好，越做越快乐。我从来没有把阿里巴巴作为赚钱的工具，你去问我们的员工，我脑子里缺的就是“钱”这个字。不过我喜欢钱，一个商人说不喜欢钱那是虚伪，为股东赚钱是天经地义的，为企业赚钱也是这样。但是如果你老想着钱，没有人愿意跟你交流，没有人愿意跟脑子里都是钱的人交流。你首先想这是一个很可爱的东西，我自己的事业，我的孩子大可以为事业创造价值，可以给我带来很多快乐，最后他还产出很多的钱，这种快乐很好。如果第一天就想着从里面挤出钱，你是永远不会好的。

——马云在2004年网商大会上的演讲

## 马云管理案例

马云曾说过：“我希望我们每一个员工都能上班像疯子，下班笑眯眯，而不是把工作当成负担，每天像个苦行僧一样地活着，没有笑脸的公司是痛苦的。判断一个人是不是优秀，不要看他是不是哈佛毕业，是不是斯坦福毕业，而要判断这个人干活是不是发疯一样干，看他每天下班是不是笑眯眯回家。”

正是出于这样的诉求，马云和阿里巴巴的管理层一直努力为员工们营造出一种愉快的工作氛围。为了营造良好的办公环境，彰显出快乐的主旨，阿里巴巴所有办公室的主色调都被定为橙色，因为这种颜色不仅是温暖而快乐的颜色，更是阿里人的文化符号。走进阿里人的办公室，人们首先会被五彩缤纷的文化墙所吸引，甚至进入厕所，你也会惊奇地发现，这里的空白墙壁竟然也全部被文化墙所代替。

为了丰富员工的业余生活，阿里巴巴还建有多个员工俱乐部，员工们可以在内网上发布招募会员的帖子，寻找志同道合的成员，从而组织各种各样的活动。活动经费由公司承担，活动结束后所拍摄的现场照片，会被员工在文化墙上一一呈现。做这些事情虽然花费不多，却给所有阿里人带来了许多快乐。

作为一个管理者，马云更是十分重视将快乐的一面呈现在员工面前，他从来不会在员工面前传达负面情绪，即使在阿里巴巴几次陷入危机时，他也是努力向员工们传达积极、乐观的正面情绪。马云始终认为："快乐不是一个概念，概念永远不是一个企业的核心竞争力。任何一个创业者，永远要把自己的笑脸露出来，如果你的脸看起来很痛苦，那么就不可能给别人带来快乐，所以快乐是需要展现出来的。"

2005年"雅巴联姻"后，为了让原来雅虎中国的员工能够融入阿里巴巴这个大集体，马云请所有原雅虎中国的员工到杭州阿里巴巴的总部参观，并为雅虎中国的员工举行了一场盛大的联欢晚会。在晚会进行的过程中，马云身穿维吾尔族的服装，头戴面纱，装扮成新疆姑娘在观众面前翩翩起舞，这不仅将晚会推向了高潮，也让雅虎中国的员工感受到了身在阿里巴巴这个大家庭中的快乐。

对于让每一个员工快乐工作这个问题，马云不止一次在接受媒体采访时强调："没有笑脸的公司其实是很痛苦的公司。像我们阿里巴巴的logo是什么，我们是一张笑脸。我希望每一个员工都是笑脸，他跟你面对面的时候，就是笑眯眯的。"而他的这一说法和做法也得到了媒体和社会的认可，在2005年由央视人力资源栏目《绝对挑战》与智联招聘联合举行的"2005CCTV中国年度雇主调查"活动中，以阿里巴巴为首的10家企业因为员工"快乐工作"指数高而当选为最佳雇主。

“认真生活，快乐工作。我特讨厌认真工作的人，工作不要太认真，工作快乐就行，因为只有快乐让你创新，认真只会造成更多的KPI、更多的压力、更多的埋怨、更多的抱怨，真正把自己变成机器。我们不管多伟大、多了不起、多勤奋、多痛苦，永远记住做一个实实在在、舒舒服服、快快乐乐的人，因为快乐才能让我们最美。”在2013年深圳IT峰会上，马云这样说道。

## 马云管理智慧

做企业就是要尽量考虑员工的利益，尤其要注重员工人性化方面的需要。在微软的网页上有这样一句话：“你喜欢自由自在、手拿可乐、边听音乐边工作的工作环境吗？”这不仅仅是一句广告语，更是一种轻松健康的企业文化。对于员工来说，是否有良好的工作氛围等因素是选择工作时很重要的衡量标准，没有人会愿意只做一个赚钱的机器。而正是由于马云努力为员工营造快乐的工作环境，从而增加了员工在工作中的幸福感，提高了员工对公司的忠诚度，所以与其他企业相比，阿里巴巴的人才流动率要低得多。

在《赢在中国》的一场比赛中，马云遇到一位名叫李红梅的选手，她的创业项目是医疗档案管理软件及相关数据业务服务。盈利模式包括软件的销售和相关数据服务收费，以中间商的这种形式提供两端的咨询服务，提取中间价，利润率可以达到50%左右。

在现场，马云问：“你的产品市场是针对国外，还是针对北美？”

李红梅：“现阶段是北美市场，美国市场是成熟的市场，其他市场不太成熟。”

马云：“你有两个核心竞争力：第一个是整合资源，国外没有资源，国内也要摸索，如何整合？第二个核心竞争力是外包，外包是核心竞争力，那么美国公司就做不到外包？”

李红梅：“第一个核心竞争力就是把数据转化和数据输入这一部分的业务，跟软件销售业务整合起来，这是我的一个核心竞争力。”

马云：“你觉得这个竞争力很高？”

李红梅：“因为美国的公司很少这样去整合。”

马云：“你现在有多少员工了？”

李红梅：“在北美我只有一些高端的设计人员，一共有四个。”

马云点评道：“我觉得你的项目很难，相当难。我诚恳地建议，你最好别创业。我见过创业很艰辛的人，他说他愿意创业。我感觉是这样，从性格各方面来讲，你不是很适合创业。我经常给朋友讲，有时候做一份喜欢的工作就是很好的创业。你这个人很热情、很善良，但是这些性格可以让你成为一个非常好的员工、非常好的义工。你因此自己创业，完善自我，这可能很好，但是对于创业，我很坦诚地说，你真不合适。”

赚更多的钱还是从事自己喜欢的工作，哪个对自己更重要，这是很多人纠结的问题。做毫无兴趣的工作，对自己而言是一种莫大的痛苦；从事自己喜欢的工作，又未必能够赚到足够的钱。

很多人就在这两个问题中无法做决定。其实工作就像婚姻，如果选择的是自己爱的人，就算再苦再难也会觉得可以忍受，也会有幸福的感觉；如果选择了不爱的人，就算生活得再幸福，也不会觉得快乐。

有一个有趣的实验：对1960年到1980年毕业的1500位商学院学生进行研究。这些毕业生被分为两组，第一组是先赚钱，后去做自己想做的事情；第二组是先追求兴趣爱好，再追求财富。

结果，20年后，第二组中产生了100位百万富翁，而第一组中只有一个百万富翁。这个试验的研究者在报告中总结道："绝大多数人致富都是因为心底深埋激情且不断行动的结果，他们所谓的'幸运'来自他们对自己所喜爱的领域的无限激情。"

不要把工作当作赚钱的任务，而是要将工作当作自己生活的一部分，快乐地工作，才能快乐地生活，享受到工作的乐趣，这远比赚更多钱更加珍贵。

马云认为，员工工作的目的不仅包括一份满意的薪水和一个好的工作环境，也包括在企业中能快乐地工作。事实上，马云曾不止一次地在公众讲话中强调，阿里巴巴最大的财富就是阿里人，不快乐地工作就是对自己不负责任。他希望阿里巴巴能够成为青年人创业、成长、发展的最佳平台，培养出"四大天王、八大金刚、四十罗汉、一百零八太保"，每个人都可以独当一面。

## 用人最大的突破在于信任人

必须信赖并关心员工。你的员工、你的团队是唯一能够改变一切的力量。员工是帮助你实现梦想的基础。大企业总是抱怨创新过程中所碰到的问题，它们不知道如何实现目标，原因是它们没有倾听员工的意见。它们把太多的精力花在了股东身上。股东会给你很多意见，但是在执行过程中，他们却会离你而去。股东随时都在改变主意，但是你的员工却总是和你站在一起支持你。

——摘自马云《依赖你的员工》一文

## 马云管理案例

从1996年加盟中国黄页开始，孙彤宇就一直跟随在马云身边，从杭州到北京再到杭州，一路跌跌撞撞地走来，孙彤宇一直没有放弃马云。和他同样没有放弃的，还有另外16个创业伙伴——在今天的阿里巴巴公司内部，他们一起被称作“十八罗汉”。

1999年阿里巴巴刚成立的时候，当时作为元老的孙彤宇只是担任阿里巴巴投资部经理。为了确保抢在eBay之前进入C2C市场，赢得与eBay这场战争的胜利，2003年4月14日，孙彤宇以及其他八九名员工被请进马云的办公室。

在办公室里，马云拿出一沓写得密密麻麻的英文合同告诉这群年轻人，公司有一个秘密的任务要他们去完成，那就是快速创建一个C2C网站，也就是现在的淘宝网，如果不愿意去做，现在就可以离开办公室；如果愿意去做，就在这份合同上签字。因为涉及机密，所以不管愿意与否，都不能向外人透露，包括自己的家人。

马云说完后，这群年轻人二话没说，都直接拿起合同，翻到最后一页，签上了自己的名字。

就这样，孙彤宇被任命为该项目的负责人，带领其他人来到阿里巴巴的发源地——杭州湖畔花园公寓，秘密创建起淘宝网。最开始开发网站时，孙彤宇经常带领整个团队连续几周不回家，困了洗把脸，实在坚持不住就在办公室里睡一小会儿……

事实证明，马云没有选错人，孙彤宇也不负众望，完成了使命。面对本国和全球竞争者的强大竞争，孙彤宇带领着团队冲锋陷阵，经过几年的努力，最终让淘宝网成长为中国最大的网上消费者交易市场。到

2005年，淘宝网的市场占有率达到80%，彻底打败了易趣，从而也成功地打破了跨国巨头企图垄断中国个人网上交易市场的野心，创造了中国互联网历史上的“淘宝奇迹”。

在马云看来，大胆起用并信任自己的员工，是一个成熟企业用人的第一标准，同时也是一个企业走向成功的第一步。在用人决策这一问题上，马云始终坚持着“用人不疑，疑人不用”这一原则，在他看来，既然你选择了某一个人，就应该充分相信他，放权让其施展才华，起用他却又对他充满怀疑，是最失策的做法。一个善于用人的领导者，不仅不会轻易怀疑别人，而且能以一种巧妙的方式，显示自己用人不疑的气度，消除可能产生的离心力。

企业的发展绝对不可能凭借一个人的力量来完成，它需要的是集体的智慧，而作为企业的管理者，就要成为集体智慧的开发者，让每一个有才能的人实现价值最大化。大胆起用人才，给予人才最充分的信任，这才是管理的根本。

### 马云管理智慧

在用人方面，唐太宗有一句至理名言：“为人君者，驱驾英才，推心待士。”这句话的意思是说：作为君王，如果想要“驱驾英才”，就必须对下属推心置腹，不要对他们怀有戒备之心。由此可见，在封建社会，明君与昏君的一个最重要的区别就是：明君能做到用人不疑，对大臣们充分信赖，这种信赖的结果是大臣们忠心耿耿地报效朝廷。而在现代社会，大胆用人，并能做到“用人不疑”，同样也是一个管理者成就一番事业的重要前提。

但是，一些管理者在如何激励员工这一问题上，想到最多的就是物质激励，你做出多大的业绩，公司就会给你相应的回报。其实，物质奖励只能作为激励员工的次要条件，尊重、信任才是激发员工工作热情和创造力的首要前提。

有一家公司的老板，对员工缺乏基本的信任，因此把重要的岗位都交给自己的亲戚，整个公司俨然成为一个家族企业。不仅如此，由于害怕员工将公司的机密泄露出去，老板还在公司安装了摄像头和监控设备，以便监控员工们的一举一动。最终，老板的丑恶行为被一位员工发现，他觉得自己的隐私受到侵犯，于是愤然辞职。紧接着，另外十几名员工也陆续提出辞职。虽然老板认识到错误，提出加薪予以挽留，但是这些员工还是义无反顾地离开了公司。最终，公司不得不进行大换血，重新招聘一批新员工入职。由于新员工与公司存在一定的磨合期，而且市场逐渐变得不景气，在苦苦支撑半年后，这家公司最终倒闭了。

与这位老板相比，另外一家公司的老板不让自己的亲戚在公司担任职务，而是提拔了几名下属担当重任。而且他经常和太太一起周游世界，但是不论走到哪里，他都会提前将自己的权力委托给下属代理，所以不论他在或不在，公司的各项工作都不会受到影响，公司的业绩也逐年提升。

两个老板，一个不信任员工，不仅活得累，而且公司也最终倒闭；一个敢于授权，充分相信员工，活得非常惬意，公司也运转正常。两相对比，你要做哪个老板呢？

马云曾说过：“创业最大的突破和挑战在于用人，而用人最大的突破在于信任人。”一个人的惊人才能或突出作为，往往是在得到信任和重用时才会显现出来。所以，身为管理者，对有才能的下属，要积极培养，大胆起用，使他们获得更大的发展机会，并充分相信他们能够完成任务，相信他们对自己是绝对忠诚的。

## 在奔跑中一定会有人掉下来

好领导不是一定像马云一样，能侃、能说、会演讲。领导人要坚定不移地坚持自己的信念，比如西天取经，领导者就是不管多大的危难，都要说我要去，你们可以离开，但我还是会去的，这是领导者。所以我觉得唐僧这个领导，哪个单位都有。你别看他不太响，说不过马云，但是他比马云厉害多了，只不过你没看出来而已。孙悟空能力很强，但是有时候经常犯错误，这种人每个单位都有，对不对？都是孙悟空，公司没法干了；没有孙悟空，公司也没法干。猪八戒好吃懒做，但是这个人特幽默，团队需要这样的人。据说他是最合理的、最理想的丈夫。沙和尚最勤勤恳恳，他说“你不要跟我讲理想讲奋斗目标，我每天8小时上班，早上到，晚上回去”。这样的人，也少不了。这四个人，经过九九八十一重磨难，到西天取到真经，这种团队我们到处都有。每个人都有自己的个性，关键是领导者如何让这个团队发挥作用，合在一起才是真正的好团队。

我这么总结：做人要像沙和尚，当领导要像唐僧，做事要像孙悟空，生活要像猪八戒。阿里巴巴从18个人发展到1万多人，我们越来越轻松。我们团队的文化核心是什么？我们都是平凡的人，聚在一起做一件非凡的事。我们不要精英，阿里巴巴不欢迎精英。假如你认为你是精英，请你离开我们，因为我相信，如果有人说“我是精英”，这个人肯定不是精英。一个真正是精英的人，会把自己看得很低，当他以平凡的心态加入团队的时候，才有可能做出成就。

——2003年马云接受《财富人生》访谈

## 马云管理案例

在接受《对话》的访谈时，马云对自己的团队赞不绝口。

马云："我自己觉得我的团队非常好。别人很难打垮我的团队，你可以打垮马云、打垮一个人、打垮一个团队，但是打垮我们的理想很难。"

主持人："确实啊，你身边聚拢了一些有着共同理想的人。我知道1997年你们从杭州到北京去的时候，带去的是7个人。后来1999年从北京回到杭州，这7个人不仅一个都没有少，而且还发展壮大到了17个人。究竟是什么把原来的人留了下来，而且还凝聚了更多新的力量？"

马云："这7个人到现在为止也没走，跟我一起最长的合作了七八年。我想我们之间的关系是一种信任、一种互补。这7个人很少出来见媒体，好像现在唯一一个就是淘宝网的总经理（孙彤宇），这些人特别低调。我觉得我们刚好能够进行互补，我讲话多一点，他们干活干得多一点。这7个人我们之间合作很多年了。"

主持人："有一些人猜测说可能马云先生靠着比较高的工资，把他们留了下来。"

马云："不可能说高薪，怎么可能高薪？当时我觉得有一点是蛮感动的，决定离开北京以后我们去了趟长城。这个场景到现在我做梦还经常梦到。到了长城上面，那天很冷，然后有一个人在长城上还号啕大哭，他说：'我们为什么？杭州做得蛮成功的，到了北京，北京做成功以后又要丢掉。’然后在长城上面我们这8个人发誓说，我们回去，我们就不相信我们不能建立一个伟大的公司。所以在长城上我们说要建立一个中国人创办的全世界最好的公司，在最困难的时候，我们要回忆这个东西。每一年我跟这17个人就吃一顿饭，有时候都见不到。当然我们吵架次数太多了，犯的错误也太多了，但是我们互相信赖。”

但再好的团队，也不可能永远在一起合作，天下无不散的筵席，有人加入就要有人离开。一家企业能够创新发展，要不断地去旧纳新。关于团队中有人离开的这个问题，马云又是这样看待的。

主持人：“在这样一个团队当中有这样一种不离不弃，但是当年的不离不弃今天怎么样了呢？这个事实写在我们的另外一块板子上。来，我们看一下。在这块板子上，我们看到这样一个事实，40%的老员工现在离开了公司。”

马云：“有可能，事实上也是。不离开才是奇怪的。我说过了，冬天的时候我们犯了一个很大的错误，一有钱，我们跟任何人都一样，我们请高管，我们请洋人，请世界500强的副总裁来。我们请了一大堆人，包括咨询师，讲起来全是对的，做起来全错。你都不知道是谁错了，反正总之是我们错了。在最关键的时刻你说你需要做决定，要不然他们会离开。这是前100名，这是最大的痛苦。所以我后来讲过就像一个飞机引擎，波音747的引擎装在拖拉机上面，拖拉机没飞起来，反而四分五裂。我如果当时不这样做，可能我们公司今天就没了。所以我们请到了很多高管，请进来的前100号的几乎都这样，后面也有百分之三四十。在最痛苦的时候，2002年、2003年开始建销售团队，我们销售团队的影响力是很高的。”

主持人：“你觉得他们离去的主要原因是什么？”

马云：“我觉得有很多原因，第一，我们的文化很强；第二，我们并不像别人想象的那么好。因为这是一个刚建立5年的公司，尤其是2004年以后我越来越担心很多年轻人加入我们公司，充满了理想主义。你可以讲得很好，但干事的时候是扎扎实实一步一步去做的。那另外一个，我想我们的管理团队，领导力有大的问题。也许他们跟我沟通就会好一点，跟我的一线经理、总监沟通就会有问题。这些问题是一个年轻公司带来的问题。就是说你在奔跑的过程中，团队一定会掉下来。如果说哪个公司告诉我，你在奔跑5年以内，可以做到2000名员工，平均年龄26岁，经历互联网的高潮、低潮然后再起来，又能够在全世界200个国家地区发展，有700万家的网商在用你。你说没有人掉队，我是打死也不相信。271战术又是我们公司的，20%的优秀员工，70%的普通员工，还有10%每年是一定要离开的。”

主持人：“你放出这样的话来，你觉得在你的员工心目当中，他们会对你赞扬的声音多一些，还是对你批评的声音多一些？”

马云：“我并不希望和追求员工对我赞扬，我不希望员工爱我，我只希望员工尊重我。尊重地说，他们有这么一个CEO，而不是说，他们爱我，那没有用。”

### 马云管理智慧

企业在不断前进和发展的过程中，总会有新鲜血液注入，老的员工离开，这是不可避免的不争事实。2003年，马云在接受《财富人生》节目的访谈时，谈到了如何选择团队成员这个问题：“读书时我从来就没进过前三名，也没滑到15名以下，总是在这个区域里。我现在也特别喜欢那种中等偏上的毕业生。因为读书特别好的前三名，往往特别能读书，未必能做事，他出了社会以后，还是想做前三名，那很难。特别差的也不行。”

在马云的心目中，“中等偏上”是一个衡量标准，也是他挑选团队成员的一个参考系数。马云之所以会有这样的想法，是因为他认为“中等偏上”的人有智商，也有做事的实干精神。前三名的人，会是个读书高手，但未必会是个做事能手，因为读书太厉害，反而更加不愿意做事，容易眼高手低。而那些差学生，之所以成绩差，是由很多方面的因素造成的，或许不聪明，或许自律性太差，等等，这样的人也未必能够做好工作。

所以，马云才提出了选择团队成员会选择“中等偏上”的人。马云的管理智慧总是与众不同，他在自己独特的世界观引导下，选择最适合阿里巴巴的员工，希望带领这些员工组成一个坚固的团队，能够一起跑向成功。但是当其中有人掉队时，马云作为管理者也可以理解，他只能努力要求自己将团队带领得更好，让更多的人跟上团队的脚步，让尽量少的人掉队。

马云有一个好团队，他的团队成员愿意与他一起承担风险，排除万难，这样经历过风雨的团队，自然不会被轻易挖走。其实，想要做一个称职的领导者，身边有一个厉害的团队是很重要的。有人说：“管理者事业的成功，15%由专业技术决定，85%与个人人际关系和处理技巧相关联。”

一个人如果脱离了团队合作，即便他能力再高，发挥出的作用也是很有限的。但一个团队，即便里面都是平凡的人，聚合在一起也能够散发出无限的能量。一个好的领导者，就是要让羊群发挥出狮群的战斗力，让力量最大化。

徐小平认为："创业者必须有敢死团队。一位创业者要做一个大型项目，但没有团队成员。他说团队就等他找到钱再辞职出来做。最好的创业团队，应该是两三位为了理想敢于冒险的人。"

管理者想要建设好一个团队，要在以下几个方面注意：

一、有着明确的共同目标。马云的团队之所以如此成功，凝聚力如此高，就是因为他们自始至终有着不变的、明确的、坚定的目标，这个目标是团队存在的基础，也是团队凝聚力的源泉。团队中的每一个人都能接受这个目标，并且愿意为这个目标奋斗，这样的团队才能走得更远。

二、积极的团队氛围。团队的领导要营造积极的氛围，令团队中的每一分子都能够感受到工作的快乐，而不是完成任务的压力。在工作中适当授权和信息共享，也可以令团队成员感受到自己在这个集体中是主人翁，能够强化成员们对工作的热情。

三、好的团队制度。无规矩不成方圆，好的制度不但能约束出格的行为，也能树立正确良好的作风。在团队中，制度与规范构成了团队的标准行为，这种行为会令团队成员久而久之形成习惯。明确的制度能够令工作更加透明化，团队成员能够为了实现团队利益而很好地协作。

## 一定要把自己的利益抛开

从第一天起，我就不想控股。一个CEO、一个公司的头儿绝对不能用自己的股份来控制这家企业，而应该用智慧、胸怀、眼光来管理、领导这家企业。如果所有的人都是因为你控股而跟着你，这没有意义。所以我在这公司的建设过程中，不让任何一个人、任何一个机构、任何一个投资者来控制这个公司，大家采取科学合理的管理办法。

我永远相信一点，就是不要让别人为你干活，而是为一个共同的目标和理想去干活。我第一天说要做80年的企业，成为世界十大网站之一。我们的理想是不把赚钱作为第一目标，而把创造价值作为第一目标。这些东西我的股东和董事还有我的员工都必须认同，大家为这个目标去工作，我也是为这个目标去工作。

作为一个CEO，我不希望我手下的同事是奴隶，因为我控制了51%以上的股份，所以你们都得听我的，这没有意义。

——2003年马云接受《财富人生》访谈

## 马云管理案例

马云一手创建了阿里巴巴，并且像照顾自己的孩子一样，“含辛茹苦”地将其带大，但马云对这个“孩子”却采用了自由式的管理方法。马云对阿里巴巴的实际控股权仅仅占10%，从商业角度和公司管理的角度来看，马云所占的这个股权是无法实现他对阿里巴巴的控制的，但现实情况是，马云对阿里巴巴有着绝对的掌控力，他并未因此失去对阿里巴巴的决定权。

马云认为，通过控股的方式控制企业的发展，防止企业从自己的手上跑到别人的手中，这种方式是不可取的。他知道中国有太多的企业因为强调控股权，最终从良性发展陷入股权之争、利益之争中，从而令企业走向下坡路。马云创建了阿里巴巴之后，不想让阿里巴巴陷入这样的境地，所以，他在第一次全体员工大会上就对大家宣布了自己是不会通过控股这种方式来掌控公司的。马云说："我和我们所有的同事第一天就讲好了给他们签股票证书的事情。我说这张证书签回去交给你外婆，然后忘了它。如果你脑子里老是记着这些东西，你的事业不会成功，人也不会开心。"

马云希望建立的阿里巴巴是没有任何一个股东或者任何一个投资者能够绝对控制的公司，他希望阿里巴巴是一个股权分散的公司，控制这家公司发展的不是金钱、权力，而是智慧和眼光。

随着阿里巴巴的不断发展壮大，员工不断增多，阿里巴巴的市值已经超过了2000亿元，但马云还是没有通过占取公司利益的方式来获得公司的控制权。马云在经营阿里巴巴时，从未为自己的利益做过打算，他所考虑的一直是公司的良好发展和给公司员工、阿里巴巴团队一个良好的平台。

在2007年《中国企业家》举办的"25位最有影响力的企业领袖"颁奖典礼上，柳传志为马云颁发奖杯，柳传志当场宣布马云有四件事情让他觉得很了不得，这四件事情分别是："第一是对于阿里巴巴业务的战略布局；第二是他这个网络服务企业对于文化的深刻重视；第三是他的谈吐；第四是这次阿里巴巴上市以后，我在报纸上看到了他把那么多的股份留给了他的同伴分享，自己只得了5%。这个胸襟，这个志向，我都觉得了不得。虽然他比我年轻得多，但是我真诚地向他学习，他很值得尊敬。"

可以这样说，马云能够拥有一个完美的、坚韧的团队，和他自己的品性是分不开的。正是因为马云不计较个人得失的较高的精神境界，才令他的团队对他能够死心塌地。看似马云并没有控制整个团队，但团队中的每一个成员都是在马云的精神感召下，愿意死心塌地地跟着马云做事业。

### 马云管理智慧

一个企业的领导人是否能够在他的企业中拥有决定权、掌控权，并不是看这位领导人手中掌握了企业多少股份，而是看这位领导人的管理理念和管理胸怀。如果一个企业的领导人不能够体恤下属，不能够关怀团队成员，不能够为员工带来一个光明美好的前景，那即便这个领导人拥有这家企业百分之百的控股权，也不会将企业带入好的发展轨道。

在团队成员的心目中，管理者不仅仅是一位领导，更是一个大家长。马云这个管理者就扮演了一个很好的家长角色，马云很善于运用团队的力量，也很善于管理团队，带动团队的积极能动性。马云之所以能够很得团队成员的心，一个主要的原因就是马云从来都不看重自己的个人利益。2006年在《赢在中国》做评委时，马云就对一位选手说过这样的话："是什么原因让你离开了一家公司？可能是利益。创业过程中一定要把自己的利益抛开。"

马云说到做到，他从来都是将自己的利益抛开，一心为团队的利益着想。成功的好领导者都要有这样的胸襟和气度。

在2004年年底到2005年年初，蒙牛董事长牛根生将自己持有的约10%的蒙牛股份全部捐献了出来，创立保障蒙牛百年发展的"老牛专项基金"，牛根生这种做法可以说与马云的不靠控股来管理公司的做法有着异曲同工之妙。

"财聚人散，财散人聚"正是这个道理。牛根生散财的做法，看似是对自己利益的损害，但这些财产用在了企业的员工身上，使得这些员工能够解决后顾之忧，更加安心为蒙牛工作，给蒙牛创造更多的价值。

管理者应当摆正自己利益的定位，如果认可自己的团队，那么就要努力成就自己的团队，投入金钱和情感，这样团队同样会回报管理者。当个人的利益和团队的利益有所冲突时，就一定要把自己的利益抛开。当团队成员都感知到这种付出时，自然会对管理者、企业抱以同样付出的态度。所以说管理者不要为了眼前一丁点的利益就不顾团队成员的利益，置团队成员于不顾，这样的团队早晚会解散的。有的管理者只是一味地拿出利益奖励成员，希望能够靠金钱和利益来激励团队奋进，这种做法虽然能够取得一定的成效，但效果未必会很大，毕竟管理团队是管理团队成员的人心，只有获得团队成员发自内心的敬重和爱戴，他们才能够真心为企业付出自己的努力。

在利益面前，马云是一个好的管理者，他会先想到团队成员，先将利益分给努力工作的团队成员们，让成员们感到自己的辛苦付出有了超出所值的回报，所以，马云在团队成员的心目中是一个可以信赖、值得付出的好管理者。

## 不能让雷锋穿打补丁的衣服上街

你自己很善良，也很有激情，也很幽默，也会讲很多的故事，但一个优秀的CEO也必须是个优秀的管理者，多注重细节。从细节管理你的团队，你的团队才会有机会发展。当你的团队离开你的时候，你要想到一点，我们需要雷锋，但不能让雷锋穿打补丁的衣服上街去，让他们跟你分享成功果实是很重要的。

——2006年《赢在中国》马云点评

## 马云管理案例

作为一个成功的企业家，马云一直遵循与人分享成功的原则，他认为，由于任何人的成功都离不开企业和团队这样一个平台，所以当“雷锋”分享了团队的成功果实，自尊心得到满足，才会创造出更多的财富。

马云认为：“一个人捡了块大黄金，你把它藏在家里，所有人都惦记你那块黄金，这是不安全的。如果你把这个黄金打碎了送给大家，每个人有一块，你自己可以稍微留得大一点，你就没问题，大家都愿意来帮你。企业家就应该有这样的格局才能做大。”

在团队管理上，马云从不做亏待员工的事情，在阿里巴巴刚创业的时候，处境比较艰难，有一次工资都发不出来，为了不拖欠员工的工资，马云四处筹钱，为的就是能够让员工按时领到工资。

后来，阿里巴巴于2007年11月在香港挂牌上市，阿里巴巴在香港举行的全球路演上公布了招股说明书初稿，显示目前阿里巴巴持股的4900名员工，包括董事在内，共持有合计4.435亿股股份，平均每名员工持9.05万股。以开盘第一天39.5元的收盘价来计算，阿里巴巴的员工们身家平均超过了300万港币，因此将产生近千个百万富翁。

马云持有不到5%的股份，但他并不在意这个。在一次媒体采访中，他说：“成功绝对不是马云一个人的。几千人为此做出了很大的贡献，坚持了8年。中国整个互联网的行业和产业中，很多B2B和电子商务都倒下去了。我们的时机很好，有时候运气也很重要。我们公司是一家运气很好的公司。我们的成功绝对不是因为我们勤奋，也不是因为我们聪明。当然我们也勤奋，我们也很聪明。但我们还有运气，我们也付出过代价。当然今天还不能说成功，我们只是在一个新的台阶上。”

除了用股权激励员工，造就了众多百万富翁，阿里巴巴还有一系列的生活福利。2011年，彭磊给阿里巴巴的员工发了一封邮件，宣布阿里巴巴正式启动最大规模的员工福利计划：30亿元的“iHome”置业贷款计划，能够为阿里巴巴的员工提供无息住房贷款。无息贷款首期运行时间为4年，到期后根据具体情况决定是否调整。这笔无息贷款的期限“最长为5年”，而这次福利主要是照顾普通员工，总监及以上级别管理层将不能享受。还成立了5亿元的教育基金，为员工解决子女学前和小学教育问题。考虑到物价上涨等因素，给基层员工发放超过4000万元的一次性物价和子女教育补贴。

对于阿里巴巴发放这些福利的计划，马云是坚决赞成并支持执行的，他感慨：“房子贷款，我们也许解决不了所有问题，但是可以表达我们的心意。对于幼儿园、托儿所、小学，我们进行投资发展。甚至有必要的话，我们跟人合建，希望集团能够在这上面有所作为。能解决什么问题？可能解决不了多少，但是我们要表达心意。”

马云致力要做的就是让团队成员在阿里巴巴工作，不会感到委屈和无助。马云希望自己的团队能够没有后顾之忧地在阿里巴巴快乐工作，为了给员工提供舒适的工作环境，阿里巴巴每年都会拿出至少五分之一的财力，用来改善员工的办公环境。

虽然阿里巴巴在团队建设这一方面已经做得很好了，但马云认为，阿里巴巴做得还不够多，还要在接下来的时间里继续提升团队成员的归属感，跟他们一起分享阿里巴巴取得的一个又一个成功。

### 马云管理智慧

马斯洛理论说道：如果一个企业想要激发自己的员工在工作中达到

忘我的境界，不仅需要在物质和精神上的激励，更重要的是必须先满足员工最基本的物质生活需要。

马云正是这样做的。人活着虽然不仅仅是为了生存，但只有先生存下去，并生存得有尊严，才能追求更多更高的东西。在阿里巴巴创立之初，马云就很重视这个问题，他很看重团队中的每一位成员，他希望自己的团队成员能在阿里巴巴感受到工作的乐趣，而不是让他们工作得很辛苦、很枯燥。

美国管理学学者威廉•大内认为，管理文化的核心是使员工关心企业。管理者管理企业，其实就是管理人，以人为中心的管理，才是完善的管理，因此，企业在团队管理这一块，就绕不开与人有关的问题。

很多优质的企业，管理者都很看重员工的感受，例如苏宁这样以服务为最终核心产品的公司，不断通过完善现代管理制度，让员工成为行业内最具幸福感的员工，让员工能够在企业中找到归属感。

以德服人的管理者最能收服人心。古人云："小胜靠智，大胜靠德。"管理者的品德对员工有着很深的影响作用，可以唤醒员工的归属感和使命感，进而使员工努力工作。所以，合格的管理者要懂得给予、懂得分享，让员工在企业工作时，能够时时刻刻感受到自己是被尊重、被需要的。这样员工就能和企业同心同德，共同发展。

海底捞是火锅连锁店，名气很大，在餐饮业中名列前茅。海底捞之所以能够发展这么大，正是因为海底捞的管理者善于管理员工，让员工感受到团队的幸福感。海底捞的员工在海底捞工作都是很快乐的，海底捞不仅为员工提供了好的物质待遇，更重要的是让员工感受到尊严，看得到希望。

海底捞的员工只要勤劳肯干，都有升职的机会，海底捞几乎所有的高管都是服务员出身。工作上有成效的员工，在海底捞就能得到认可。海底捞为员工租的宿舍都是正式的公寓，条件很好，而且离店面也不会很远，这是为了保障员工的休息时间。

在这样的企业工作，员工自然会更加努力，因为自己的工作能得到认可。就像海底捞的管理者、马云这样的管理者一样，管理者只有使员工获得内心的幸福和快乐，才能让员工甘心留在企业奋力工作。满足员工的价值感，让他们在企业中感到自己被承认，才能激发他们面对竞争时的自信心，才能令企业立于不败之地。

## 在每个阿里巴巴人身上植入阿里巴巴的DNA

去年一年，我们在市场推广方面的投入几乎为零，但我们在人才发展方面却投入了几十万美元。

大部分网络公司现在都只是在盲目作战，并不知道如何去进攻，从哪里去突破，如何去训练组织他们的队伍。而在阿里巴巴，职员的平均年龄只有26岁，我告诉他们要了解客户、了解公司，用中国俗语说就是“知己知彼”。

去年秋天，我们创建了公司内部的“阿里学院”，要求每个新员工必须参加学习，公司彻底地从理论和实践两方面教导他们。这样的话，三年之后，我们将拥有一个更为强大的平均年龄30岁的人才队伍。

——马云接受《日经》杂志采访

## 马云管理案例

当马云还是一名老师时，有人问他最大的财富是什么，他的回答是“学生”；而当马云变身为一个企业的领导者时，当有人再问他同样的问题时，他的答案也变为“员工”。如何让这宝贵的财富能够实现“增值”，是马云时刻思考的问题，因此他提出了“把钱存在员工身上”的理念。

早在2003年，马云就曾说过：“我们4年来屯兵西子湖畔，在那里训练人马，训练我们的队伍，了解客户，了解市场，我们的员工达到1400名，可能是当今中国互联网企业中员工最多的公司。”这是马云的心里话，因为他知道，没有人才就没有现在的阿里巴巴。

把钱投在员工身上，让这部分财富实现“增值”，马云并不只是口头说说而已。对于被聘用的员工，马云采取的是“请进来，送出去”的策略，所谓的“请进来”，就是吸纳优秀的人才进入阿里巴巴工作；所谓的“送出去”，就是指阿里巴巴会经常与国内外的一些高校合作，把员工送出去学习。为了实现这一策略，马云采取刚性的制度，并投入大量的资金。在公司成立之初，阿里巴巴就投入了大量的“原始资金”，在2001年互联网产业集体“过冬”的萧条时期，阿里巴巴甚至还投入100万元作为员工的培训资金。

马云之所以如此重视培训，是因为他知道，在知识经济时代，学习是最好的投资，培训是最大的福利。在阿里巴巴，每一位新入职的员工都要参加为期两周的企业文化方面的培训，无论你是普通员工还是高管，都不能缺席。通过培训能够帮助新员工迅速了解阿里巴巴的历史、现状、价值观等，培训期间学员们一起上课、拓展、游戏，从而增强他们的团队合作意识。在培训期间，只要马云身在杭州，他就一定会亲自给新人们上课。

除此之外，阿里巴巴还针对不同岗位的员工设有“百年诚信”“百年大计”“阿里夜校”“阿里课堂”等培训项目，提升不同员工的业务能力。2004年9月10日，为了加强对员工的培训，阿里巴巴与杭州电子科技大学、英国亨利商学院联合成立“阿里学院”。2008年10月31日，马云与杭州师范大学合作建立了杭州师范大学阿里巴巴商学院。阿里巴巴的内部员工通过学习这些平台上提供的宝贵的教学资源，开阔了自己的视野，提升了自己的能力。

对于马云这种大手笔的员工培训的做法，有些人认为完全没有必要，并认为这是属于赔本赚吆喝的行为。对于别人的不同意见，马云予以了反驳，他说：“我们在培养员工、培训干部上花了一大笔钱。有人问是公司先赚钱再培训还是先培训再赚钱，我们提出‘Yes’理论，既要赚钱也要培训。”

在这种“荷枪实弹”的培训下，阿里巴巴的员工快速地成长起来，阿里巴巴也日益变得强大。在阿里巴巴，一个普通的前台接待员，经过一番锻炼之后会被提拔为客服总监、宾馆的大堂经理，如果被认定为能力出众，就会被任命为副总经理……这样破格提拔的例子比比皆是。2002年，马云曾对媒体说过：“我们今年在广告上没有花钱，但在培训上花了几百万元，我们觉得这是最大的回报。阿里巴巴现在有了120万会员，而且连续两次被哈佛评为全球最佳案例，连续两次被《福布斯》评为最佳B2B网站。在网络电子商务领域，我们的会员数跃居全世界第一位。没有我们优秀的员工，根本没法做到。

“现在，我们的干部也成熟了起来，员工数量扩大到了500多名。现在互联网是在裁员发展，我们却在扩大发展。我们的目标是在全年的发展中赚1元钱，也就是说，如果我们整年投资800万美元，我们要赚801万美元。事实上，到现在为止，我们的确运转良好，员工从前年100多名，到去年200多名，到今年500多名，我们还要不断地招。

“有人说为什么阿里巴巴还要招员工？我们认为员工是公司最好的财富，有共同的价值观和企业文化的员工是最大的财富。今天银行利息是2个百分点，如果把这个钱投在员工身上，让他们得到培训，那么员工创造的财富远远不止2个百分点。”

马云深知员工能力的提升对企业发展的重要性和对团队稳定的重要性，所以，他才甘愿砸一大笔钱在员工身上。

## 马云管理智慧

对员工进行培训，是一个企业发展的必备需求，也是一个企业必需的投资方式。一个企业想要使全体员工接纳企业的文化理念，并且不断地发展进步，就必须对全体员工进行持续不断的培训。或许，全员培训不能完全保证企业长盛不衰，但不对员工进行培训，企业最终会因企业理念得不到员工的理解而走向下坡路。

早在20世纪80年代，摩托罗拉公司就曾做过一项关于培训收益的调查。最终的结果显示，企业每投入1元的培训费用，在3年内可实现40元的生产效益，这充分说明企业培训员工的重要性。而在当今中国的企业中，许多成熟的企业也都十分重视员工培训在企业发展中的重要地位。

早在万科成立之时，董事长王石就清楚地认识到，自己的企业如果不想像其他房地产企业那样只是昙花一现、一两年辉煌之后就风光不再，而是想实现持续盈利、长盛不衰，那么建立一支忠于职守、精于专业的职业经理团队是必不可少的。因此，在公司成立之初，万科就一直不遗余力地培训每一名员工，并且这种培训贯穿始终，从员工入职一直到退休，使员工能够持续学到新知识，为整个房地产行业培养了不少精英人才。因此，万科在保持业绩持续增长的同时，也赢得了“地产界的黄埔军校”的美称。

全球大型家电第一品牌海尔集团同样重视“以人为本”，建立了一套完整的人才培训机制，最大限度地激发每名员工的潜力，使海尔的文化理念灌输到了每一名员工的头脑中。为了能够培养出合格的管理人才，海尔集团还专门筹资建立了用于内部员工培训的基地——海尔大学，同时建立了可随时调用的师资队伍，与国内外著名的大学、咨询机构以及知名企业的近百名专家教授建立了外部培训网络，从而使企业保持了高速稳定的发展。

在当今这个高速发展的社会中，一个企业能否取得成功，取决于这个企业员工的知识、能力，更取决于他们的创造性和主动精神以及对企业文化的理解，而培训的意义就在于此。“员工在阿里巴巴工作了3年，相当于公费读了3年的研究生。我希望每个在阿里巴巴待过的人，都植入阿里巴巴的DNA，将来即使离开公司也是个优秀的人才，将阿里巴巴的DNA复制并传播出去，为曾经身为阿里人而自豪。”这是马云对阿里巴巴所有员工的期望。

第三章

# 中高层管理：
# 找最合适的人，而不是最成功的人

马云说："你为200人、300人承担责任，你是总经理；你为13亿人承担责任，你是总书记。能力和责任是不一样的，你愿意为多少人承担责任，能承担起多少人的责任，这不是你的能力，而是你的责任。"

## 做不好士兵的人永远当不了将军

我认为公司里最大的财富是老员工。我的COO，25年前从伦敦商学院毕业，在通用电气工作了16年，在BTR工作了6年，他的经验告诉我们，MBA必须和现实结合，必须有实践经验才能获得成功。

MBA不是职业经理人，我本人对职业经理人这个提法有很多很多的看法，包括我现在请来的职业经理人，他们也认为我们不需要经理人。

千兵易得，一将难求，MBA要培养的是一个领导人。中国有5000年的文化，我们一直以人为本，如果把人抛弃了，肯定不行。大家可以想想，今天全世界这么多.com里，纯MBA建立起来的公司并不多。

不想当将军的士兵不是好士兵，但是做不好士兵的人永远当不了将军。

——马云在2002年中国企业高峰会上的演讲

### 马云管理案例

在阿里巴巴刚开始创业时，马云并不相信跟随自己创业的这些人能够做到公司的高层，能够协助他一起管理企业的最高事务。他曾对自己的创业团队成员直言不讳："你们可以做到中层，但无法胜任高层管理。"所以，在阿里巴巴创办初期，取得了高盛500万美元的融资后，马云从海外知名院校请了一大批MBA。马云认为这群MBA能带领阿里巴巴走向一个新的高度，但他没想到自己估计错误了，这些花了大价钱请来的"海归""高学历人才"，在实际的管理工作中并不如自己的团队成员那样能干。

这些优秀人才不停地和马云谈策略、谈计划，但真正的实干，却并未让马云感到满意。马云记得曾经有一个营销副总裁来找他谈一个项目，那位副总裁给马云看了下一年度的营销预算。马云一看大吃一惊，他问那位副总裁："什么？要1200万美元？我只有500万美元了。"那位副总裁并没有体谅马云，他说自己做的计划从来都不会低于1000万美元。

像这样不切实际的高管在那批被请来的MBA中还有很多，他们能够滔滔不绝地说出很多宏伟的计划，但就是不能落在实处，无法为阿里巴巴盈利。在一段时间之后，马云思考清楚了这个问题，他逐步将当初招聘进来的MBA们"请走"，只留下了不到5%的人在阿里巴巴工作。这之后，马云对MBA意见颇多，甚至有一次，他在商学院说出这样的话："教授总是认为自己是最好的，但是你觉得商学院的客户是谁？是我们的这些企业和用人单位。企业的声音要听！"

马云还说："我希望MBA调整自己的期望值，MBA自认为是精英，但精英在一起干不了什么事情，我跟MBA坐在一起，发现他们能用一年的时间讨论谁当CEO，而不是谁去做事。"看到这些高薪请来的"人才"并没有给阿里巴巴带来新气象，这让马云总结出了一个管理道理：适用的才是人才。

马云回忆起那时阿里巴巴的情况，说："首先我承认我水平比较差，但是难道他们就没有错吗？因为这些MBA一进来就跟你讲年薪至少10万元，一讲都是战略。每次你听那些专家跟MBA讲得热血沸腾，然后做的时候你都不知道从哪儿做起。"

而且让马云感到头疼的是，他始终认为小企业家成功靠精明，中企业家成功靠管理，大企业家成功靠做人。但是这些MBA给马云的印象却是"基本的礼节、专业精神、敬业精神都很糟糕"。这样的人又怎能带好团队？此时此刻，马云感到了危机，他知道，如果再不开除那些MBA，那么阿里巴巴也就没有了。

马云认为，在人才方面，所谓的精英分子未必就适合企业，其实平凡人在一起也可以做出不平凡的事。因此，马云将自己的团队命名为"唐僧式团队"，"唐僧这样的领导，对自己的目标非常执着；孙悟空虽然很自以为是，但是很勤奋，能力强；猪八戒虽然懒惰一点，但是拥有积极乐观的态度；沙和尚从来都不谈理想，脚踏实地地上班。因此，这四个人合在一起形成了中国最完美的团队"。

从那以后，在招聘员工时，找最适合的，而不是最天才的。坚信凡人在一起也可以做出不平凡的事，成为阿里巴巴一直坚持的原则。正是因为这种与众不同的用人理念，才使得马云的团队挺过了互联网最不景气的时期。

### 马云管理智慧

在管理学中，许多大师都提出了"用人所长"这一观点，因为并不是每个人都是精英，每个人都有自己的优势和劣势，所以作为一个团队的领导者，就要做到"用人之长，避人之短"，使整个团队发挥最大的能动作用。

在马云的办公室墙上挂着一幅金庸的题字：“善用人才为大领袖要旨，此刘邦、刘备之所以创大业也。愿马兄常勉之。”这是金庸在2000年时赠送给马云的，马云很喜欢这幅字，他说：“我挂在办公桌前面，这是给自己看的，挂在后面是给别人看的。天天看到这个，也是对自己的一种提醒。”

而在《赢在中国》这档节目中，马云进一步阐明了自己的观点，他说：“创业时期千万不要找明星团队，千万不要找已经成功过的人跟你一起创业，而是要寻找这些梦之队：没有成功、渴望成功，平凡、团结，有共同理想的人。等发展到一定程度以后，再请进一些优秀的人才，对投资、对整个未来市场开拓才有好的作用。尤其那些35~40岁已经成功过的人，他们已经有钱了，他们成功过，一起创业非常艰难。”

在很多管理者眼中，总是觉得“外来的和尚会念经”，他们往往会不惜血本请一些在海外镀过金的人来担任公司的高管，这些高管有着很好的理论经验，但因为缺乏实践经验和对公司不了解，往往就会“水土不服”，无法带动公司进步。

但最后的事实证明，正是那些老员工，才是最适合公司的人。就像马云说的那样：“把飞机的引擎装在拖拉机上，最终还是飞不起来。往往是拖拉机还没有飞起来，就已经四分五裂了。”

在互联网竞争如此激烈的今天，阿里巴巴还能够在群雄中突围，并且逐渐发展壮大，促成这种胜局的原因有很多，但是有一点是可以确定的，那就是在阿里巴巴这个团队中，每个人才都能够被安排在恰当的工作岗位上。

由此可见，打造一个团结的平凡团队，让适当的人处在适当的位置上，承担适当的责任，这对一个企业来说是非常重要的。

有一次，甲公司的老总和乙公司的老总在一起聊天，甲说："我们公司有三个员工实在让我受不了，我准备开除他们。"

乙问："他们有什么毛病让你不能忍受？"

甲说："一个喜欢吹毛求疵，看什么都看不惯；一个整天愁眉苦脸，杞人忧天；还有一个游手好闲，喜欢四处跑。"

听了甲的话，乙想了一会儿，说："这样吧，你让这三个人到我的公司上班吧。"

这三个人到了乙公司后，乙公司的业绩不仅没有下滑，反而直线上升。甲公司的老板感到很奇怪，一打听才知道，乙公司的老板让喜欢吹毛求疵的人负责公司产品的质检，让杞人忧天的人负责保卫工作，让游手好闲的人负责外联和销售，这恰好都是三个人喜欢做的事情，因此也就更加卖力地工作，乙公司的业绩自然上升了。

苹果前CEO史蒂夫·乔布斯曾说过："'垃圾'是放错位置的宝贝。在一个公司中，没有不适合的员工，只有主管把人放错了位置，以至于该员工无法发挥其专长，这也就要求一个管理者在管理团队时，要充分发挥每一位员工的优势，把他们放在合适的岗位上，以便使其优势得到强化，使其劣势得到削弱甚至消除，从而使团队的力量达到最强！"

## 把你的团队的怨气都发泄出来才会走得更好

聪明是智者的天敌，自认为很聪明的人，很难成为智者。傻瓜用嘴讲话，聪明人用脑袋讲话，有智慧的人用心讲话。所以永远记住，千万别把自己当聪明人，最聪明的人永远相信别人比自己聪明。把你的股东、你的团队想得比自己聪明，这样你才会走得更远更好。

——2006年《赢在中国》马云点评

## 马云管理案例

一个优秀的管理者不会对团队成员之间的矛盾视而不见，他必须能够善于做好协调沟通工作，并且在矛盾冲突萌芽之际，就立即采取措施将矛盾化解，甚至将阻力变为助力。

马云深知，即使是亲如兄弟姐妹的团队成员，也难免会产生矛盾，如果任矛盾长期积累下去而不去想办法解决，那么必然会降低团队的凝聚力和战斗力。所以从刚一开始创业，马云就给团队定下了一条原则，那就是团队中任何两个人发生矛盾，必须由他们自己互相面对面地解决。只有在双方都认为对方无法说服自己的情况下，才引入第三者作为评判。

2000年，在这支优秀的团队中，就曾爆发过第一次也是唯一一次的风波。

入驻华星大厦后，为了能够让阿里巴巴发展得更加规范化，马云开始着手建立各种规章制度。很快，负责此事的彭蕾就将规章制度起草了出来，但是在具体执行时，却遇到了前所未有的阻力。

首先，阿里巴巴融资之后逐渐壮大，招聘的员工也越来越多，再也不是当初他们18个人创业时的小作坊，因此划分部门、明确分工也就成为必然。在选择部门负责人这一问题上，马云提拔了孙彤宇、张瑛和彭蕾3人担任部门经理，这就导致18个创始人之间分为两拨，即4个“官”和14个“兵”，这种划分让其他没有担任职务，并且早就习惯了那种彼此不分职务高低、一起工作的“兵”感到难以接受。

由于早就习惯了刚开始创业时那种充满人情味和家庭味的工作氛围，一些人对于突然而来的制度感到很难适应，再加上平时由于忙于工作，18个人见面沟通的机会就变得很少，于是在不知不觉中，他们之间的误解越来越深，矛盾和怨气也就越积越多。

一天傍晚，14个“兵”没有邀请其他4个人，他们相约来到一家咖啡馆聚餐，在聊天的过程中，这些人不知不觉就谈到了工作，于是大家越谈越激动，越谈越气愤。后来有人提议，既然大家已经积怨这么久了，应该让马云知道，于是，他们很快就写了满满一页的建议。

马云第二天收到信后，感到事态很严重，当天傍晚，他就把所有创始人召集到一起。大家围着圆桌坐下后，马云说：“今天大家不用回去了，既然你们有那么多怨恨，很多人有委屈，现在当事人都在，都说出来，一个个骂过来，想哭就哭，所有事都摊在桌面上，不摊完别走！”

因为之前的亲密无间，所以虽然有些人心有怨气，但是彼此之间毫无芥蒂，于是大家有一说一，毫无保留地纷纷把心中的怨气发泄出来。

这次会议从晚上9点一直开到凌晨5点多，大家都得到了一次彻底的宣泄，而在马云的调解下，这些跟随马云浴血奋战了少则2年多则5年的老战友，终于将所有的误会和矛盾都消除了。打开心结之后，他们又成为一支所向披靡的团结队伍。

## 马云管理智慧

古今中外，有人的地方就有冲突，有冲突就需要有人来解决，因此一个合格的管理者要做的是及时发现矛盾、调和矛盾、化解矛盾，防止因为矛盾激化而给企业造成损失。矛盾是否化解得好，从某种意义上来说会直接影响到一个企业的生存。

但我们也应该注意的是，团队中那些有建设性的良性冲突，管理者不应该规避它们，因为它们能够帮助管理者有效地实施决策。只有当团队成员彼此之间率直地说出自己的想法、实现信息的有效交换时，管理者才能够充分集中个体的智慧进行决策。马云之所以能够解决“华星风波”，就是基于这一前提。

事实就是这样，冲突太少会让公司缺少生气，死气沉沉，而冲突太多又会让公司损伤元气，举步维艰，一个聪明的管理者，往往能够将团队的冲突控制在两者之间。

国内外一些优秀的企业，都会把提倡良性冲突作为一种管理理念。例如在联想集团的联想研究院，就有三条议事规则：缺乏反对意见的重大决策须慎重决定；提倡建设性冲突；只有专家，没有权威。而正是因为这种倡导良性冲突的做法，才使得联想研究院造就了对事不对人的氛围，确保了联想公司的新产品层出不穷。

有一家公司最近准备实施一项收购计划，但是CEO发现团队成员分成两派，一派对自己的做法表示拥护和支持，另一派则对这项收购计划表示怀疑，甚至两派中的部分人员暗中已经发生了几次冲突。

于是，CEO邀请所有成员进行了一次开诚布公的讨论，他告诉员工，他想知道所有人对这个收购计划的看法，希望他们能更深入地挖掘保留意见，能够对自己坦诚相待。

当所有员工意识到CEO能容忍甚至接纳异议时，立刻展开了激烈的讨论，并提出了许多新的看法，最终大家达成共识，这项收购对公司整体发展规划的作用不大，因此CEO决定放弃，而员工们之间的矛盾也得到了化解。

总之，作为企业的管理者，不能害怕冲突，因为冲突总是不可避免地存在，对待冲突既不能盲目遏制，也不能放任自流。处理冲突的总体策略，就是在积极倡导和激发有建设性的良性冲突的同时，尽量避免和消除有破坏性的恶性冲突。只有创造出这样一个和谐的环境，整个团队的工作才能正常运行，从而确保企业能够正常高效地运转。

## 领导者要让员工为了共同的使命去工作

我们的策略不断在变，但有三样东西永不改变：愿景目标不变，我们的目标是做80年的企业，成为全球十大网站之一，只要是商人，就一定要用阿里巴巴；我们的使命不变：让天下没有难做的生意；我们的价值观不变：客户第一、团队合作、拥抱变化、诚信、激情、敬业。

为了实现我们的目标和使命，我们的策略要不断变化。去年和前年，我们的策略是利用国际资本迅速开拓海外市场，同时利用国际资本培养中国电子商务市场，因为国际电子商务比国内成熟。今年我们是“B2C”——Back to China，在中国市场进行拓展。

——马云在2001年北京高新技术产业国际周
“数字化中国”论坛上的演讲

### 马云管理案例

阿里巴巴在刚成立的时候，规模不大，给员工开的工资也不高，但就是这样，依然有很多在互联网已经打出名号的人前来投奔。曾经是雅虎搜索引擎底层专利发明人的吴炯，当初在进阿里巴巴的时候就已经身价不菲，他年薪很高，还拥有着上市公司的期权收入，他当时的收入可以买下“几十个甚至几百个当时的阿里巴巴”，但就是这样的一个精英，却偏偏要放弃丰厚的薪水，来到阿里巴巴打工。

吴炯到了阿里巴巴，他的工资降低了一半，原来的股权分红也因为他的离开而失去了。不过吴炯并不后悔这个选择，他认为自己来到阿里巴巴，是被马云的理念所吸引，至于那些钱财，并不重要。

“在2005年5月，我第一次回国，顺道去看马云，发现马云的团队都挤在马云自己的房子里，所有参与创业的人都把自己的钱拿出来投入到公司里去，每个月只拿基本的生活费，而且没日没夜地干，这种使命感比雅虎当年有过之而无不及，所以，我就决定加入阿里巴巴了。”吴炯后来回想起当初为什么要加入阿里巴巴时，不无感慨地说了这样一段话。

同吴炯一样，蔡崇信也是被马云吸引过来的一位人才。蔡崇信，台湾人，耶鲁大学法学硕士，曾经担任全球著名的风险投资公司Invest AB的亚洲代表。在阿里巴巴刚成立不久的时候，蔡崇信已经是在风险投资业界拥有不小名声的精英人士了。那为什么拥有海外名校毕业背景、任职跨国公司经历的蔡崇信会选择当时规模很小的阿里巴巴呢？

最主要的原因便是马云的存在，马云靠着自己的领导者魅力吸引了蔡崇信的加入，马云也靠着自己的胸怀，让蔡崇信心甘情愿放弃原来公司的高薪厚职，跑来加入阿里巴巴。马云和蔡崇信的结缘起于一次谈判。

那时，马云正在为阿里巴巴的发展和建设寻找风险投资，蔡崇信就是以投资人的身份来到杭州和马云谈判的，但这位谈判人的“定力”不够强，风险投资没有谈成，倒是把自己谈了过去。

蔡崇信对马云说："马云，那边我不干了，我要加入阿里巴巴！我要和你一起做一番大事业。"蔡崇信的这番话虽然让马云很感动，但同时也让马云很吃惊，他知道，凭自己当时的能力，是无法支付蔡崇信应有的薪水待遇的。马云只好对蔡崇信如实相告："你开玩笑的吧，我这里只有每个月500元的薪水啊！"

但蔡崇信不在乎金钱，他更看重的是马云这样的领导者能够带给他的未来，所以在谈判之后的两个月里，蔡崇信说服了家人，来到杭州，成为阿里巴巴的首席财务官。在之后，蔡崇信的妻子和马云说："如果我不同意他加入阿里巴巴，他一辈子都不会原谅我的。"

蔡崇信加入阿里巴巴的决心就是这么大，他自己说过："这里有一些做事情的人，他们在做一件我觉得有意思的事情，所以我就决定来了。"

不论是蔡崇信还是吴炯，他们在进入阿里巴巴之前，都是行业内的精英人士，在进入了阿里巴巴之后，也成了阿里巴巴的中高层领导。阿里巴巴为什么能吸引他们的加入？对此，马云曾不无骄傲地说过："作为一个领导人，不要让你的员工为了你而工作，应该是为了共同的目标、使命或者是一个理想去工作，绝对不要因为领导人的个人魅力而工作。"

## 马云管理智慧

在现如今的商场中，老板想要吸引人才、留住人才，用得最多的手段便是高薪厚职，虽然这不乏是一个吸引人才的有效途径，但并不是唯一的途径。仅仅靠钱吸引来的人才，并不一定能够竭尽自己所能来为公司效力，也许，当另一家公司开出更高的薪水时，这个人才就会离开，跳槽到另一家公司去。

马云认为，想要对中高层这些领导好，最重要的不是给他们多么大的权力，也不是给他们开多高的年薪、分多少股票，而是要让这帮人对公司有认同感，能够和公司的文化一起发展，这样，这些高管才会齐心协力地为公司做出更大的贡献。

从1998年到2008年，马云调整了很多战略，但马云也有自己始终坚持不变的东西。多变的马云一直坚持不变的是什么？马云提到了自己做企业的“三大不变”，分别是愿景目标、价值观、使命。

马云是一个很有人格魅力、很有胸怀的领导者。在阿里巴巴还没有成为大企业的时候，就有许多人才仰慕马云的人格魅力，前来投奔马云，希望能够和马云一起做出一番事业。他们不求高薪，也不求高职位，就是纯粹想和马云一起做事业。

这些人才之所以愿意和马云一起做事业，是因为他们认同马云的价值观，承认阿里巴巴的使命感。正如马云说的那样，为了共同的使命去工作，也正是这共同的使命，将他们吸引进了阿里巴巴。对于真正重视自身价值，想要实现自我价值的人来说，金钱并不是找工作的唯一标准，实现理想、实现自我价值才是他们考虑的要点。

所以说，企业的管理者在选择中高层管理干部时，首先要看的不是这个人之前做出了多大的成就，也不是这个人的能力有多高，而是要看这个人是否认同自己公司的价值，是否能跟自己的公司共进退。认同感是相互的，公司企业和高管之间能够协调，这样的中高层管理者才能带动企业的员工积极工作，而企业对这样的中高层管理者也能够提供一个良好的平台。

作为一名企业的管理者，在管理中高层领导时，就要适当地满足他们的这些精神需求，为他们提供能够发挥自己能力的舞台，创造一个良好的工作氛围，为他们争取到更大的市场平台。这样一来，这些中高层领导会感受到公司的诚意，会感受到来自公司的认同感，便会更好地为公司工作，接受管理者的安排，积极地发挥出自己的能力。

在马云的心目中，团结在一个共同的目标下工作，要比团结在一个企业家底下工作容易得多，要说服大家认同共同的理想，而不是让大家来为老板干活。

## 总监以上干部要随时调整

去年，阿里巴巴上市以后，我做了一个很大的举动，让我们淘宝网总裁孙彤宇、阿里巴巴集团COO李琪、阿里巴巴集团CTO吴炯、阿里巴巴集团资深副总裁李旭晖离开公司，休假两年半。

为什么这么做？因为我知道当CEO很辛苦，虽然我从来不见一个客户，不谈一笔业务，但是我24小时都在考虑这些问题，真的太累了。我希望我也能早点儿退休。在自己感到很累的时候，看看我的团队，这些人跟我摸爬滚打了十来年，他们比我更累。这样十来年干下来，这些同事没有朋友——同事就是朋友，没有生活，没有兴趣爱好，工作成了人生的全部。这样再过10年、20年，回头看的时候肯定后悔。人这一辈子还有很多东西，有自己的兴趣、自己的朋友、自己的生活，这样才有创新，每天只想着工作是不可能有持续创新的。

现在公司上市了，品牌也不错，是应该让这些人去外面的世界看看，去哈佛、北大念念书，也许三四年以后，他们又充满了力量、焕发了激情，能够成为我们的接班人，发挥更大的作用。假如他们两三年以后真的回来，我才有可能实现我的退休计划。当然，不回来我觉得也挺好。你不要觉得他们欠公司什么，也不要觉得公司欠他们什么。公司不能被任何人绑架，任何人也不能被公司绑架。

——2008年马云在北大的演讲

## 马云管理案例

2007年的平安夜，阿里巴巴成功上市没过多久，马云就做了一件让所有人都瞠目结舌的决定，他将阿里巴巴集团CTO吴炯、阿里巴巴资深副总裁李旭晖、淘宝网总裁孙彤宇、阿里巴巴集团COO李琪等人先后调离岗位，派往国外的商学院进行脱产学习。

马云的这一决定让许多人不能理解，认为这是一种不理智的行为。由于被调动的是马云手下的几员大将，甚至有人认为这是马云在“杯酒释兵权”，通过对各大高管的岗位调整，加强自己对阿里巴巴的控制力。

对于外界的质疑，马云表示，要实现“由中国人创办的全世界最优秀的公司”这一伟大远景，其前提必定是要具备一个伟大公司所必备的胸怀、眼光以及全球化的视野，拥有一支全世界最优秀的管理团队，而将公司高管派往国外学习，就是为了实现这一目标。与此同时，阿里巴巴官方也给出回应：“除了一如既往地提升自己和引进外部人才之外，还将大力推进走出去的人才战略部署，同时将加强各关键部门人才储备、轮岗和接班人制度。”从而验证了马云的说法，也有力地解释了为什么马云要在阿里巴巴集团进行如此大规模的人事调整。

其实，在阿里巴巴集团内部，这种变化早已成为一种常态。早在2000年，整个互联网行业遭遇寒冬的时候，阿里巴巴就曾将许多公司的董事派往海外进行脱产学习，到阿里巴巴成功上市之前，集团内部已经有多位高管在海内外商学院进行短期或长期培训和学习。在一次媒体采访中，马云谈到阿里巴巴集团内部干部的轮岗制度，曾这样说："在阿里巴巴，总监以上的干部，集团组织部可以随时调整。在淘宝干得不错，明天可以到支付宝或者阿里巴巴干两年。干部经过这样调整，眼光视野就开阔了，可以把阿里巴巴的经验带到淘宝，把淘宝经验带到阿里软件。"

经过这次大规模调整之后，2009年春天，马云又带领阿里巴巴所有核心高管团队前往美国交流学习，并且拜访了谷歌、星巴克等一系列国际知名公司。这一次美国之行让阿里巴巴的许多高管大开眼界，他们不仅见识了这些公司各级优秀团队高效的执行力，同时也开阔了自己的眼界和胸怀。

阿里巴巴业务拓展得非常快，新生了许多子公司，也并购了许多公司，所以就需要一定数量的管理人员能够独当一面，但是许多管理者却往往忽视了部门之间的协调能力，导致执行力下降。而轮岗制度恰好能够消除部门之间的壁垒，让高管在一个陌生的岗位上培养其自身领导力的同时，也能让他们对彼此的业务乃至集团的整体战略有足够的了解，从而使视野变得更开阔，工作起来也会更加出色。

### 马云管理智慧

一个企业想要高速运转，各个部门之间就一定要协作配合好，而部门之间协作的乏力，往往会成为企业发展的最大阻力。造成部门协作不力的原因，通常是人的思维方式、思考角度出了问题。在中层干部中实行轮岗制度，能够让一个部门的管理者充分体验其他部门的工作情况，从而通过岗位的互换，形成换位思考，培养各部门的协作精神。

同时，轮岗制度已经成为企业培养复合型人才的一种有效手段，很多知名的公司都已经在公司内部或跨国分公司之间建立了岗位轮换制度。

作为德国最大工业企业之一的博世成立于1886年，可谓一家充满活力的百年老店，因为在这家企业中，每个工作日都会有16项专利诞生，而这一切，要归功于它卓有成效的员工内部培养方式之一——轮岗机制。

在博世公司的内网中，网站管理者会把公司的岗位需求信息不定期地公布在网站上，如果你是一名在一个岗位工作满两年，并且拥有良好业绩表现的员工，那么你就可以应聘公司在全球任何一个国家的任何一个岗位。

等人力部门收到你的应聘请求后，会对你进行考核，看你是否能够满足新岗位的需求，并对你进行为期半年的轮岗前培训，考核合格后，你就可以到新岗位任职。这种轮岗制度使得博世公司能够聚集源源不断的复合型人才。

同样，在IBM公司，也实行一个名为“2-2-3”的岗位轮换制度，即一名员工在一个职位上工作2年，上一年的绩效考核是2（良好）以上，用3个月时间处理完原职位的遗留事务之后，就可以轮岗。在IBM，没有员工会因为上司的频繁更换而感到无所适从，因为定期或不定期的轮岗已经在IBM公司形成了一种企业文化，不管是中层管理者还是普通员工，他们都已经习惯了在任何上司的领导下有条不紊地工作。

由此可见，一家公司要想留住人才，单靠物质上的满足是无法实现的。因为员工个人的物质水平随着时间的推移而逐渐提高，薪金的奖励作用就会慢慢降低。而在那种岗位轮换过程中，员工不仅享受到了类似“跳槽”的新鲜感和乐趣，而且从中学到了不少东西，为自己提供了良好的职业发展空间。

正是因为这样，阿里巴巴才一直认为：轮岗能为高潜质人才提供更大的发展空间和发挥创造力的舞台，协助员工完成职业转型及职业生涯的飞跃式发展，同时也对现有人才产生极大的激励，让组织充满活力，留住企业关键、核心人才。

上市后的阿里巴巴，必然会对管理人才的构架、管理能力以及知识面提出新的要求，而这就要求中高层管理者能够进一步学习，提高自己的全面素质。马云对阿里巴巴的四大高管调整也在情理之中，因为只有这样，阿里巴巴才能有更好的发展前景。

## 领导要让下属成为劳模，而不是自己当劳模

当干部之前，你一定要让他学习怎样当干部。有很多干部是劳模干部，这类人很勤奋，如果你把他升为经理，他觉得领导喜欢他这样当经理，凡事带头干，但他不能培养激励下属。真正优秀的领导是能让下属成为劳模的人，而不是自己当劳模。

——马云内部讲话

## 马云管理案例

对企业来说，无论是在创业期间，还是在向成熟发展的过程中，都少不了一个团结一致的队伍。而一支有凝聚力的团队则需要一个能够身体力行、对员工如同对待家人一样有远见的领导者。马云就是这样一个具有极强号召力的领导，当然，他如此的人格魅力也是自身素养的体现。

“创办一个伟大的公司，靠的不是一个Leader，而是每一个员工。我不承诺你们一定能发财、升官，我只能说——你们将在这个公司里遭受很多磨难、委屈，但在经历这一切以后，你们就会知道什么是成长，以及怎样才可以打造伟大、坚强、勇敢的公司。”早在阿里巴巴草创阶段，马云就带领了一支由17个人组成的兄弟连共同为一个梦想打拼了多年。而当阿里巴巴在市场中站稳了脚，当技术、服务和客户都稳定下来之后，马云知道，人心的安稳才是阿里巴巴未来成败的关键。他对自己的员工这样说道：“电子商务的前景非常乐观，但是未来电子商务的发展依靠的不仅仅是客户数量、服务质量，更重要的还有技术。只有你们和我有同样远大的梦想，团结一致，才是取胜之道。”

马云一直是相信梦想的，“这些梦想我们从来没有改变，我希望你们也没有改变。未来，我们会发展得更快。我相信在一年内中国互联网将发生巨大的变化，这个变化一定是由阿里军团带领产生的”。

在说到如何将企业员工汇聚成一股强大的凝聚力时，马云说：“晓之以理、动之以情，不回避困难，而是直接告诉员工，让员工参与进来，一起解决。”

马云一直将自己的价值观贯彻进公司中，“用价值观来统一思想，通过统一思想来影响每一个人的行为，最后形成合力”。

人是最具个性化的生物，在一个大型企业中，要想把众多不同性格的人会集在一起，是件非常不容易的事，如果一个领导者没有像马云这样发自内心地对员工进行关怀的话，想必“团结”一词也只是嘴上说说而已了。

## 马云管理智慧

想要做好一份事业，办好一家公司，单凭一个人的力量是不可能做到的。一个再能干的领导，如果没有属下的配合，也无法完成好所有的工作。

张诚最近因为业绩突出，被提升为销售部的总经理。新官上任三把火，张诚想一定要在工作岗位上做出成绩，让老板对他更加赞赏。在他升职的第一天，他就将销售部的成员召集在一起开了一个誓师大会。

在会议上，张诚对大家慷慨陈词一番，希望大家能够和他一起将销售部的业绩再创新高，看到大家对他的发言表示赞同，张诚的干劲更加高涨。他每天不但对底下的员工严格要求，对自己更是不松懈。

可奇怪的是，销售部的业绩不但没有提升，反倒下降了。这让张诚很是不解，他只有更加努力工作，几个月之后，工作没有什么起色，倒是把自己给累倒了。后来经过领导研究决定，让李阳代替张诚，做了销售部的经理。

虽然张诚很是不服气，但也没办法，只得接受。张诚暗中观察，他发现李阳每天上班都是晚到早走，工作期间也没有表现出多勤奋。可在月底的总结会上，销售部门的业绩却是高出了一大截。

后来，张诚实在忍不住，去找李阳请教。李阳只是说，要学会用人，而不是只用自己。作为一名领导者，首要的能力就是知人善用，将领导的每个员工都放在他们最适合的岗位上，发挥他们最大的功效。

张诚的问题就是凡事都亲自上阵，亲力亲为，有时就连员工已经做好的事情，他都要拿过来重新做。看起来他是尽心尽力、兢兢业业，但其实，作为一个领导，他是不合格的。领导是一个率领者，而不是劳模。

李阳看起来每天不慌不忙，但其实他将每件事都安排得井井有条，让每个员工既得到了锻炼，又有效地完成了工作，自己还不用那么劳累。领导不一定要冲锋陷阵在最前面，但一定要保证冲锋的士兵不但完成任务，还能毫发无损地回来。这对一个人的领导力有着很高的要求。

所谓领导力，就是在其管辖的范围之内，充分利用人力和客观条件，用最小的成本办成所需要办的事。

俞敏洪对领导力有过这样的阐释："为人处世很好的人不一定有领导力，但有领导力的人，一定是为人处世很好的人。凡是为人处世有问题的人，他最后一定会出问题。比如说张狂的人、极端的人、不遵守社会公约或者不承担社会责任的人。你可以看到这样的企业家在中国一批一批地倒下去。你说他们没有领导力吗？他们能够把一个企业做成，但他们又把自己做成的企业彻底地毁掉。这就表明，他们的领导力是一种虚假的领导力，只不过是得到一个偶然的机会，抢到一个机会把事情做出来了。所以说，领导力也可以解释为使一个企业或组织平稳发展的能力。"

想要做一个有着很强领导力的领导，就不能闭门造车，只顾埋首做自己的工作，而是要放眼整个企业环境。一个企业的领导者在成为领导之前，可能是做技术的，也可能是做销售的，但当他走上领导岗位后，他原先拥有的技能需要弱化，需要成为一种辅助他领导团队的能力。

一个好的领导，不是当自己的员工在与客户谈判时，他就冲上去，替员工谈判；当员工在做文案时，他就拿过来，亲自做。领导不是工作万能贴，而是一个指挥家；领导不是企业的劳模，而是能带领很多劳模创造效益的人。

## 从内部找替代自己的人

关于挖掘内部人才的问题，我是这么看的，永远要想办法在你公司内部找到超过你的人。在公司内部找到能够超过你自己的人，这就是你的发现人才的办法。如果你找不到，问题一定在你身上，你的眼光有问题，你的胸怀有问题，可能你的实力也有问题。所以我觉得你应该在内部找到超过自己的人，相信这个人三年五年以后一定会超过自己。今天也许有这样那样的问题，但是一定有这样的潜力。第一个从结果上判断他，从过程中判断他，从他边上的人中判断他，但是还有很重要的一点，是让他给你推荐他认为最优秀的人，从这儿判断他是不是优秀的人才。

——马云在《赢在中国》上的点评

### 马云管理案例

在阿里巴巴发展的过程中，马云清楚地认识到，如果因为自己的离开，就使阿里巴巴关门或者变得碌碌无为，那就代表着他不是一个称职的管理者。马云回忆起最初创业时的经历，曾说过这样一段话："在中国黄页时，中国黄页还不错，我离开中国黄页后，中国黄页就不行了；我在外经贸部做EDI时，EDI红红火火，我一离开，EDI就从此变成特普通的公司。创建一个伟大的公司，需要一个伟大的机制，需要一批平凡但能从事伟大工作的人。"

由此我们能够知道，在一个企业中，管理者最主要的任务应该是去挖掘内部人才，并且注重对他们的培养，充分发挥其潜力。员工的潜力挖掘了多少，体现了一个管理者的管理水平。只有你将自己的下属培养起来，让其能够完全取代你，你才能有更好的提升。

比如你是一个部门的经理，如果你一直无法培养出能够取代你的人，那么你就要一直在这个位置上坐下去，即使是部门总监的位置出现空缺，你也无法替补上去，因为你的位置没有人能够替代。

阿里巴巴就实行这样的考核制度，马云说："我训练干部管理团队，要求他们在问题发生之初就把问题处理掉。你做的任何决定都关系到公司3~6个月之后发生的事情。如果没有人能取代你，你永远不会升职。只有下面的人超过你，你才是一个领导人。"

正是因为注重挖掘人才并对其培养，马云对自己的CEO角色有了一个新的定位——"首席教育官"，他想要把阿里巴巴变成一所大学校，尽力为阿里巴巴、为中国企业培养所需的人才。他曾说："未来四五年，最大的理想不是创办一个伟大的企业，而是能培养出所谓的'四大天王、八大金刚、四十罗汉、一百零八太保'。"马云希望培养出来的这批人才每个人都能创办、领导、管理一个伟大的企业。

在阿里巴巴，任何一位员工只要被挖掘出来，被马云认为是"可塑之才”，就会得到公司的大力培养和重用。马云会给这些“重点培养对象”提供各种培训机会，让他们能够在不同业务部门体验，在比较短的时间接触不同的业务，锻炼各方面的能力，从而提升自己，这样就能够确保他们在不远的未来代替马云冲锋陷阵。

为了当好“首席教育官”，从2002年开始，马云就频繁出席一些全球最好的论坛会议，因为在那里他能够与诸如比尔·盖茨、巴菲特等世界顶级管理高手交流。他说：“达沃斯每一届我都去，从中学习什么叫国际化、什么叫战略眼光，回来之后再跟我们的同事进行沟通交流。我现在被很多人认为是‘狂人’，其实我只不过把高手讲的话告诉中国人而已。因为我是老师出身，不懂技术，老师就是‘贩卖’别人的知识，拿过来消化一下再告诉别人。”

马云认为，作为一家企业的管理者，不应该也不能够闭门造车，而是应当常常走出去，接受世界上的新信息，这样才能使得自己不会落伍，能够在新的咨询的刺激下变得更加敏锐。马云在2007年第四届网商大会上的演讲中说道：“这个世界上就没有哪个CEO是靠培训的。CEO都是通过坐在一起聊天、参加各种论坛来学习的。作为一个领导，眼光、胸怀的锻炼十分重要，要多跑多看。读万卷书不如行万里路，你没有走出县城，就不知道纽约有多大。我去了之后，回来觉得自己太渺小了，飞那么长时间还没飞到尽头。我经常跟我的同事说，人要学会在自己的脑袋和眼光上面投资，你每天去的地方都是萧山、余杭，你怎么跟那些大客户讲？你投资点钱到日本东京去看看，到纽约去看看，到全世界去看看，回来之后你的眼光就不一样。人要舍得在自己身上投资，这样才能把机会和财富带给客户。”

“我记得是《时代》杂志首次把我说成疯子的，批评我的想法不切实际。我当然不觉得自己疯狂（crazy），只是与众不同（think different）。你看，我没有信口雌黄，我已把所有被喻为‘疯狂’的想法做到了，We are here！”这是马云在接受一家香港媒体采访时对自己的评价。

马云之所以能够成长为今天的赢家，并非他有什么超过常人很多的智商，或者多么多么好的机遇，而是他一直以来就懂得锻炼自己，锤炼自己的眼光和胸怀。马云深知，作为一家企业的管理者，如果不能够拥有超乎常人的眼光和胸怀，那是无法带领企业走得更远的。

马云能够从一个英语教师成长为一个世界顶尖的CEO，最重要的就是很舍得对自己的脑袋和眼光投资。

### 马云管理智慧

李嘉诚曾说过：“用人是经商的一大学问，要招到自己喜欢的能人，重用有本事的人，让人才站出来，显示自己的才能。”一个有远见的领导者，不仅会使用现有人才，而且还会适时地挖掘人才，尤其是具有潜能的人才，以此来保证企业的可持续发展。

马云同样认为，每个人都有自己的潜力，关键就在于一个管理者如何去挖掘员工的潜力。他说：“你用6个月如果还找不到替代你的人，说明你招人有问题。6个月你找不到人，说明你不会用人。领导要能把人身上最好的东西发现出来。你要找这个人的优点，找到这个人自己都不知道的优点，这是你的厉害之处。如果有一只老虎在后面追你，你的奔跑速度自己都想象不到。为什么能跑这么快？有老虎追你。每个人都有潜力，关键是领导要找出这个潜力。”

放眼望去，那些在市场竞争中败下阵来的企业，并不见得就是因为资金短缺的问题，从某种程度上讲，很大一部分原因是企业领导没有正确的管理和用人方式，致使人才流失。

GE前任董事长兼首席执行官杰克·韦尔奇曾说："在正确的岗位上找到正确的人去做事，比开发一项战略要重要得多。"因此，GE一直奉行在内部培养企业领导者这一原则。虽然GE公司每年只向4%左右的员工提供管理开发培训，可是这一小部分人的选拔却是向基层的每一个员工敞开的。GE的哲学是：每一个进入公司的员工都是领导者，他们领导自己的思想、行动和主张，员工要想在公司获得成功，就必须朝领导者努力。

另外，在GE公司，从全球CEO到全球业务集团总裁、地区总裁、人力资源总监等，每一个重要岗位都实行的是"接班人计划"，有些中层管理岗位必须不断地有两三个人作为后备管理人选，以便为将来的工作调动做好准备。

正是由于这种管理模式，GE公司在100多年的历史中出现的9位CEO全部都是内部培养的，并且它还为业界培养了155位CEO。GE公司一直以来都被奉为人才培养的楷模。

同样，马云也深知，没有差劲的员工，只有差劲的领导者，因此作为老师出身的他，十分注重对有潜质的员工的培养。他这样做不仅是为了阿里巴巴，而且也是为了电子商务事业。马云希望自己能够把阿里巴巴变成中国企业界的"黄埔军校"，能够为中国互联网和世界互联网产业培养上百个CEO。当有人问他最喜欢金庸笔下哪一个人物时，他说："风清扬，我自己感觉我特别欣赏他的一个原因就是他是一个出手无招的人。因为我想做任何事儿，要把所有的招数消化了以后很自然地使出来。另一个原因，我觉得风清扬，我比较欣赏他的为人，他是一个老师，他自己并没有现身江湖，而是通过他的教育培养，让令狐冲横行江湖。那我觉得我自己是老师出身，我最希望的是我的同事、我的学生能够超越我。因为这两条，我特别喜欢风清扬。”

第四章

# 竞争管理：灾难时客户第一，员工第二，然后才是对手

马云说："竞争者是杀不掉的，他们一定是自己杀掉自己的。环境会杀掉他们，产业的变化会杀掉他们；自己狂妄会杀掉他们；自己看不起自己会杀掉他们；自己踩错点更会杀掉他们。所以我认为最大的对手还是自己。你不要忙着去替社会清理这些事情，它自己会清理的。"

## 人要被狠狠PK过，才会有出息

我们为进军B2C市场准备了8~10个月的时间，确实成立了一个部门来专门运营这项工作，去年已经有很多大型品牌厂商进行了很多尝试，两三个月以前，就有很多厂商进来开店，他们都反映效果非常好，才促使我们现在推出来。

——马云接受《第一财经日报》采访

### 马云管理案例

商场如战场，想要把企业做大，势必会与不同的竞争者竞争，但这并不是一件坏事，反而是一件好事。对企业来说，有竞争才能激发出斗志。作为企业的管理者，碰到一个旗鼓相当甚至更为强大的对手时，不仅会激励自己不断成长，而且还能在激烈的竞争中发现无穷的乐趣。

马云曾经指出，人只有被狠狠PK过，才会有出息。管理者为了自己的企业不被击败，就会拼尽全力，绞尽脑汁发展自己的企业，这样企业才能不断成长。所以，不要把竞争对手当作敌人，也不要使出阴损的招数置对手于死地。在马云眼中，市场上的竞争对手不是敌人，他只和自己竞争，他认为竞争的最高境界就是“心中无敌”。

在2010云峰基金（江苏）论坛暨苏商投资年会上，马云发表了演说，谈到企业的竞争时，马云表示，争得死去活来的竞争是愚蠢的。

“企业现在最多的是竞争，包括在我们这儿也有很多抱怨，阿里巴巴、淘宝建了两个市场，很多人天天杀价，我出5000万，他出4000万，这是最愚蠢的商战，我教一个傻子也会干，这不是企业家。比价算什么英雄？竞争最高的境界是什么？竞争是一种乐趣，就是让对手很痛苦，你很快乐，如果你也痛苦，这是走错了。你痛苦他开心，你肯定走错了。竞争的乐趣在于，两个企业竞争，就像下棋一样，你输了，我们再来过。两个棋手不能打架，现在是很狠，你胜了，我弄死你，这不行。真正做企业是没有仇人的，心中无敌，无敌天下，不能你眼睛中全是敌人，外面全是敌人。什么是企业的生态作战？生态里面的非洲狮子吃羊不是因为恨羊，是因为它就是要吃羊，这样可以让它生存。你竞争的时候不要带仇恨，带仇恨一定失败。

“最后我们很多人一定要听经济形势，什么CPI涨了，物价原料涨多少了，央行要加息了，我们的企业不要关心这些事情，永远不要关心总理关心的事情。经济形势好，你未必好；经济形势不好，你未必不好。伟大的企业都是在经济形势不好的时候诞生出来的，不要埋怨形势。有的人在抱怨形势，有的人就在努力。我开始做互联网的时候，三个月以后就出现互联网的风暴，大家都觉得不好，但是有时候形势不好，对你更有机会。所以，不管你企业多大，也要改变自己，适应这个无论好和坏的近来形势。我记得金融风暴刚开始的时候，我参加中国企业家的会，在报纸上看到，北京公园里面有一只鸭被冻在湖上，大家救这只鸭，这是救不好的，为什么？那个公园里面的鸭都是野鸭，被冻的那只是家鸭，冬天到了，野鸭都飞了，你还在那里，是笨的。你必须学会飞。我们做企业要永远保持乐观的精神。我的那句话我不重复了，但是我想在路上的人一定是辛苦的，在路上的人没有必要你杀我杀。互相鼓励，互相分享，更加透明一点，更加开放一点，我们的企业会做得更好。”

正如马云所说的这样，企业在竞争中能够成长，也需要竞争来激发自身的活力和潜力，在竞争中活下来的企业，才是足够强大的。

## 马云管理智慧

商海沉浮，在惨烈的商业竞争中，一定要敢于参加这场战争，并且在竞争中不断强大自我，这是能把公司做大做强的一种必然要求，一味地退让只能让企业最终走下坡路，直到失败。

马云无疑是一个敢于竞争的企业家，阿里巴巴在他的带领下，在竞争的浪潮中越磨砺越厉害，最终“蜕变成蝶”。当然，竞争也不是一味地拼财力、拼实力，有些时候，也需要拼胆识、拼智慧。在竞争比拼的过程中，难免会受伤遇挫，但这些磨难正是助你成长的东西，只有经历过这些，你才能成长得更加茁壮。

对此，马云形象地比喻道：“就像武侠小说里所描写的，一个有资质的人才总会在一次又一次的比武中得到一些非同寻常的顿悟，进而功力大增。”

2006年，马云在一档名为《财富人生》的节目中与主持人讨论过竞争的问题。

主持人叶蓉：“我发现，你身上有一种喜欢挑战强敌的天性。两年前的中国已经有了一个eBay易趣，你仍然要做一个淘宝网出来。听说淘宝网诞生前后有些非常离奇的故事，能不能在这里透露透露？”

马云："孙正义和我都认为，今后没有B2B和C2C的区别。阿里巴巴和eBay有着惊人的相似，只不过我们是专注于中小型企业，他们专注于个人电子商务。我们认真考虑过后就挑了几个年轻人，给他们做了一个测试。我和CFO、COO、几个副总裁坐在办公室，叫他们一一进来。年轻人从来没想到这么多公司高管在里面，哇，吓了一大跳。我就和他说，现在要派你去做一件事，要离开杭州，离开公司。你不能告诉你的朋友，也不能告诉你爸爸妈妈去做什么了，但是你要离开这个公司。你愿不愿意做这个项目？他看了看我，说愿意。我说你不愿意的话现在就可以离开。现在我们也不能告诉你做什么，这是一份合同，全是英文的，如果你签下字以后，10个月以内你不能漏出一点点风声。这个合同上面没有任何好处，只有坏处，你现在签了合同就意味着你离开我们这家公司。你要加入一家新的公司，这家公司你现在也不能知道，也不能告诉别人，你签不签？这些人看了以后都签了。"

企业的管理者非常需要这种竞争的胆识，同马云一样，一手挑起彩电价格大战的长虹前总裁倪润峰也是一个非常敢于在商海中竞争的人。在1989年，国家征收彩电特别消费税，倪润峰率先在国内做出了彩电降价300元的决定，打开了停滞的彩电市场，使得资金迅速回笼，拯救了当时陷入困境的长虹。

而后，面对彩电行业中一次又一次的竞争，倪润峰都接招之后，一一化解，尤其是在面对20世纪90年代初期"洋彩电"大举进军的严峻市场形势，他再次打响反击的价格战，宣布降价，令长虹获得了大量订单，获得了很大一部分的市场占有率。

敢于竞争是经商的必要精神，就算被竞争打倒，也要去竞争，在竞争中不断强大自我。竞争的乐趣就在于痛苦之后，会迎来一个升华过后的自己。

## 遇到强大的对手，该做的不是挑战而是弥补

每个企业都有竞争，一定会有竞争，而且必须有竞争，但竞争不是企业生存的主要目的。竞争是企业发展过程中的痛苦经历，有竞争说明有市场，所以阿里巴巴孤独了5年。有人跟你竞争很正常，在这个竞争过程中你必须有所得，但竞争要注意几个原则。

选择优秀的竞争对手，不要选择地痞流氓，要把这个竞争对手打成流氓，你就赢了。对手开始欺骗客户的时候，他开始夸大其词、侮辱对方人格的时候，他已经输了。优秀的对手永远不能有个人情绪主义，跟下棋一样，输了再来，而不能打起来。所以你发现对手的时候，以敞开的胸怀、眼光分析它的独特竞争力是什么，核心理念是什么。天下没有对手能够杀得了你，只有你自己能杀自己。

——2005年马云在上海阿里巴巴网商论坛上的讲话

### 马云管理案例

俗话说："同行是冤家。"当一个企业遇到一个强大的竞争对手时，相信大多数管理者都会绞尽脑汁地想去战胜它，根本不可能把它当作学习的榜样，然而马云却是一个例外。

马云认为："在一个行业里，一枝独秀是不行的，也是危险的。中国的事情，凡是三足鼎立才能使一个行业发展起来，至少做大三家才有

钱赚。一个很好的例子是TOM进来了，三大门户网站之间不打架了。为什么？因为大家都成熟了，这个行业也渐渐成熟了。我希望到时候能看到一个百花齐放的景象。阿里巴巴为其他公司提供了经验教训和资源，其他公司发展起来，也会给阿里巴巴带来很多好处。”

马云的观点恰好印证了哈佛商学院迈克尔·波特教授的话：“‘竞争对手’的存在能够增加整个产业的需求，且在此过程中企业的销售额也会得到增加。”这正是竞争对手共同把蛋糕做大的市场效应。

当发现eBay在全球C2C市场的实力以及对中国市场的窥视后，马云立刻选择其为自己的主要竞争对手，在学习、分析对方，弥补自己之后，最终击败对手。

其实，对于手下败将eBay，马云并没有看轻它，而是心怀敬意。在一次答记者问时，马云就竞争问题做了以下的回答：“阿里巴巴没对手是很痛苦的，到处找，这个也是，那个也是，弄得自己很累。但是淘宝有对手，淘宝的对手是eBay，我们认为是伟大的eBay。你打拳碰到泰森，你可能会认为很倒霉，其实，你能够找到世界一流的对手，我认为是一件很好的事。如果你打球碰到乔丹，那是一辈子幸运的事。所以我觉得淘宝能够向eBay这样的对手学习，那是一种福气。”

2010年，马云甚至邀请了eBay首席执行官约翰·多纳霍参加阿里巴巴集团一年一度的网商大会。对于别人对自己选择竞争对手参会的不解，马云说：“其实我和阿里巴巴的团队对约翰·多纳霍充满了尊敬，对eBay充满了尊敬，我们为什么会一起坐在这里？因为我们拥有一个共同的梦想。”

2007年阿里巴巴成功上市之后，有的记者曾问马云：“在阿里巴巴成功上市以后，您面临的榜样和对手是谁？”马云十分谦虚地回答：

“其实我并不喜欢特别关注竞争对手，反而更喜欢榜样。在我看来，有很多值得阿里巴巴学习的榜样，如世界上最大的零售商沃尔玛，如顶尖的电子行业IBM、微软、谷歌等。阿里巴巴上市以后还会和以前一样，把大部分精力放在客户和榜样身上，只要对全国的电子商务行业有所帮助，我们势必会全力以赴。”

马云曾说过：“我用望远镜也找不到竞争对手。”许多人听了之后，可能会对这句话感到不舒服，认为马云过于狂妄，但是马云有一次曾解释说：“其实我当时真实的意思是，我找的是学习榜样而不是竞争对手，全世界有那么多榜样要去看、要去学习，为什么要去找竞争对手呢？”

竞争者是你的磨刀石，会把你越磨越快、越磨越亮。无论是召开西湖论剑还是网商大会，马云在广发英雄帖的时候，都会给竞争对手奉上一张。马云说：“商场就像战场，但商场不是战场。战场上只有你死才能我活，商场上只需要不断地学习。很多企业一上手就是‘杀人’，杀这个，杀那个，天天忙着杀人，成不了世界一流高手。”

在马云看来，竞争最大的价值不是战败对手，而是发展自己。在竞争的过程中，选择优秀的竞争对手，最重要的是带着欣赏的眼光看对手并向其学习。

### 马云管理智慧

没有竞争对手，会令人陷入一种无危机感的状态。在现在这个竞争激烈的社会，“人无远虑，必有近忧”。内心的危机感能够鞭策我们不断上进，当我们失去危机感，就会失去对事业和生活的追求，不思进取。

在现实生活中，有很多企业家在取得些许成功之后，便会自信心膨胀，认为自己已经足够强大，失去学习的动力，开始停步不前，最终沉沦下去。

100多年来，可口可乐和百事可乐一直处于学习和竞争的关系之中。最开始的可乐是由可口可乐公司发明的，并最终引领这个行业120多年的历史，其“正宗的可乐”的定位让所有竞争对手都望尘莫及。而其主要的竞争对手百事可乐也有着100多年的历史，在最开始的竞争中，百事可乐因其低价策略而被称为“低下阶层的饮品”，不仅销量远不如可口可乐，甚至在20世纪20年代还曾经因破产而被收购。为了扭转这种局面，百事可乐将自身定位于“创新、年轻并富有活力”，这对于20世纪60年代的美国年轻人极具号召力，并且控制了销售渠道中的包装公司，经过努力，最终与先于其12年问世的可口可乐并驾齐驱、鼎分天下。试想一下，如果没有可口可乐这个强大的竞争对手，百事可乐会有今天的辉煌吗？

一个想要快速发展的企业必须懂得主动选择优秀的竞争对手、向竞争对手学习的道理，这样不仅可以取长补短、完善自我，而且还能够最大限度地发挥自己的优势和长处，最终超越竞争对手。而选择一个无赖的竞争对手，反而会让自己陷入困境。马云曾打了一个比方说：“就像一个小无赖要和少林寺的方丈打一仗，少林寺方丈不应该跟他打，因为选择一个流氓对自己并没有帮助，反而会让流氓成长。”

围棋是一种高深莫测的比赛，两大围棋高手的对决往往会创造出精彩绝伦的棋局，让棋迷们惊叹不已。中国的围棋高手古力和韩国的围棋高手李世石每每对决，就总能创造出令人赞赏的名局。

这两个人虽为对手，但也正是因为他们二人拥有了彼此这样强劲的对手，才能激励他们迸发出昂扬的斗志，令他们不断想去战胜对方、超越对方，他们的对决越激烈，棋局也就越精彩，这为他们两个人的棋手生涯锦上添花。

不只是名棋局是在顶尖的高手博弈中诞生的，很多伟大的对决都是在两大高手相互比拼较量时产生的。对手越强，越能激发你的斗志，你必须更加强大才能战而胜之。人这一生，如果没有一个强劲的对手，是一件可怕的事情。

强劲的对手是进步的助推剂，在大自然中如此，在人类社会更是如此，尤其是在事业上，需要强有力的对手，才能实现共同进步或者双赢的目标。如果你周围的人都不上进，那你必然也成不了什么大气候，只有在和对手不断较量中前行，才能在人生的长跑中笑到最后。

## 不要把竞争者当作一个榜样

其实我觉得只要进入商场，竞争就是没法避免的。竞争过程当中，你首先要明白自己要去哪里，竞争者往哪里去，竞争者天天要我看竞争，竞争在我看来是一个副产品，千万不要把竞争者当作一个榜样，觉得这个不错就去做。其实我们阿里巴巴一路走过来，这个产品是不错的。这个产品我们为什么要做？因为竞争者模仿了一个，不知道模仿另外一个。我倒觉得你明白自己要什么的时候，以及怎么去取得这个的时候，其实竞争就并不重要了。

——2006年中国首届网商节上马云与牛根生的对话

## 马云管理案例

阿里巴巴创建之初，马云并没有像其他企业一样服务于大公司，而是给自己定下了明确的发展方向——不做那15%大企业的生意，只做85%中小企业的生意。2001年，马云到纽约参加世界经济论坛，回来后清楚地认识到当时中国的互联网公司都在模仿雅虎、美国在线、亚马逊等国外大公司，此刻的他，更加强烈地意识到阿里巴巴应该走自己的道路，而不是成为模仿品。

马云独创了以服务中小企业为主的模式，他不愿去模仿大公司，他认为那样的做法是不成熟的。很多创业者会在自己创业的时候，不自觉地按照大公司的做法来规划自己的公司，虽然大公司的一些做法是经过锤炼而来的，是有益的，但大公司为了稳妥，一般都比较慢，大公司有资本为“慢”付出代价，小公司却付不起。所以，马云认为中小企业应当有自己独有的模式，而不是跟在大公司后面模仿。

在一次采访中，马云再一次明确表明了自己的观点，他说：“在商业做法上盲目模仿大公司，这是不少创业者都容易犯的一个错误。不少出身大公司的人，会在自己创业的时候，不自觉地按照大公司的做法建立一些规范制度。刚创业的公司就像是只兔子，却以为自己是头大象，用大象的心态做事，在狼面前慢慢踱步，最后就会被狼吃掉。创业，就意味着你要有创造性的做事方式。”

刚开始创业的公司不仅不能盲目模仿大公司的做事方法，更不能完全抄袭大公司的商业模式。简单地模仿，不仅不会收获成功，反而会使公司的发展方向出现失误，一败涂地。

对于盲目模仿大公司这一做法，马云是深有体会的。由于发展迅速、业绩出众，一些新成立的网络公司看到了阿里巴巴的成功，于是开始争相模仿，把阿里巴巴的网站模式原搬照抄过来，甚至连客服电话都没有更改。对于这样的竞争者，马云往往是一笑了之，因为他知道企业真正的优势就在于别人无法模仿的能力，这些只知道一味模仿的公司不可能对阿里巴巴造成威胁。

马云曾自信地说："没有公司会对阿里巴巴构成威胁，真正的威胁来自于我们自己。中国市场上也许会有50个和阿里巴巴相似的公司，但是只会有一个阿里巴巴。"

一味模仿竞争对手，永远没有创新，永远跟随，很容易会让对方搅乱阵脚，最后失去自己的根据地；学习成功者的优点并独辟蹊径，才能让一个公司的财富之路愈来愈长、愈拓愈宽，最终收获辉煌。

## 马云管理智慧

在神奇的大自然中，有一种名叫列队毛毛虫的虫子，这种虫子喜欢排成一条队伍行走，队伍前头的虫子负责带领前行，后边的虫子只要跟随即可。

著名的生物学家法布尔曾拿这种虫子做过一个实验。法布尔先在桌子上放置了一个大花盆，然后用食物牵引着领头的虫子绕着花盆转圈，结果其他的毛毛虫都毫不犹豫地跟着领头的毛毛虫向前走，最终在花盆边沿首尾相连，形成一个圈，这就导致每条毛毛虫都可以成为队伍的头和尾，就这样，每条毛毛虫周而复始地跟随着前面的队友爬啊爬。七天过去了，这支秩序井然的队伍终于因为筋疲力尽而纷纷饿死。

毛毛虫的失误在于失去了自己的判断，只知道盲目跟从前边的毛毛虫，最终导致自己进入一个循环的怪圈。这种因为跟随而导致失败的现象被心理学家称为“毛毛虫效应”。

其实，人们有些时候又何尝不是如此呢？在职场中，同样是在工作，有些人只懂勤勤恳恳、循规蹈矩，从不注意自我创造，总是去模仿他人、追随他人，做人家已经做过的事情，因此一生也不会有多大成就。而有的人却具有创造思想，动用新奇和进步的方法，努力寻找一种最佳的方法，在有限的条件中发挥才智的作用，将工作做到最完美，开辟出一条通往成功的路径。

燕国有一个少年听说赵国首都邯郸城里的人走路的姿态很好看，于是就来到邯郸，想学这里的人的走路方式。他看到小孩走路时，觉得活泼，于是开始模仿；等他看见老人走路时，他觉得稳重，于是又改成模仿老人走路；看到妇女走路，摇摆多姿，于是又开始改变。就这样，仅仅过了半个月，他就把以前走路的方法忘得一干二净，变得不知道该怎么走路了，最终只好一路爬回燕国。

你可以模仿别人，但不可以一味地进行模仿。模仿是为了超越，是为了站在别人的肩膀上创新。就好比我们在练习书法时，都会经过临摹这一步，但是我们进行临摹的目的是为了学习控制自己的笔法和结构的习惯，以期贴近临摹的对象。但我们应该明白，即使我们临摹得再像，那也只是他人的作品，只有在临摹中学到他人的精髓，将他人的优点和自己的特点融为一体，创作出有自己个性特点的作品，我们才算真正的成功。

## 不从竞争对手那里挖人

我们绝不从竞争对手那里挖人，我不希望挖过来的员工变成不忠、

**不义、不孝的人。从竞争对手那边挖来的人，如果让他说原来公司的机密，他就对自己的旧主不忠；如果不说，他就对现在的新公司不孝；即使不让他说，他在工作中也会无意识地用到，这样他就不义了。**

——2005年马云接受媒体采访

## 马云管理案例

创业至今，阿里巴巴一直遵循着“不从竞争对手那里挖人”这一原则。在《赢在中国》这档节目中，马云曾这样点评一名选手：“一个建议就是关于跨行业之间的竞争，你的员工跑，最好是用法律条文进行规定，最重要的是对你的员工和干部进行职业操守的培训，让他们真正懂得什么叫职业操守。现在很多企业，很多人愿意跳到竞争对手那儿，我自己不愿意聘用一个经常在竞争者之间跳跃的人，或者从竞争对手那儿跑我这里来的人。”

马云之所以如此痛恨“挖人”，是有原因的。2005年“雅巴联姻”之后，还没等到马云从成功的喜悦中缓过来，此起彼伏的猎头打给雅虎中国员工的电话就给了他当头一棒。马云回忆当时的情景，说：“好像全世界的猎头公司这几天都出现在这个公司。”此时此刻，马云面临收购宣布以来最困难的时期，感到事态严重，立即采取措施，亲自坐镇，几乎天天和雅虎中国的员工与管理层见面，热情和诚信地向雅虎中国的员工描绘美好的未来。最终，靠着个人魅力以及阿里巴巴的价值观，只有4%的员工选择了离开，马云稳定了自己的队伍。或许就是从那以后，马云对挖人和被挖这两种现象表现出强烈的否定态度。

正因为经历过被竞争对手“挖人”的痛苦，所以马云对从竞争对手那里“挖人”的行为深恶痛绝，并坚持绝对不主动从竞争对手那里“挖人”。马云曾说：“美国GE公司和德国西门子公司竞争很激烈。从GE出来的员工认为‘我再烂，我也不去西门子’，同样，西门子出来的人也是如此。这是因为从GE出来的人如果进了西门子，当西门子这边的人问起他在GE那边是怎么做的时候，他说了，对不起GE那些曾经和他一起拼搏的兄弟和老板；他不说，又对不起现在的新同事。所以，这些员工坚决不去竞争对手那里。我们一直强调的职业道德，就是这个。”

在阿里巴巴的一次招聘会上，马云和一位应聘者一见如故，相谈甚欢，但是最终马云却没有聘用他，只因为这位应聘者的一句话。马云说：“我觉得他真聪明，很伟大，我们都决定要他。结果走的时候他讲了一句话：‘我真喜欢你们公司，我会把我手头上所有的客户都带到你们公司来。’我说Sorry，我们要的是你这个人，不是你的客户，人在，可以建立新的客户。如果你把手头上的客户都拉到我这里来，不够规范，不够职业化，我绝对不要这样的人。”

2005年年底，为了进军搜索领域，雅虎中国开始进行大规模的校园招聘。而此时，百度和Google也同时举行了招聘活动，为了招徕优秀人才，Google甚至打出了招聘50个李开复“关门弟子”的大招牌，竞争十分激烈。

当时有记者曾问马云：“如果Google已经签约的学生希望跳槽到雅虎中国，阿里巴巴会不会帮助他们付违约金。”马云回答得十分干脆：“李开复50个关门弟子，每个人违约金5万元，即使我们全挖过来也不过250万元，但我们绝对不会这么做。”

马云始终认为，跳槽频繁的人就像结了婚又离婚，离婚了又结婚，反反复复，这样的人不可靠。他不喜欢跳槽的人，尤其是换了很多工作的员工，这样的人他不太相信。如果一个年轻人给他的简历上写着5年换了7个工作，这样的员工他是不会要的。

### 马云管理智慧

在现代企业中，尤其是在高科技企业当中，“挖墙脚”是司空见惯的事情。每个优秀的员工都会被猎头公司的电话所打扰，有些企业为了从竞争对手那里挖到人才，不惜许诺高薪甚至股权，但是，马云却坚守自己的底线。对于一些公司“挖墙脚”的做法，马云是不屑一顾的，他说：“我们绝对不会这么做。我们不但绝对不允许自己的公司挖竞争对手的人，也不允许我们的猎头挖人，同时也强烈鄙视、排斥和谴责竞争对手挖我们的人。”

一些企业之所以喜欢“挖墙脚”，是因为这些企业的管理者总是以为其他企业的员工比自己的员工优秀，而且雇用有同行业工作经验的人，一旦到岗，就能够立刻开展工作，减少了培训新人的时间和费用。但这些企业的管理者是否想过，自己的做法不仅会损害行业的经营秩序，而且对自己企业的长远发展也是非常不利的。

虽然“挖墙脚”在短时间内能够暂时解决公司优秀人才的缺失这一问题，但是这些被挖来的人并不熟悉新公司的内部环境，需要花上一段时间去适应，而且对于公司的员工，他们也不可能马上了解，有的时候可能会用错人，进而打击其他员工的积极性；并且这些被挖来的人的忠诚度并不高，既然你可以高薪将这些人挖来，那么别的企业也可以高薪将他们挖走。

另外，这些被“挖墙脚”的企业也应该反思一下自己：我的企业是不是有资格去留住这些人才？他们离开的原因是什么？当这些人去意已决的时候，不要试图去挽留他们。史玉柱曾经以自身的真实体验说明了这一观点，他说："早期的时候，当我的员工被人挖走时，我都是极力挽留，但从后来的效果看，我挽留的人最后一个都没有留下来。当然，员工找你辞职，你应该深思两点：首先，我有没有问题？我的企业有没有问题？有问题马上修正改进。其次，搞清他要走的原因。他为什么走？我能为他做什么？但重点不是为了挽留他。"

正所谓"己所不欲，勿施于人"，作为一个优秀的管理者，应该注重从内部培养自己的人才，而不去挖竞争对手的人才，因为从长远来看，"挖墙脚"只能是权宜之计，多思考一下如何从根本上解决团队的管理问题，这才是解决"人才困境"的根本之道。

## 小不忍则乱大谋

把对手看得太清楚，而自己没有前进，等于白看。有时候我们需要从对手身上看到自己的缺陷，能进能退才是大丈夫。

——2006年马云接受《采访人生》访谈

### 马云管理案例

阿里巴巴这个名字是马云想的，他当初为公司起这个名字，就是想到《一千零一夜》这本故事集中"芝麻开门"打开了山中藏宝洞的大门这个故事。马云觉得阿里巴巴是全世界人民都熟知的故事，如果他的公司叫这个名字，人们一听就会记住。

没想到，几年之后，他却会因为公司的名字和别人打官司。

打开网络，点击www.alibaba.com，出现在网页上的是阿里巴巴（中国）的网站；点击www.2688.com，网页上出现的是北京正普科技发展有限公司的网站。这两个网站的域名虽然一个是字母、一个是数字，但念起来十分相似。后来，因为数字谐音，北京正普科技发展有限公司就在2001年的时候将阿里巴巴告上了法庭。

北京正普科技发展有限公司是一家颇具规模的软件批发商，董事长姚增起认为公司的业务有必要向网络拓展，就注册了国际域名2688.com。之后，他想将自己的网站起名为“阿里巴巴”，可是去注册的时候，却被告知，阿里巴巴这个中文域名被预留了，预留这个名字的自然是阿里巴巴公司。

“中国域名第一天注册，在24小时之内，就收到3.6万个申请。这个量是非常大、非常集中的。对于这种大量的申请注册，如果不采取一些措施，可能会导致很大的混乱，或导致一些抢注行为，甚至恶意抢注行为发生。基于这种经验，基于国际上的惯例，所以我们在正式开放之前采取一种预留和禁止注册的措施。”

当时，中国互联网信息中心是这样对姚增起解释的，但他对这样的解释并不满意，他决心要将这个域名夺回，于是便与阿里巴巴对簿公堂。

一审判决下来，审判结果是驳回原告北京正普科技发展有限公司的诉讼请求，判决阿里巴巴中文域名仍为阿里巴巴（中国）网络技术有限公司注册所有。

对于这样的判决结果，北京正普科技发展有限公司的董事长姚增起十分困惑："一审判决完全是莫名其妙，前后矛盾，我们弄不明白法律到底要保护什么。"不服判决的北京正普公司再次向法院提起上诉。

阿里巴巴副总裁金建杭的态度也十分坚决："我们肯定会积极应诉，一定要捍卫本公司和广大用户的利益，不能让阿里巴巴这个品牌受到任何负面影响。"

姚增起认为自己的公司在注册"阿里巴巴"这个商标的时候，阿里巴巴公司还没有成立，显然道理是摆在自己这一边。

但金建杭说马云在1998年年底就推出以"阿里巴巴"和"alibaba"命名的中文和英文网站，并且在国际互联网上试运行，在1999年3月正式运行。而1999年4月29日，北京正普才注册了"2688.com"域名，并且自称运作的网站叫作"阿里巴巴"，但那时"阿里巴巴"已经有了很大的社会影响力，为国内外的媒体所关注。

一场争夺域名的大战，真是各有各的道理，谁也不让谁，最后，还是在"以事实为依据，以法律为准绳"的法律原则下，马云保全了阿里巴巴的域名，赢得了这一次域名争夺大战的最后胜利。

## 马云管理智慧

忍耐不是软弱，不是退让，而是一种厚积薄发，是一种在隐忍中积蓄力量、最终惊人爆发的能力。在商场竞争中，很多时候都需要暂时的忍耐，处理好伤口，然后再绝地反击。成大事者都有忍耐的能力，在忍耐中将所有嘲笑、打击、捉弄化为爆发的力量。

一个企业在竞争中会遇到许许多多的考验，有良性竞争，也有恶性竞争，当你力量还不够大时，竞争对手会想办法阻碍你成长壮大；当你发展壮大时，竞争对手又会想办法从你这里分一杯羹。在激烈的竞争中，企业管理者需要忍耐着应对一切。

洛克菲勒说："在这个世界上需要我们忍耐的人和事太多太多，而引诱我们感情用事的人和事也太多太多，所以，你要修炼自己管理情绪和控制感情的能力，要注意在做决策时不要受感情左右，而是完全根据需要来做决定，要永远知道自己想要什么。你还需要知道，在机会的世界里，没有太多的机会可以争取，如果你真的想成功，你一定要掌握并保护自己的机会，更要设法抢夺别人的机会。"

在2005年7月，很多阿里巴巴的出口企业用户几乎同时收到了一份匿名或者号码不确定的传真，传真上写着：阿里巴巴是在为造假产业提供全面服务。

这份传真说得有鼻子有眼，上面宣称美国"国际反伪联盟"发表的白皮书推荐把阿里巴巴列入"特别301黑名单"，希望能够对阿里巴巴进行严惩。

这一份传单一石激起千层浪，一时间引得众说纷纭。面对如此的诽谤和恶意中伤，阿里巴巴方面拿出证据，证明阿里巴巴根本没有被"国际反伪联盟"列入"特别301黑名单"。他们发表声明指出："这是一个被某些竞争对手公司幕后操控的不正当竞争行为，阿里巴巴不排除追究其法律责任。"

面对对手的恶意中伤，马云并没有当下做出回击，而是采取种种措施提高网站信息的真实性和合法性，用正当向上的手段，给这个子虚乌有的中伤以最有力的反驳。

马云不去与竞争对手理论，逞一时之快，而是忍下这口气，努力提升阿里巴巴的诚信度和业务水平，用事实说话，告诉所有人，阿里巴巴从来都不是一个为造假产业提供服务的公司，而是做着正当的生意，用正当的手段为广大网民服务。

在阿里巴巴的一番努力下，也在有关部门对阿里巴巴提供的证据进行澄清后，大家恢复了对阿里巴巴的信心，对流言不再相信。马云认为任何企业在竞争中都应该遵守基本的商业法则，靠实力说话，靠恶意竞争的企业是不会长久的。

作为被恶意竞争伤害到的企业，也不要生气动怒甚至恶意回击过去，只要问心无愧，就专心发展自己，清者自清，总有一天能够证明自己。可如果因为报“被伤害”的仇，纠缠在恶性竞争的旋涡中，实在是得不偿失的做法。

小小的忍耐并不是对竞争对手的胆怯，而是给自己留出时间，留出空间，积攒力量，给对手最有力的一击。就像古时的越王勾践，在吴王夫差的羞辱下，他卧薪尝胆，默默发展越国的实力，终于在有了实力的那一天，一举灭掉了吴国。如果勾践不能够忍耐，在自己力量还不足够反击时对付夫差，那只怕历史就会被改写了。

急功近利是现代很多人的通病，为了一点小利就心浮气躁，最终一事无成。反倒是那些能够潜心提升自己、为了实现理想甘愿忍受枯燥辛苦的人，最终能成大事。

## 诚信就是竞争力

我更相信，未来企业家之间的竞争，再也不靠谁先掌握政策，谁先有货币，谁有更多的资本，或者是谁有一个叫李刚的父亲。未来企业家之间的竞争，不是文凭的竞争，而是信用的竞争，谁信用越好，谁越会成功。

——2012年马云在第九届网商大会上的演讲

## 马云管理案例

2001年年末，浮躁的中国互联网行业遇到“寒冬”，许多网络公司为了渡过难关，单方面撕毁了与用户之前签订的免费协议，开始从免费服务向收费服务过渡，再加上一些浑水摸鱼的企业欺瞒客户，影响了整个虚拟市场的大环境，使刚刚起步的中国互联网遭遇到了诚信危机。马云此刻认识到，由于国内在线支付系统的不发达、邮政网络的滞后、诚信环境的缺位，使得安全支付成为电子商务发展的一大瓶颈，如果这个时候不重塑网络信用之路，电子商务信息流就会变成毫不值钱的东西。

为了能够确保诚信，在2002年3月的时候，马云推出了“诚信通”。所谓“诚信通”，即是和信用管理公司合作，对网商进行信用认证。这是对买卖双方诚信的保障，在双方进行交易之前，可以在“诚信通”里查到对方的档案，里面有很翔实的资料，有企业的详细信息，有会员间的相互评价，都可以证实对方的信用如何。

这些记录，无论好坏，是无法更改、删除的，会在档案中留存，伴随会员一生，这样无形中就约束了那些想要“做坏事”的会员，在这样严苛的监督下，会员们自然是规规矩矩，不敢造次。

2003年淘宝网成立以后，马云再次创造出一个维护诚信体系的产品——支付宝，从而有效地突破了长期以来困扰中国电子商务发展的诚信、支付、物流三大瓶颈。

马云在接受各大报纸杂志的采访时，对诚信做了如下的阐释：

“中国加入WTO最大的挑战就是诚信，企业做生意首先要建立的就是诚信，诚信是最大的财富。这是今天的企业特别是中国企业要面临的问题。

“阿里巴巴中文站的‘诚信通’现在成了火爆品牌。我们昨天和一个学者谈论‘诚信’的问题，他说，在现实层面可能很难解决诚信这个问题，在网上反而容易解决了。‘诚信通’其实很简单，以后谁要和你做生意，先看你在网上的‘诚信通’活档案，你获奖了可以放上去，法院对你判决了也可以查到。我希望全中国每个企业都有一份网上的活档案——这是信誉的档案！

“今天通用电气和我们有网上的合作，选择‘诚信通’的商人作为其潜在供应商，沃尔玛也选择阿里巴巴为合作伙伴。我们不评论企业是否诚信，诚信是靠做出来的。一个企业在网上的诚信记录由它的客户来写，是不断新加入的客户来看你的诚信档案，让他来评定你是否具有诚信。

“所以只能是‘诚信通’客户才能进行诚信的评论，每一次评论都有详细的记载，到目前为止还没有竞争对手在记录中恶意中伤的事情发生。如果你的记录里有不好的部分，我们要张榜公布出来的，你做了坏事，我就让你活着比死了还难受。”

### 马云管理智慧

有人会说，现在市场竞争这么激烈、这么残酷，讲诚信怎么能赚到钱，根本不可能致富。所以，很多人为了赚钱，昧着良心做了很多不诚信的事情，说了很多不诚信的话，他们可能得到了一时的利益，但从长远来讲，他们已经败了。

华人首富李嘉诚曾说："轻言诺，重信行。不只是商人，一个国家亦是无信不立。信誉是不可以用金钱估量的，是生存和发展的法宝。诚信是生存和发展的法宝，是我的第二生命，有时候比第一生命还要重要。以信誉来说，要破坏它，只需要很短的时间，但要建立，就要花很长的时间。一生之中，最重要的就是诚实守信。我认为世间的事情都逃不出一个'理'字。终我一生，我还是要努力遵守'重信行'三个字。"

早年，李嘉诚做塑胶花生意，为了取得质量较好的材料，他找到一个外商，希望订一大批货。不过，对方开出一个条件，要求必须有较大的企业为李嘉诚公司担保才愿意签约。这对刚起步的李嘉诚来说无疑是一个严峻的挑战，很多大企业面对一个赤手空拳的年轻人是不愿意冒风险担保的。李嘉诚跑了很多家企业求助，最后仍是失望而归。本来雄心勃勃，想大干一场，没想到却遭如此阻力，看来这单生意是泡汤了。

无奈之下，李嘉诚只好如实告诉了外商。外商见这个年轻人如此诚实，觉得和他做生意没人担保也放心，便同意和李嘉诚签约。外商告诉李嘉诚："说实话，我们从来没有和没担保的公司合作过，但是，你的诚意打动了我，我们做生意最看重的就是诚信，你不必去找担保公司了，我们愿意与你合作。"

没想到，面对渴望已久的合约，李嘉诚却拒绝了。他对外商感激地说："感谢您这么信任我，可是，由于资金问题，我没有办法订您这么多货。谢谢您的好意，我们还是无法签约。"

李嘉诚的这一举动让外商很诧异，对这个中国人也更感兴趣，生意圈内没有谁不想着占便宜谋利润，而李嘉诚却将做人看得比利润还重要，是一个真真正正的君子。于是，外商决定无论冒多大风险都要和李嘉诚合作，帮这个年轻人一把。通过这笔订单，李嘉诚逐渐将事业做大。

在录制《赢在中国》节目时，马云对三位幕后进行金钱交易的参赛选手说了以下一番话，引起了很多人的思考与感悟：

“你们犯了一个几乎所有创业者都会犯的错误，也没什么大不了。商业社会其实是个很复杂的社会，但是我觉得只有一样东西，能够让自己有把握，就是诚信。因为诚信，所以简单。越复杂的东西，越要讲究诚信。

“作为一个企业家，我相信在座的很多人，包括我自己，也在反思：我想成为这样的企业家吗？我们是企业家吗？企业家、商人和生意人有什么样的区别？生意人唯利是图、有钱就赚，商人有所为、有所不为，而企业家必须承担社会的责任、创造价值、完善社会。

“但是你要想做一个优秀的生意人、一个优秀的商人、一个优秀的企业家，必须有一样东西，那就是诚信。诚信是个基石，最基础的东西往往是最难做的，但是谁做好了这个，谁的路就可以走得很长、很远。

“跟你一样，我是从大学里出来开始创业，有四个人骗过我。那时候他们比我大多了，每次他们讲的故事非常好听，但是每一次我都上当。今天我活下来了，骗过我，当时比我大得多的这四个人的企业都关门了，而我们还存在着。骗别人的人，一定有一天会倒霉。而要不上当，就要让自己能扛得住诱惑，扛得住压力，扛得住贪念。”

很多时候，就是因为抵挡不住诱惑，控制不住贪念，扛不住压力，就背弃了内心的诚信。要想使自己的事业有更大的发展，必须讲诚信、讲信誉。阿里巴巴因为懂得这一点，所以生意才会越做越大。

如今商海浮沉，唯有讲求诚信者方能长久。在做生意时就要做到与人为善、爱护员工、诚信可交、体谅合作方、为客户着想，这样才能基业长青。

## 在错误面前，面子一文不值

这两年客户越来越多，从去年开始，我们的市场推广费用是“0”，很多人说我们的品牌在海外越做越大，这次我们去台湾，当地的反响也很强烈。哈佛商学院今年把我们作为案例，我感觉他们是把我们当一个奇迹在看，他们觉得这家中国公司有点儿奇怪，一年内在海外的影响这么大。

其实我们不是奇迹，我们付出的代价和努力与其他企业一样，从1995年到1999年我们经过了5年的痛苦积累，我相信明年阿里巴巴会更好。对于那些失败的教训，不光是我们犯的错误，中国所有网络犯的错误，我们都会存起来，我们知道这些错误后就会尽量少犯。今年在互联网这样一个形势下，哈佛把我们作为案例学习，主要是由于会员对我们的支持，社会对我们的支持。

——马云2001年在“诚信通”新闻发布会上的讲话

### 马云管理案例

面对错误，马云的态度是：直面错误—迅速纠错—不犯同样的错误。他从不会为自己所犯的错误做任何辩解，而是勇敢地承认错误，寻找正确的解决方法。马云认为，做企业犯错误是不可避免的，但这些错误不是一堆垃圾，而是一笔宝贵的财富。

在创业之初，马云就认为失败在所难免，犯错误更是家常便饭，他说："100个人创业，其中有95个人连怎么死的都不知道，没有听见声音就掉进了悬崖，还有4个人，只听到一声惨叫，也掉下去了，剩下1个人可能不知道为什么还活着，但也不知道明天还活不活得下去。"

现在有了越来越多的成功学讲座，很多人想要创业，或者一些企业的管理者想要提升自己的企业，都会去听这些所谓的成功学讲座，希望能够从演讲者的演讲中找到成功的捷径，快速成功。其实，这些成功学听多了，起不了什么太大的正面作用，反而会让人感到迷茫，不知道这些东西放到自己身上是不是合适。

如果一些管理者不假思索地将别的企业管理者成功的经验放到自己的企业中，那很可能会导致自己的企业运作不良。马云一直告诫管理者，不要去学习别人成功的经验，要多学习自己失败的经验教训。马云建议："少听成功学讲座。"

经营一家企业是很不容易的事情，想要将企业经营好，更加不容易。俗话说，打江山容易守江山难，管理者想要在激烈的市场竞争中将自己的企业带领着走好，尤其不易。所以，很多管理者会很焦虑，他们就想效仿别的成功的管理者，认为将别人成功的经验直接拿过来用，能够缩短企业走弯路的时间，对企业发展来说是好事。

其实，这样的想法不对，有竞争就会有输赢，企业在发展过程中不可能是一帆风顺的，总会遇到坎坷，这些坎坷、这些失败对管理者来说未必就是糟糕的，从另一个角度来看，失败也是一件好事情，它可以帮助企业找到不足，促进企业成长。

阿里巴巴的发展同样经历过不少的失败，马云从创业至今，也犯过不少的管理错误，每一次失误都会给阿里巴巴的发展带来损失，有的损失甚至很巨大，但马云一直坚持一路走下来，不会去效仿别人的管理经验。马云说："失败太多了，每次打击，只要你扛过来了，就会变得更加坚强。我又想，通常期望越高，失望越大，所以我总想明天肯定会倒霉，一定会有更倒霉的事情发生，那么明天真的遇上挫折了，我就不会害怕了。你除了重重地打击我，又能怎样？来吧，我扛得住。抗打击能力强了，真正的信心也就有了。"

很多企业家在成功之后，只会讲自己成功的经验，不谈自己当时犯下的错误，而马云不同，他更愿意谈自己当初犯下的错误，他也愿意和大家分享那些错误，他不会为此觉得丢脸。在马云看来，是人都会犯错误，不要觉得丢脸，而且，在错误面前，面子一文不值，吸取错误的经验教训，才是最宝贵的。

## 马云管理智慧

在市场激烈的竞争中，管理者总会由于种种原因犯下这样那样的错误，令企业蒙受损失。失败的确是苦涩的，令人不甘心的，但失败所带给管理者的启发也是非常重要的。作为企业的管理者，在发现自己犯了错误时，一定要勇于承认，并积极改正错误，不要碍于面子或者自大的心理，将错误放过去。

1993年，巨人集团就犯下了一个错误，但史玉柱在面对自己犯的这个错误时，并没有在第一时间清醒地认识到，而是一直在错误的方向上做徒劳的努力。他试图通过融资、贷款将错误纠正过来，结果贷款越来越多，巨人集团陷入了贷款的压力之中，经营越来越困难，最后无力偿还，到1997年的时候，巨人集团还欠了3亿元的债务。

虽然后来史玉柱从头再来，创下了脑白金这样的辉煌，但如果当初他能及早认识自己犯下的错误，那也就不会欠下3亿元的巨额债务了。

马云曾经说过："顺风顺水成就的是我们的事业，而逆风逆水成就的则是我们的人。不管做任何事情，有些错误是必须犯的，而且越早越好。"很多企业的管理者往往没有这样的思想觉悟，他们认为自己是领导者，即便犯了错误，也不好承认，那样会让自己在员工面前丢面子。

其实，一个企业的管理者犯了错误之后，能尽早改正，对企业是有很大帮助的。马云早年跟随陈式太极拳第十一代十九世传人王西安先生学习太极拳时，请教道："您和您儿子，在太极上的造诣谁更高？"

王西安先生回答："我虽然功夫很好，但我的文化水平不高啊，表达不清楚，所以在练习的时候走过很多弯路，犯过很多错误之后才逐渐感悟出来；而我的两个儿子很幸运，在我零距离的指导下，几乎没有走过任何弯路，所以十几岁就能够打遍天下无敌手了。"

马云听了之后，觉得这和企业管理是相通的，管理者在一开始毫无经验时，一定会犯下错误，要不断改正才能走到正确的道路上来。所以，他在面对错误时，都会及时补救，不会出现任何犹豫。

第五章

# 品牌管理：一个名字让全世界的人都记得住

马云说：“‘营销’这两个字强调既要追求结果，也要注重过程，既要‘销’，更要‘营’。商业一定是门艺术，你既可以这样做，也可以那样做，但不能走极端。”

## 让全世界记住的名字

其实我们选择阿里巴巴这个名字，是因为我们那时候创办这个公司，希望做一家80年的企业，希望成为全世界的十大网站之一，也希望全世界只要是商人一定要用我们。既然有这样一个想法，你就需要有一个优秀的品牌、优秀的名字，让全世界的人都记得住！我们没有想在中国做一个网站，而是想在全世界做一个网站！那时候就想了好多天，想用个什么名字比较好，最后觉得“阿里巴巴”这个名字很好，第一人家记得住，然后全世界的发音都一样。然后我觉得阿里巴巴——你（主持人）刚才讲得对——他是一个比较善良正直的青年，他希望把财富给别人，而不是自己抓财富！所以我们后来把这个英文叫open sesami——给中小型企业网上芝麻开门！

——2003年马云在上海电视台第一财经《财富人生》节目中的讲话

### 马云管理案例

企业的招牌是企业的整体形象，招牌响亮了，企业的形象才能打出去，未来的生意才能好做。马云在创办阿里巴巴的时候，就想到了这一点，阿里巴巴的目标是要做一家全球化的公司，所以，他绞尽脑汁想要给公司起一个响亮的、国际化的名字。

但是起个什么样的名字才能让全世界的人都记住，这可一时难住了马云，他苦苦思索了很久，还广泛发动身边的人，征集了100多个名字供大家筛选，但就是没有一个朗朗上口、让大家满意的名字。

就在马云为了公司名字茶不思、饭不想的时候，一次误打误撞的机会，却让马云想到了公司应该取什么名字。1998年年底，马云去美国出差，在一家餐厅吃饭时，脑海中忽然灵光一闪，想到alibaba.com这个域名，他立刻问餐厅里的侍者知不知道阿里巴巴，侍者回答说知道，还笑着对马云说了阿里巴巴打开宝藏的咒语——芝麻开门，马云很开心。之后，他又随机问了很多人，大家都知道阿里巴巴，也都能说出那句“芝麻开门”的咒语，马云更高兴了，他决定将调查扩大到全世界。

有了这个想法之后，马云非常兴奋，回到杭州后，便让世界各地的朋友帮自己做一个抽样调查，调查的结果让马云心里踏实了，几乎所有的人都知道阿里巴巴这个名字，马云高兴极了：“如果用这个名字，那么全世界的人都能够毫无困难地听懂并且接受它！”

正当马云为自己想出这样一个名字而兴高采烈的时候，让他意想不到的是这个域名已经被注册了，在加拿大已经有人将“阿里巴巴”这个名字在网上注册了。看到自己好不容易想出来的名字已经“名花有主”了，马云很不甘心，他实在是割舍不下这个名字，所以，他做出了一个大胆的决定，购买这个名字。

当时，马云手里的资金只有捉襟见肘的50万元，他却要花1万美元购买“阿里巴巴”这个名字，许多人对他的这个举动很不理解，认为这笔花费不值得，但马云却是很坚决地将这个名字买了回来。

最后的事实也证明，马云当时的这个决定是很明智的，这个名字带给马云、带给阿里巴巴的，远远不止1万美元这点利益。

俗话说，一个好的开端就是成功的一半，对于阿里巴巴公司来说，这样一个响亮的全世界都熟知的名字，就是带领阿里巴巴公司走向成功的最佳开端。

2010年3月的一天，同样是遵循让人们记住的原则，阿里巴巴宣布，原阿里巴巴中国站（alibaba.com.cn）即日起升级为在线采购批发大市场，启用新域名 www.1688.com。之所以换域名，是因为虽然阿里巴巴的英文非常国际化，但国内的中小企业家们却记不住这个拼法。随后阿里巴巴通过调研发现客户最爱记的就是数字，而作为中国的生意人，都喜欢“8”这个数字，因为它的谐音是“发”，因此阿里巴巴考虑选用“1688”作为新域名，正是取其谐音“一路发发”。现在，无论输入www.1688.com还是alibaba.com.cn，均能访问该网站，而首页上阿里巴巴和1688的logo并存。

## 马云管理智慧

孔子曾说过：“名不正则言不顺，言不顺则事不成。”美国营销大师阿尔·里斯也认为：“从长远观点来看，对一个品牌来说，最重要的就是名字。”对于一个企业管理者来说，给企业起一个好名字是创业之初要考虑的重中之重，因为品牌名称对品牌形象提升至关重要，品牌名称直接影响品牌传播效果。

虽然一个企业的名字不能直接创造价值、赚取利润，但是如果一个公司的名字能够朗朗上口，容易被消费者记住，并且其中还暗含着公司的商业理念，那么它间接创造的价值甚至会比公司其他有形资产所创造的价值要大得多。

美国一家石油公司为了能够设计出一个既符合世界各地风俗又符合各国法律的名字，甚至耗时6年，花费10亿多美元，邀请各方面的专家，在调查了55个国家和地区之后，最终从设计的1万多个商标中选出一个商标，这就是著名的埃克森（Exxon），如今它的品牌价值已达到上百亿美元。

对创业者来说，像埃克森（Exxon）一样花费巨大的财力物力去设计一个公司名字并不现实。所以在资金紧缺的情况下，创业者给公司起名字，通常只需要考虑简洁、明了、朗朗上口即可。

相信很多人都知道IBM公司，但是如果问你是否知道“国际商用机器公司”，几乎所有人都会摇头，可是谁又能想到，“国际商用机器公司”就是IBM公司，它的英文全称是“International Business Machine”。显然，IBM要比“国际商用机器公司”好得多，因为它简洁、明了、易读、好记。与IBM相似的是，联想集团公司最开始的名字叫“中国科学院计算技术研究所新技术发展公司”，这样一个又长又难记的名字，估计没有几个人能够记住，最终柳传志将名字改为联想集团公司。“联想”二字，以其简单易记的特征，开始被越来越多的消费者记住，也让联想这一品牌成为中国的知名品牌。

1927年，在上海的街头出现一种名叫“蝌蝌啃蜡”的饮料，因为名字古怪，所以上市后无人问津，销量很差。于是第二年，这家饮料公司公开登报，悬赏350英镑奖金征求译名。最终，身在英国的一位上海教授击败了所有对手，拿走了奖金。而这家饮料公司也获得了迄今为止被广告界公认为翻译得最好的品牌名——可口可乐。因为易于传诵，所以改名后的可口可乐在中国的销量也直线上升。

以上这些众所周知的公司名字，都有一个共同的特点，就是简单易记、朗朗上口，这是创业者在给公司起名字时要学习的地方。

一个企业的名字应该是企业文化的展现，能够承载起品牌的文化内涵，并且传播力强。好名字是一个活广告，能够提升品牌档次和品位，是企业冲锋陷阵的必杀技。

## 站在名人的肩膀上来宣传

比尔·盖茨曾说，互联网将改变人类生活的方方面面。其实这句话不是比尔·盖茨说的，是我说的，我把它改为比尔·盖茨说的。1995年，全世界刚刚开始知道比尔·盖茨，但如果当时是马云说“互联网将改变人类生活的方方面面”，那时谁会相信你？（所以）这叫作“站在巨人的肩膀上”，因为我相信，比尔·盖茨早晚会说的。

——马云在《赢在中国》上的点评

### 马云管理案例

2000年，经过两次成功融资之后，阿里巴巴可谓是“财大气粗”，但是，由于马云此前的低调以及B2B模式的特殊性，虽然很多中小企业和媒体知道阿里巴巴的存在，但是相对于新浪、搜狐、网易这些门户网站来说，阿里巴巴的名气还是要小得多。马云曾回忆说：“1999年、2000年、2001年，大家很少在中国市场听到阿里巴巴的名字，我们的基本活动是在欧洲和美国。我在欧洲和美国做了很多演讲。我记得最惨的一次演讲是2000年，我们在德国组织一次演讲，1500个座位结果只来了3个人，我也很丢脸，但是我觉得这没有办法，只能一个人跟他们讲。”

因此，为了提高阿里巴巴的影响力，握有2500万美元投资资金的马云试图策划一场活动来扩大阿里巴巴这个品牌的市场号召力。

从小酷爱武侠小说的马云仔细分析了当时的互联网局势，灵机一动，他想到要将互联网行业中的领头人请到杭州，效仿武侠小说中的“华山论剑”来办一场“西湖论剑”。

所谓“西湖论剑”，就是邀请IT界的知名人士来到西子湖畔，共商发展大计。例如搜狐的张朝阳、新浪的王志东、网易的丁磊等人都在马云邀请的名单上，但西湖偏居江南一隅，当时的阿里巴巴还只是一家名不见经传的小公司，马云本人的号召力也不够，因此，人们对“西湖论剑”并不热衷。

于是，马云决定请金庸来主持这场“西湖论剑”。金庸是无人不知、无人不晓的武侠作家，具有号召力，而马云不仅是金庸的粉丝，而且在此前，马云和金庸还有过一面之缘。

马云是在香港与金庸结识的，马云将阿里巴巴总部设在香港后，他自己也会去香港上班。在香港的一次记者招待会上，有记者问马云最崇拜的偶像是谁，马云如实回答是金庸。那位热心的记者说自己有位朋友认识金庸，可以帮马云联系，让他与金庸见上一面。

听起来像是玩笑话，但几天之后，那位记者真的办成了这件事。在一家名叫“庸记酒家”的酒店里，马云见到了他的偶像金庸，两人一见如故，相谈甚欢，一谈就是三个多小时，金庸对马云十分欣赏。临别时，金庸还写了幅字赠送给马云——“神交已久，一见如故”。

有了这份机缘，马云想请金庸来帮他主持“西湖论剑”，也不算唐突，而对于马云的盛情邀请，金庸也是欣然答应。有了金庸的招牌，马云筹划的“西湖论剑”立刻声名大振，吸引来了网易CEO丁磊、北京时代珠峰科技有限公司（my8848网）董事长王峻涛、搜狐董事局主席兼CEO张朝阳、新浪总裁兼CEO王志东，由于有了这些名人的到来，来自全国各地的上百名媒体记者便闻风而来。

2000年9月10日，5家网站掌门人以“新千年、新经济、新网侠”为主题，展开了精彩的讨论。

从那以后，每一届的“西湖论剑”都成为中国互联网领袖人物的高层峰会，并且吸引了克林顿、布莱尔等国外领导人的参加。作为阿里巴巴的一个知名品牌，“西湖论剑”最终让马云和阿里巴巴闻名于世。

### 马云管理智慧

名人效应是指名人的出现所能带来的人们的注意和扩大影响的效应。借助名人带来的效应造势，宣传自己，是一招很有用的办法。很多公司请名人做自己产品的代言人，很多广告中也是邀请名人加盟，这是因为名人声望大，很多人会因为名人的号召力而关注那些与名人“绑定”在一起的事或者人。这样，那些原本不出名的事或者人就间接地被大众所熟悉了。

有这样一则笑话：一个出版商有一批卖不出去的图书堆积在库房，看着滞销的书，出版商很是苦恼。这时，有人给他出了一个主意，给总统送一本书，让总统提提意见。

于是，这位出版商就带着书去找总统，但总统非常忙，根本没工夫看这本书，便敷衍地回了一句：“这本书不错。”

这位出版商回来后，便大做广告，说这是一本总统称赞的书。很快，他的这批书被买光了。总统得知后很是不满，恰好过了段时间，这位书商带着他的另一本书来找总统，总统便对他说：“这本书糟糕透了。”

这位出版商便打广告说这是一本被总统厌恶的书，很快，又将书卖光了。当他第三次来找总统的时候，总统吸取了前两次的意见，不作任何答复。出版商便打出了这样的广告：“令总统难以下结论的书。”结果，这批书再次被抢购一空。

借助名人的势头，将滞销的图书变成畅销书，这就是借名人的名气来提升自己的名气。人们对名人的信息总是会感到好奇，只要和名人扯上关系，人们都会忍不住打听一番，所以说名人效应是很能为企业增加名气的。不过名人虽然是块好招牌，也得会用才行，如果用得不恰当，就会砸了自己的招牌。

所以，打名人效应，也要谨慎思量，三思而后行。在选择名人代言时，要考虑到以下几点：一、与所代言的品牌气质是否相得益彰。名人是公众人物，能够让产品在无形中被消费者接受，但如果选择了与产品个性不相符的名人，只会为消费者增添“笑料”，而不会让消费者买账。二、要选择健康向上的名人。现在是个信息大爆炸的时代，很多人会一夜之间出名，许多商家为了博得消费者的眼球，会请一些十分知名但名气并不很好的名人来代言，这样的产品，消费者也不会喜欢。三、慎重选择代言很多产品的名人。名人名气大，商家自然是趋之若鹜地找他们代言。如果找一个代言了多种产品的名人，那自己家的产品也就不会那么鲜明地被消费者记住，这样一来，请名人代言的效果反倒被削弱了很多。

## 别人都死光了，你还活着，就是品牌

所谓营销模式，阿里巴巴一贯以来倡导的是蚂蚁雄兵、口碑相传，帮助客户成长，让他们去推荐，客户推荐的才是真的好。我们从来没有去模仿过别人，我们做我们自己的。也许我们是错的，但是我们坚信我们做的是对的。也许我们所做的和别人想象中的不一样，但是我们听客户的，听市场的。客户说往哪里去，我们一定就往哪里去。就像一开始我们并不是自己做的B2B，后来别人说了，你们这是B2B，我们才知道这是B2B。

——2004年马云接受中央电视台采访

### 马云管理案例

2009年，马云在第四届网交会上演讲时，曾讲到过品牌管理，他说：“‘品’字三个口，是靠客户说。品牌有些基本的原则，首先是众口说你好，才叫品牌；其次要有品位；再次要经得起品。品牌是什么概念？同时做一件事，别人都死光了，你还活着，就是品牌。”

马云第一点所说的“众口说你好，才叫品牌”，其实指的就是口碑营销，也叫作“病毒式营销”。在网络时代，越来越多的企业开始明白口碑营销的重要性，想要运用好这种通过客户间的相互交流将自己的产品信息或者品牌传播开来的营销方式，前提是你需提高服务质量，让客户认可。

在推出淘宝网后，马云就十分重视客户的感受，他知道想要留住客户，依然应该打“服务牌”。在马云看来，服务就是商务，好的服务就能带来好的效益。尽管阿里巴巴和淘宝网一个是B2B、一个是C2C，但是它们的本质是相同的，就是阿里巴巴提供的是服务，淘宝网提供的也是一种服务。

服务决定网站的胜败。服务是否优质，在产品的销售过程中起着尤为重要的作用。马云深知，想要让网站留住客户，就必须在服务上做到让客户十分满意才行。服务的好坏甚至决定了企业在其他战略的实施过程中是不是能够顺利进行下去。

马云在创办了淘宝网后，做的第一件事不是四处去开拓客户，而是将阿里巴巴公司“客户第一”的价值观移植了过来。为了能够令淘宝网的客户对这个网站有好感，马云频繁地与淘宝网的会员进行沟通，并详细记下会员的意见和要求，然后召开会议讨论，看怎么样能够尽量好地满足会员的需求。

有的时候，为了一个问题，马云可以在论坛里和淘宝网的会员们聊到深夜。淘宝网的员工们都熟悉这样一个词，就是“练内功”。所谓“练内功”，就是研究如何让淘宝网更吸引客户，让更多用户成为会员，而且还要让会员觉得淘宝网贴心好用，能够一目了然地在网站中找到自己需要的商品。

总之，一切的改善，宗旨就是要让会员们体验到最好的服务，只有有了好的服务，才能吸引更多的会员。马云“毫不客气”地将阿里巴巴公司的很多经验给移植了过来，因为阿里巴巴在电子商务领域已经做了很多年，最清楚客户需要的是什么，所以，阿里巴巴的经验有很多是很适合淘宝网的。

当然，在吸取老经验的同时，淘宝网也在不断地研究和学习，还请一些电子商务专家来淘宝网进行讲学和调研，具体到一件商品应该如何分类才算科学，一个页面中的产品如何摆放，等等。

就是这样细微的服务，让淘宝网的经营一日千里，很快吸引了大批用户。企业经营需要的正是这样的热情，含有热情的服务，让淘宝网在众多网站中能够脱颖而出。

马云始终认为，品牌不是靠广告砸出来的，而是靠用户的口碑相传的。马云曾说："广告砸出来的只是知名度，品牌是口碑相传的，是有文化内涵的，绝不是广告砸得出来的。广告只会把你的成本越砸越高，高到客户买不起。没有可持续的质量、团队、文化，广告只会给你带来知名度，知名度往往带来的只是增加成本，而不是效益。"

## 马云管理智慧

马云曾在自己的员工大会上发表过这样一段讲话："今天中国互联网公司的布局基本上是在国内竞争，你杀我打，我们既要看到国内的情况，也要看到美国eBay、美国雅虎、亚马逊的变化，日本的变化。我觉得最重要的是世界三大互联网国家，美国、日本、中国，一定会影响未来整个行业的发展。

"这三四年我改变了很多，但是我有一样东西希望跟大家分享，就是越困难的时候，越要往前。大家都很困难的时候，你就要再往前熬一熬，再熬半天就熬过了，熬过了之后路就开了。什么是品牌和企业？你活着人家死了，你就是品牌，就是这么简单。"

戴尔公司创始人迈克尔·戴尔曾说过：“不管公司喜不喜欢，这些客户间的网上对话总是要发生的。问题是你想不想加入这些对话。我的看法是，当然要加入。你可以从中学习，加快你的反应时间。通过聆听和加入对话，你会成为一个更好的公司。”由此可见口碑营销的重要性。

口碑营销之所以能够优于传统的广告宣传，最重要的一点就是它的可信度高，因为在一般情况下，这种宣传方式都是发生在朋友、亲戚等关系较为密切的群体之间，他们之间早就建立了一种长期稳定的信赖关系，如果亲戚朋友极力向你推荐某一种品牌，出于对亲戚朋友的信赖，你也会认可这种品牌，买卖很容易达成；而传统的广告宣传只能引起消费者的兴趣，他们会货比三家，并不能快速促成他们的购买。

作为驰名中外的中华老字号品牌“王麻子剪刀”，曾以其刃口锋利、经久耐用而享誉民间。王麻子剪刀创始人是山西一个姓王的铁匠，清朝初期来到北京，因其脸上有麻子，所以顾客直呼其“王麻子”。因为本金少，所以他的柜上并不制作剪刀，全靠从民间剪刀作坊收购。在进货时，王掌柜特别重视产品的质量，每次收购，他都要亲自去选货、验货，只有质量好的产品才能拿到柜台上出售，而那些不合格产品，王掌柜坚决拒收。顾客上门时，无论买与不买，王掌柜都能热情接待，从不怠慢顾客。虽然当时没有电视台做宣传，但因为保证了产品质量并且热情待客，所以许多人慕名前来选购。这就是口碑营销的魅力。

但是在当代，随着不锈钢刀剪的出现，面对新产品的冲击，一直采用铁夹钢工艺的“王麻子”刀剪却不肯改进、创新，由于其刀剪工艺复杂、容易生锈、外观古板，忽视了对产品和服务质量的提升，所以失去了消费者的青睐。从1995年开始，王麻子开始连年亏损，最终向法院申请破产。

“营销的本质是考虑消费者的需求。”这也是口碑营销的王道。在戴尔公司总部每间办公室的留言板上都写着一句口号：“顾客体验：把握它。”所谓顾客体验，就是顾客跟企业产品、人员和流程互动的总和，这种让顾客置身于生产制造的全过程，或者让顾客切身享受消费乐趣的做法，能够让顾客形成“以自己希望的价格，在自己希望的时间，以自己希望的方式，得到自己想要的东西”的强烈消费欲望。戴尔公司甚至认为“顾客体验是竞争的下一个战场”。

在现代社会，市场经济是属于买方市场的，任何投机取巧或欺骗消费者的行为都会让顾客对你失去信任，导致品牌坍塌。一个企业应该精心修饰产品，提高健全、高效的服务价值理念，以期获得消费者的认可，只有这样，才能巧妙地利用口碑的作用，缔结顾客忠诚度，快速发掘潜在顾客，达到口碑营销的最佳效果。

## 不要卖你想卖的品牌，而要卖顾客想买的品牌

做品牌是需要时间的，品牌是要有品位和口碑相传的，品牌里要带有文化和精神。很多人误以为广告就等于品牌，做广告会给自己增加很多成本。做广告的原因是什么？是你的产品什么都很好，也知道客户非常需要，只是客户不知道在哪里找到你。你做广告是有用的，但是现在客户连你在哪里都不知道，做广告打出知名度有什么用呢？

——2012年马云在公司内部博客发的声明

## 马云管理案例

一个品牌能够拥有足够的市场占有量，不是看这个品牌有多大，也不是看这个品牌的知名度有多高，而是要看这个品牌能不能留住顾客，顾客是不是愿意买这个品牌的东西，如果顾客不想买，那这个品牌做得多好、多厉害，都是没有用的。

曾经有一个网友向马云提问："您觉得做饮料连锁店，管理、运作模式重要还是产品质量重要？我们如果要和星巴克抗衡，做一个像它这样强大的巨人，我们需要做什么？中国的茶文化源远流长，茶饮料千变万化，为什么目前没有谁可以和星巴克一决高下呢？"

马云回答："首先，中国的茶饮料的连锁店肯定可以做到星巴克那么好，但怎么做到呢？管理模式、产品、运营模式，我觉得都重要。管理很烂，产品很好，怎么可能成功？产品质量不好，其他东西都不存在了。一家公司厉害，绝不可能靠一样东西好，尤其要做成一家强大的公司，那毫无疑问，必须是每一样都非常好。有些地方是要有特色，但运营模式、管理、产品质量，必需的要素缺一不可。

"重点是，你首先不应该去想怎么做星巴克那样强大的巨人，而是多去想想：我的茶如何能为客户带来独特的价值，我的茶能为客户带来什么。眼睛不要盯着对手，脑子里想的不是榜样多么强大，而是榜样哪些方面做得细致。星巴克卖的不是咖啡，它卖的是文化，是团队精神。我们组织阿里巴巴高管去星巴克看过，我们感受最深的是他们认认真真地希望能通过他们的咖啡，传递他们的思想，传递他们的文化，传递他们为用户服务的一种精神，是这些东西让星巴克强大的。管理、运营模式、产品这些东西固然都很重要，但更重要的是你没看见的东西。

“星巴克在为用户服务，你也在为用户服务，决什么高低呢？你做得好了，自然而然会成为一流的企业，所以这个想跟谁一决高下的人，不太容易成功。你要想到的是，我如何学习星巴克把客户排在第一的想法，如何让客户感到他被放到第一位。我觉得我们做任何事情，不要带着莫名其妙的跟谁比、超越谁的想法，而是说，我比昨天更懂得了客户，我比昨天更了解用户的心理，我比昨天更懂得服务好客户。这些东西是做企业的关键，别动不动就超越谁、打败谁、和谁一决高下。你以为这是打仗和玩游戏吗？做企业的目的，不是眼睛盯着对手如何强大，如何做生意，而是眼睛盯着客户。每天要对客户多了解一点，每天要对客户服务得好一点，每天把自己放在客户的角度上面去做，这个才是最高的真谛。

“总的来说，你首先要把茶饮料搞懂。对茶文化的理解固然重要，但先做好产品本身更重要。其次，就是下功夫做好你无微不至的服务。本人见过的海底捞火锅的服务就是最好的例证。有机会你可以去感受下，包你有意想不到的收获。至于管理嘛，仁者见仁，智者见智，适合自己企业发展的就是最好的。最后，希望你早日超越星巴克。”

一个品牌的创建和管理是会面临很多挑战的，企业管理者如果只看重品牌的投入，不重视品牌的个性化和服务，那么品牌是无法被客户接受的。雅斯培·昆德在《公司宗教》这本书中，关于星巴克这个品牌的成功之道做了这样的解释：“星巴克成功地创立了一种以创造‘星巴克体验’为特点的‘咖啡宗教’。星巴克的价值主张之一便是：星巴克出售的不是咖啡，而是人们对咖啡的体验。”

星巴克在市场上开拓出了自己的“咖啡之道”，这非常吸引顾客，所以，“星巴克”这三个字的品牌在世界上能够站稳脚跟。

### 马云管理智慧

企业的管理者都希望将自己的品牌做到最大，他们认为大品牌自然能够吸引顾客购买，这样的想法其实是很片面的。现在是一个信息化的社会，人们的购买力也在不断提升，但人们并不会一味简单地认为大的品牌、昂贵的品牌就是好的，人们会从各种信息渠道了解品牌的真实性。

如果管理者还是不懂得变通，采取以前的老路数，只是花钱打造品牌效果，那不一定能够取得好的效果，反而可能会让顾客感到反感，有一种倦怠感，这对品牌的传播就会很不利。马云深知，品牌的影响力度有多大，和对品牌砸多少钱是没有什么必然关系的。阿里巴巴在打品牌时，就不是一味地投钱，而是打造一种独特的、属于阿里巴巴自己的、别人无法模仿和超越的品牌文化。

创造个性的品牌文化是现在的企业管理者应当学习的一种新方式。美国波士顿咨询公司曾经对一些成功的企业做了调查研究，他们在调查研究的结果中发现，这些成功的企业都有一个共同的特性，那就是它们在塑造自我品牌的过程中，拥有不同的多面性。也就是说，这些成功企业的品牌并不是一成不变的定位，他们的品牌一直在随着顾客需求的改变而改变。

一个成熟完善的品牌包含着很多要素，管理者要清楚地认识到这一点才行。既要有扎实的质量保障，也要有成功的传播手段让人们都知道，还要有正确有效的营销渠道让顾客能够及时购买到，但最重要的一点是，要卖顾客想买的品牌。

星巴克董事长霍华德•舒尔茨曾经表示过：“一个企业要做好体验营

销，首先需要延伸营销组合策略，例如经典的4P理论在体验经济时代就需要延伸成5P，而多出来的这个P就是人。”

沃尔沃汽车的品牌之所以能够受到众多客户的喜爱，就是因为沃尔沃的管理者卖的不仅仅是沃尔沃自己的品牌，而是顾客想要的、需要的品牌。沃尔沃为客户在瑞典的哥德堡总部设定了专门的品牌体验中心，为的就是客户能够全面地进行品牌体验，充分地深入了解沃尔沃的品牌价值观。

客户通过多方位的了解，能够清楚认识到沃尔沃汽车的各种功能，从而在心里快速对这个品牌做出判断。沃尔沃力争做到最好，但也绝不向客户隐瞒自己的不足，这让客户从内心深处会对这个品牌产生信赖感。而且，企业还会向客户教授一些驾驶的窍门和如何更好地使用汽车的窍门，这会在客户心中加分。

品牌管理是一个感性的管理，不单单是依靠理性和金钱就能够做好的。使消费者对品牌产生高度的忠诚和认可，这是需要管理者认真花心思研究的问题，只有让消费者对品牌产生认同感，品牌在竞争中才能脱颖而出。因此，管理者在制订品牌推广的方案时，一定不要忽略这个问题，小看这个问题，要想尽办法抓住顾客的心，只有抓住了顾客的心，才能做出好的品牌。

## “马云”这两个字是属于阿里巴巴的

6年以前，我公司市场部的负责公关的人跟我说，要我接受媒体采访，那时候我特别苦恼，我不想见媒体。我知道自己长得丑，别人一看都记住了，街上一走人家都认识，对自己不好。但是他后来跟我争论了三天，他讲了一句话，他说：“马云，你以为这‘马云’两个字是你的吗？它是属于阿里巴巴的。”以后我就接受记者采访。

——2005年马云在青岛网商论坛上的演讲

## 马云管理案例

在当今社会，几乎每一个行业领袖都堪称营销高手，但是单从个人品牌塑造的能力来讲，所有人都难以超越马云。

从阿里巴巴刚一创建的时候，马云就深知个人品牌能够成就公司品牌这一道理。马云从不用专门的机构来规划自己的公众形象，他也不想刻意地勾画自己的公众形象。他时常以本色出现在媒体的镜头前，但是往往在不经意间口出“狂言”，给人产生了“语不惊人死不休”的深刻印象。于是，“狂人”“疯子”逐渐成为他的代名词，也让他越来越受媒体的关注。

马云还经常高调地在电视节目中抛头露面。2006年3月，马云受邀为CCTV经济频道的大型经济类互动节目《赢在中国》担任评委。这档节目倡导的是“励志照亮人生，创业改变命运”，因此赢得了不逊于任何选秀节目的收视率。

马云担任了两个赛季的评委，在节目中，他那充满睿智、切中要害的精彩点评和对创业者的谆谆教诲，让所有参赛选手和电视观众折服。《赢在中国》总制片人王利芬是这样评价马云在节目中的表现的：“马云通过对一个个活生生的选手的创业案例的点评，调动了他过往创业中的点点滴滴，他将这些点滴串联起来，并系统地总结出让选手和观众产生共鸣的东西，这就是《赢在中国》中马云的魅力所在，这是一个评委的魅力。”

在一次访谈中，当记者问起马云在《赢在中国》这档节目中最大的收获是什么时，马云回答说：“我觉得当评委最大的收获，是我以前没有想过的——去判断别人的事情或判断别人怎么样。我觉得我的收获挺大的，判断任何事情都是站在第三方的角度，就是站在评委的角度去看待一个事物、看待一个人。而另外的感受呢，我觉得中国优秀的创业的年轻人非常多，而且越来越多、越来越好。这些人可能就是中国未来的希望。”

其实，马云的收获远不止他所说的这些，节目播出后，马云的种种观点被当作语录先后刊登在各大媒体、图书和网站上，马云的名字再一次红遍了大江南北，他成为中国电子商务的超级明星。当他受邀在北京人民大会堂演讲时，大批的在线交易商守候在外面想要拥抱他，而马云最终不得不在6个保镖的保护下才得以脱身。

在《赢在中国》节目中当了两个赛季的评委后，马云又在另一档电视选秀节目《我能创未来——中国青年创业行动》中高调出现，并在首场节目中做了15分钟的精彩演讲。

马云的高调让他和阿里巴巴成为媒体关注的焦点，阿里系列的产品也逐渐被人们所熟知。马云独特的个人品牌塑造，达到了用最小成本创造最大收益的目的。

## 马云管理智慧

在商场中，每一个成功的企业背后，都会有一个成功的企业家，比如提到微软，你会想到比尔•盖茨；提到苹果公司，你会想到乔布斯；提到阿里巴巴，你会想到马云。这些成功企业家的个人影响力已经远远超越他所在的企业，他们的一言一行都代表着企业的形象，传播着企业、品牌给公众带来的信息或者利益。

在传播学中有一个概念叫作认知平衡论，就是说如果你对一个企业家有好感，那么你也会喜欢上他的企业所生产出的产品，反之，如果你厌恶一个企业家，你就不会购买他的企业的产品，因此可以说，企业家的个人魅力能够给企业带来坚不可摧的品牌效应，影响着产品销量的上升或降低。

在没有退役之前，李宁是人们所熟知的“体操王子”，他在赛场上的成就使自己的价值得到了提升，同时也赢得了他人的好感和敬仰，这为他日后进军商海铺平了道路。1989年退役后，李宁创造了以自己名字命名的品牌，创立之初即与中国奥林匹克委员会携手合作，通过体育用品事业推动中国体育发展，并不遗余力地赞助各种赛事。此外，李宁还十分热衷于公益事业。2008年北京奥运会时，李宁作为最后也是最重要的火炬手点燃奥运圣火，这些都使得他的个人形象得到进一步提升，也直接影响了产品销售。最终，“李宁”体育品牌逐步成为代表中国的、国际领先的运动品牌。

由此可见，企业家的个人魅力作为企业形象的一个重要标志，在很大程度上影响着企业的发展。良好的企业家形象能够帮助企业赢得顾客更多的好感、信任和尊敬。2005年3月29日，惠普股价涨幅超过了10%，而导致这一涨幅的原因竟然是，惠普在当天宣布了新CEO人选为前NCR公司的首席执行官马克·赫德，仅仅是赫德的个人品牌效应，就让投资者增加了对企业的信心。

但是，我们也应该明白，企业家个人品牌也是一把双刃剑，一旦企业家个人形象受损，将迅速影响企业形象，甚至会将企业拖入深渊。

玛莎·斯图尔特经过多年的奋斗，将一个小小的家居装潢企业发展成价值数亿美元的家居出版业帝国，而她也成为美国的家居巨头。但是在2003年被美国证交会指控从事内部交易后，她的个人形象受到损害，尽管她很快辞去其公司董事长和首席执行官职位，期望能让公司免受个人官司的影响，但是投资者还是对她失去了信心，公司媒体产品的订户锐减，广告客户也纷纷离开，她辛苦创建的家居帝国瞬间倒塌。

一个成熟的企业应该将企业家个人品牌作为企业品牌组合管理的一部分加以管理，从而增强企业产品和服务的竞争力，提升企业的品牌形象，促进企业获得更大的成就。

## 品牌不是炒概念，而是注重可信度

被看作骗子的时候也是有的——我们刚好可能是中国最早做互联网的，1995年中国还没有联通互联网时，我们已经开始成立一家公司做了。人家觉得你在讲述一个不存在的东西。而且我自己学的不是计算机，我对电脑几乎是不懂的，所以一个不懂电脑的人告诉别人，有这么一个神秘的网络，大家听晕了，我也说疯了。最后有些人认为我是个骗子。我记得第一次上中央电视台是1995年，有个编导跟一个记者说，这个人看上去就不像是一个好人！

那时候我在拼命地推广互联网，在最疯狂的时候大家开始“烧钱”。别人一定会认为，做电子商务的人只会烧钱，不会干事，所以我那时候被当作疯子。

现在是傻子——这两年你看我们非常执着，我们在做这个公司的时候，是不在乎别人怎么看的。我永远只在乎我的客户怎么看，只在乎我的员工怎么看，其他人讲的我都不听。所以人家说："你这个人特傻，人家都转型了，你为什么不转型！"

——马云2003年接受《财富人生》节目访谈

## 马云管理案例

任何一家企业都想让自己的品牌在市场上叫得响，让所有的消费者都知道自己的品牌、关注自己的品牌，所以，很多企业就不遗余力为自己的品牌造势，扩大宣传，甚至夸大效果，为的就是博得眼球。

马云也很看重阿里巴巴的品牌效应，但他从来都不是一个只知道追求品牌效应的人。在马云看来，牌子打得再响，赢得了再多的眼球，也不如加重对产品质量的把控重要。不论企业品牌名号有多响，影响力有多大，如果不注重产品的质量问题，让劣质的产品流入市场，那这个品牌也会被砸掉，企业也会随之关门大吉。

在《赢在中国》的比赛现场，马云就和一位做普洱茶生意的选手王力伟探讨了这个品牌与质量的问题。

王力伟："把握普洱茶独产中国却享誉世界的优势，在普洱茶消费热潮增温趋势凸显的现在，用成熟的商业模式完成普洱茶与消费者在接触点的体验。"

马云："有人跟我讲，喝了普洱茶对胃好，茶看起来越脏越好，这个茶是被你们炒大的，还是真的有这么好？"

王力伟："非常感谢马老师对普洱茶行业提出的正面问题。首先一点，茶行业里其他茶确实存在今年是宝、来年是草的说法，这是指普洱茶以外的其他茶，而越陈越香是指普洱茶的生茶。从工艺来说，普洱茶分成两类：一类是生茶，一类是熟茶。熟茶要尽快喝掉，久了不一定好。生茶就不一样，越陈越香。从道光年间留到现在的6吨普洱茶，放了几百年，好成什么样，目前没有人说，应该是有价无市的一种噱头吧。”

马云：“我的问题是，普洱茶是被炒大的，还是真的有这么好？”

王力伟：“我跟您说，真的有这么好，当然也有人在炒。”

马云：“给我介绍一下你的团队。”

王力伟：“我的团队分成两块，销售团队的领军人物是蒙牛液态奶前总经理，我的销售副总，现在的北京分公司老总是天士力集团原常务副总，还有我的11个大区经理……”

马云：“生产不在你们这儿？”

王力伟：“生产基地在昆明，我们在昆明官渡区建了4000平方米的厂房，原料来自西双版纳。”

马云：“制造工厂不是你们的？”

王力伟：“也是我们的。”

马云：“重要的一点是，普洱茶的质量和品质，有了质量以后策划才可能成功，没有这些东西，所有策划都是不成功的。这是我的看法。在整个讲的过程中，我很少听见产品、质量、服务这些内容，可能有了这些以后，再去做策划会更成功，没有这些东西一切策划都是空的。”

王力伟：“很抱歉，今天没有谈到产品质量，是因为现场有同行。”

### 马云管理智慧

马云看重质量，产品要有过硬的质量保证，这样才能为企业发展打下良好的坚实基础。作为企业的管理者，如果想要扩大企业品牌的影响力，首先要做的就是将自己企业的产品质量保证好。马云曾说过：“我不太相信那些策划大仙，我认为蒙牛、小肥羊不是策划出来的，而是踏踏实实的产品、服务和体系做出来的。大家都知道史玉柱是个策划高手，但在我看来，史玉柱对营销以及客户体验产品的认识，是真正可以称得上大师级别的。”

蒙牛能够做到今天的成就，主要靠的还是产品质量过硬，得到了消费者的认可，蒙牛在业界的地位才能屹立不倒。蒙牛获得了中国成长企业的“百强之冠”，列于“中国乳品行业竞争力第一名”，这些都不是凭空得来的，如果没有过硬的产品质量保证，即便蒙牛将品牌做得再大，也不会有这样的荣誉的。

2012年，“创意世界”的记者邀请到了淘宝创意站的平台运营负责人苏敬毓，对他做了一番访问：“你认为本土原创品牌的发展要经过哪些必经的阶段，其未来的发展方向是什么？”

苏敬毓回答：“本土原创品牌在近两年呈现爆发式的增长，创意产业大繁荣的环境促进了创意市场的发展，令设计师们看到了这块市场的商机，并愿意将自己的设计投进创意市场，从而实现品牌梦想。

“然而，对于本土原创品牌来讲，除了缺少一片适合生长的土壤之外，其成长的路上的阻力在于创业者自身。现阶段，很多原创品牌的作品同质化倾向严重，这会造成一些设计师不去思考创新，而去随大溜，结果就是缺乏真正有思想、有创造力的原创品牌出现，而没有思想的原创品牌很难成为有持续生命力的品牌。本土原创品牌的发展，必然要经过无数次的失败、模仿，不断地学习、创新，然后发现‘自己’，这是一个痛苦但必经的过程。对于那些有原创梦想的设计师与创业者来说，需要的是保有自我，然后坚持到底。”

企业的管理者想要打造好的品牌，并不是一朝一夕就能做到的，只要明确自己的方向，在产品上下足功夫，日积月累，总会做成功的。马云就是如此，从阿里巴巴一开始的一穷二白，到现在的行业内大亨，经历的正是这样一种漫长而艰辛的过程。在此期间，马云付出了很多努力，但他从来没想过弄虚作假，而是一直认真负责地对待自己的产品。

现在的很多企业，为了达到快速发展的目的，往往会进行概念炒作，他们会不顾自己产品的真实可信度，而是一味渲染，蒙蔽消费者，这样的企业也许能赢得一时的利益，但最终必定会被市场淘汰出局。

消费者的眼睛是雪亮的，企业的管理者如果想要赢得消费者的认可，就一定要踏踏实实地做好自己的产品，只有产品与品牌的名声相辅相成时，只有提高了产品的质量和可信度时，品牌才真正能在市场中树立起来，品牌的影响力也能扩大，随之带动企业的影响力扩大。

## 娱乐营销：好玩，好看，才好卖

如果说我没有看过《天下无贼》，去年（2004年）我不会有这么大的改变。所以，淘宝也好，阿里巴巴也好，雅虎也好，我们会全力在娱乐上投资和发展。原因很简单，因为在看过《天下无贼》之后我才明白“黎叔”说人才多重要，否则前几年我都不明白，打死你也不说这些话到底从哪儿来的。娱乐代表未来，如果一个企业不能把握娱乐，就不能把握未来。我们的企业做事，就像今年你如果不知道超女，就不可能知道这个世界上很多东西在发生变化。

——2005年马云在CCTV中国经济年度人物评选创新论坛的演讲

## 马云管理案例

在当今社会，一个企业如果能够学会在娱乐中营销，在营销中娱乐，就可以在营销方面占据强大的优势。

2004年初的北京国际广播电视周，那是淘宝网最早接触的娱乐界，由电视周和淘宝网联手操持的经典影视道具网络拍卖会正进行得如火如荼，当时独家拍卖《手机》里的摩托罗拉手机等影视道具，有近百万网民点击参与。看到网页上流量计数器快速飙升，马云对这个最成功的品牌推广活动喜出望外，也坚定了娱乐营销的信心。

2004年4月，马云正式宣布，淘宝网投入1000万元，与冯小刚正在筹拍的贺岁片《天下无贼》进行深度合作，除了张贴海报、广告贴片等常规宣传外，双方还就影视副产品网络合作和网络增值方面建立了合作伙伴关系。电影上映了，短短4天就创下了3000万的惊人票房，除了“黎叔很生气，后果很严重”“21世纪什么最重要？人才”等经典台词被观众所熟知外，片中最引人注意的是以葛优为首的一群扮成旅行团的贼，他们戴着小红帽、举着小红旗，小旗上写着“淘宝”两字，圆滚滚的字体和淘宝网的logo一模一样，从而也让淘宝这个陌生的产品成为观众讨论的热点。

电影上映完毕后，淘宝网再度借势，与《天下无贼》的东家华谊兄弟合办推出明星道具拍卖，将片中明星们所用的道具拿到自己的网站上进行拍卖。刘德华在片中所持的数码摄像机、所穿的皮裤，警察在片中用到的笔记本电脑……这些用品在被淘宝用户疯狂竞拍的同时，也再一次增加了淘宝网的曝光度。

有了《天下无贼》的铺垫，淘宝网随后再度发力，不仅全程参与和赞助2005年春节档最火的影片《韩城攻略》的首映典礼，而且还在淘宝网上拍卖演员道具，网站还特别设立了抽奖环节，吸引了很多人气。

由于淘宝网当时的目标群体是追求时尚的年轻人，所以同年上映的由周杰伦主演的电影《头文字D》，淘宝网也没有放过，再次和制片方进行深度合作，开疆拓土。作为影片的最大赞助商，淘宝网冠名了影片推广的两个主要活动——“淘宝网杯漂移女郎”选拔赛和“淘宝网杯漂移王”大赛。借助这次推广，淘宝网再次成为媒体关注的焦点。

2005年2月，为了宣传淘宝网新推出的网络交易支付工具——支付宝，马云再次联手华谊兄弟公司，采用电影《天下无贼》的原班人马，并延续《天下无贼》的故事，为支付宝拍摄了一部广告片，片中数次出现的广告词“用支付宝，天下无贼”，让“支付宝”安全的理念借此传达无遗，也让支付宝这个全新产品成为家喻户晓的产品。

几经娱乐营销之后，马云与影视娱乐行业结下了不解之缘，而在这其中，无不贯穿着马云“好玩，好看，才好卖”的娱乐营销理念。

## 马云管理智慧

所谓娱乐营销，就是借助娱乐活动，通过各种活动形式与消费者实现互动，将娱乐因素融入产品或服务，从而促进产品或服务取得良好的市场表现。与普通而直白的广告相比，娱乐性营销更易于被受众接受，并最终作用于消费行为。在这个80后和90后成为市场消费主力的时代，想要有效地达成高效传播目的，娱乐营销就成为企业营销的重中之重。

2002年，江中药业股份有限公司推出新的产品——江中亮嗓，这是一款具有清咽润喉功效的保健食品，江中将这一产品的消费群体定位为年轻时尚一族。但是，作为医药企业，江中给人的第一印象就是严肃，这与江中亮嗓定位的消费群体相矛盾，因此如何能够打造一个时尚化、年轻化的亮嗓品牌，成了江中思考的重中之重。

经过几次失败的尝试之后，江中亮嗓终于在2006年抓住机会，成为“红楼梦中人”选秀活动的独家冠名赞助商，这次选秀节目受到年轻一族的追捧，仅在海选阶段，就有42万人网络报名、近10万人参与海选，而江中亮嗓也逐渐被年轻时尚一族所知道。

2007年6月，热闹了一年多的“红楼梦中人”选秀活动落下帷幕，江中亮嗓获取了巨大的收益，根据江中方面的资料显示，自“红楼梦中人”这档选秀节目播出以来，江中亮嗓在全国范围内的品牌认知度达到40%以上，在红楼选秀海选赛区所在市的认知度更是达到了80%，销量也比2006年有了30%以上的提升。仅用了短短一年时间，江中亮嗓就积聚起如此高的品牌认知度，这不得不说是一个奇迹。

江中亮嗓之所以能够取得成功，就在于其品牌文化完全渗透到娱乐活动中，进而潜移默化地入侵消费者的心理，引起消费者共鸣，并最终实现企业对产品营销的初衷。这一点是企业在娱乐营销时应注意的问题。

企业在进行娱乐营销的时候，也应该掌握度。例如有一个企业为了引起媒体的关注，在招聘时出怪招，不招聘天蝎座和处女座，虽然在短时间内形成了话题，许多媒体纷纷报道，赚足了公众的眼球，但是这种带有争议性的营销方式并没有给企业带来收益，反而让公众纷纷指责企业用人歧视、封建迷信等，不仅给企业带来了负面影响，也使品牌形象受到了伤害。

总之，在这个娱乐化的时代，在把握度的前提下，用让消费者喜闻乐见的形式，让产品与消费者有深度沟通，从而潜移默化地提升品牌的认知度与美誉度，是每个成熟企业进行良性营销活动的精髓所在。

第六章

# 商业模式管理：不是打败所有对手，而是形成独特优势

马云说："阿里巴巴现有服务是免费的，将来也永远不会收费。将来我们推出新的服务，我们会收费，你觉得不好，就别付费，就这么简单。我们有一个原则，免费不等于劣质。我们的服务要做到比收费的网站还要好。"

# 搞定最难说服的客户

我们在中国的发展也不错，现在阿里巴巴中文网站的会员有36万，成功的案例越来越多。给大家讲个故事，这是两个月前，浙江省衢州市市委书记带着参加浙江省两会的代表来感谢阿里巴巴，在阿里巴巴考察时讲的故事。有一阵我们突然发现我们网站上有三四百个农民上来发布信息，卖大蒜的、卖鸭子的、卖兔子的，什么都有，而且信息发布得很简单："我卖兔子。"成群结队地过来，我们不知道发生了什么事，直到他们的市委书记来过以后才知道原因。

衢州是浙江比较偏远的地方，当地政府知道要把他们的产品卖到外面去最好的办法是通过网络，所以市信息化领导小组办公室做了一个调查，他们找了全世界40个商业网站进行测试，发布同样的信息出去，经过一个半月测试，75%的反馈是从阿里巴巴来的。于是他们就跟农民讲，用阿里巴巴。有些农民不相信，刚好衢州建高速公路到一个村，村口有两棵大树，要么砍掉，要么搬走，农民就说如果你能用网络把这两棵树弄走，我们就用。办公室的人回去后，真的在阿里巴巴发了一条信息。两个礼拜以后，金华有人把树买走了。树一买走，农民就相信了，这个东西真管用，就一哄而上。有一个公司为400户农民卖出了价值1200

万人民币的兔皮。

——马云在2001年89届广交会阿里巴巴会员见面会上的演讲

## 马云管理案例

语言是有魔力的，在一些平淡无奇的言谈中，巧妙地加入一些语言技巧，就能令一场普通的谈话变得妙趣横生。一些成功者之所以能成功，除了他们为人办事、自身技能等因素之外，口才了得也为他们加分不少。很多成功的商人都有好口才，比如新东方的俞敏洪、金山的雷军，还有阿里巴巴的马云。

马云的好口才使他成了最抢手的英语老师；令他在全世界各地演讲时，座无虚席；在与孙正义谈投资时，仅用了6分钟就打动了孙正义，决定为他投钱……

从马云身上，可以看到语言的魅力无处不在，想要成为事业上的强者，就必须掌握说话的技巧，如果对说话技巧掌握得不好，就很难达到你想要的说话的目的。

说话技巧的关键之一就在于一个“精”字，话说得太多并不见得是一件好事，不但浪费时间，还会错过机会。“精”不但要精练语句，还要提炼意思，要用几句话就能够说服对方。作为一个企业的领导者，如果能够讲出精练而有品质、有分量的话，对企业的员工是有很大帮助和激励的。

马云在这方面就做得很好，他言辞幽默，但不乏睿智。在阿里巴巴刚起步的时候，由于当时人们对互联网还不了解，有些人甚至一窍不通，所以阿里巴巴的招聘做得很困难，公司几乎招不到人。针对这种情况，马云开玩笑地说："我们把大街上能走路的都招进来了。"

后来，阿里巴巴遭遇了第一次互联网泡沫。马云思虑良久，决定退守杭州时，他身边很多人离开公司去创业，当然，成功的寥寥无几。而当时选择和马云一起退守的人，随着公司的发展与态势上升良好，成就便也越来越大。马云这时候又说："其实，留下来的人也不全是高瞻远瞩，相反，只是有很多人不知道离开阿里巴巴还能找到其他什么工作，所以就留了下来。"

从马云的这些看似漫不经心的玩笑话里，我们能够看出他的智慧与幽默。马云在道出了事实情况的同时，又表达了他对自己团队的感恩，感恩于他们不离不弃的陪伴。而马云团队中的人，也会因为马云的精彩言辞，感到心中暖暖的。

在和客户的合作中，马云的妙语连珠总是能够令人鼓掌赞叹，令原本没有进度的合作能够很快柳暗花明。马云的成功离不开这些"妙语"，从这番智慧与现实相结合的话语中，可以看出马云特立独行，这些话语是值得人们深思与玩味的财富。

### 马云管理智慧

做企业的管理者，必须学会领导他人、发表演说、说服别人，要学会和客户谈判，学会说服客户、启发客户，让客户原本不满的情绪稳定下来，转而以你的思维来思考，这样的本领会让商业谈判进行得更加顺利。马云就是这样一个高明的"蛊惑者"。在马云刚开始创业的时候，他就满大街去找人聊业务、谈网络。

那个时候，马云每天都出门去四处推销他的黄页，想说服别人掏钱把企业资料放到他的网站上去，可大部分的人根本就不知道马云所讲的互联网是什么东西，所以，马云张嘴推销自己的网站时，人们都用异样的目光看着他，马云的一言一行就像天方夜谭，大家觉得这个矮个子的人太不靠谱了，满嘴跑火车。

回忆起当年的岁月，马云不无感慨地说道："那时候真可以说是惨不忍睹啊，就跟骗子似的。我们当时跟所有人都说，有这么一个东西，然后如何如何做。我后来觉得'兔子先吃窝边草'，就先给朋友讲，他们知道我这么多年的信用还是不错的，然后就同意做了。最初做的是望湖宾馆，杭州的一个四星级宾馆，然后是钱江律师事务所，最后是杭州第二电机厂。"

那时，一个杭州人曾在大排档见过马云，据他形容，马云喝得醉醺醺的，和一帮人侃天侃地，就像个醉汉一样，一点也不像老板的样子。但马云认为自己有好口才，不一定非要到企业里去给老板们展示，在大街上同样能拉业务。

做望湖宾馆的业务时，马云将宾馆的资料要到，然后用快件寄到美国，由美国那边的技术人员将信息做成网页。当时做的网页都比较简单，就是一张照片配上几千字的文字说明，美国公司将东西做好后，再将网页的实际图片寄回国内，马云拿着图片给老板看，老板不相信，马云就让老板打美国公司的电话，问清楚问明白后再付费。

将望湖宾馆的资料放到网上之后，正好赶上1995年世界妇女大会在北京召开，外国代表们来中国之前，先在网上查看了中国宾馆的情况，但就只看到了望湖宾馆的资料，所以，代表们到达北京后，专门从北京飞到杭州，在望湖宾馆住了两晚。

就这样，马云一步步将业务做了起来。到了1995年7月，上海开通了互联网专线，马云为了证明自己不是骗子，中国黄页是可以挣钱的，就找来一台486电脑，从杭州拨打长途电话到上海接通互联网，再通过网络将美国网站上的照片传到电脑上。因为网速的关系，这个过程一共花费了三个半小时。但是当照片终于出现在电脑上时，马云热泪盈眶，他终于能证明自己不是骗子了。

经历了最初的坎坷，马云的中国黄页越做越好。在1995年8月，中国电信在上海开始做起了业务，马云也紧随其后，注册了账号。黄页在全国一个城市一个城市地拓展业务。马云顶着“骗子”的称号四处奔波，到处跟人聊网络、谈客户。

只要搞定最难搞定的客户，说服他们，让他们与你合作，就会让你在商业的进程中迈出很大一步。

## 世界上没有最好的模式，只有最适合自己的模式

日本经济部和中国台湾经济部都已经把阿里巴巴作为将来企业进入中国大陆市场的首选站点，这也说明，我们当时的定位很准确。有很多人批评我们，我们是被大家批评得最多的一个网站：你们的交易怎么样？你们的信誉怎么样？你们的模式不行，等等。阿里巴巴模式不行，因为在纳斯达克上没有像阿里巴巴这样的模式。今天，有这样模式的公司都关门了，我们倒越活越好了。我们不听投资者的，不看媒体。我们也不听互联网分析师的，我看见这些分析师就头疼，互联网走了只有5年，他们分析起来好像50年以前他们就很懂似的。而事实上他们也没有几个人真正在网络公司干过。

模式是什么？模式是指把成功的经验取出来，放到其他地方也可以拷贝和尝试。今天的互联网没有成功的模式，只有失败的模式。现在任何一家网络公司都不能说有成功的模式，世界上没有最好的模式，只有最适合自己的模式。

——马云2001年在厦门会员见面会上的演讲

### 马云管理案例

1999年2月，新加坡召开的亚洲电子商务大会给马云发了一份邀请函，邀请他去参加会议。抱着学习的态度，马云前往新加坡。到了会场，马云发现了一个问题，虽然说这场会议称为亚洲大会，但亚洲人很少，大部分都是欧美人。那些欧美人在台上大讲欧美模式的电子商务，讲eBay，讲亚马逊。听着他们滔滔不绝、口若悬河的演讲，台下的马云陷入了沉思。

当轮到马云上台发言时，他严肃地用流利的英语对参加会议的人发表了一个“惊人言论”：“现在的亚洲电子商务已经迈入了一个误区，亚洲是亚洲，美国是美国，现在的电子商务全部采用的是美国的模式，我觉得亚洲应该拥有自己的电子商务模式。”

什么是属于亚洲的独特模式？马云虽然提出亚洲应该拥有自己的电子商务模式，但他在大会上并没有具体讲出亚洲的电子商务模式是什么样子的。回到杭州后，马云就开始着手去做这件事，他要再次创业，做出亚洲的电子商务。

1999年2月，重整旗鼓的马云在杭州的湖畔花园，当年他当大学老师时购买的小区住宅里，和他的17位创业成员召开了第一次全体会议。马云对那一次的会议过程做了录像。录像中，马云手舞足蹈地对大家讲演他内心的想法，而那17位成员，有的站着，有的坐着，都在侧耳认真地倾听。

马云对成员们说："黑暗之中一起摸索、一起喊，我喊叫着往前冲的时候，你们都不会慌了。你们拿着大刀，一直往前冲，十几个人往前冲，这有什么好慌的？"

在马云的带领下，他的团队在杭州的一个不起眼的小屋里开始拼命奋斗。而其中的"中国供应商"是阿里巴巴低调运作的一个项目，是阿里巴巴的一个当家产品，这个产品的目的就是要让所有使用和相信这个产品的中国中小企业成为国际供应商，能够为全球各地的人提供商品买卖。

马云之所以会产生这样一个念头，得益于他独到的眼光和深刻的见解。他很早就发现了中国的许多产品虽然物美价廉，拿到国际上一点也不逊色于那些进口产品，但许多因素导致了中国的产品一直无法被推到国际市场的平台上去。马云认为自己如果能够搭建这样一个平台，那么，中国的产品也会远销海外，成为知名商品。

以前，中国的这些中小企业没有什么机会在外商面前展示，但是现在马云出手了，他启动了这个"中国供应商"项目，将中小企业化零为整，进而化整为零，解决了中小企业的信息困境。以前，因为信息不对称缘故，外国人无法了解到中国中小企业的资料，中国的中小企业也因为资金和技术的问题，无法将自己的产品远销海外。现在，马云的阿里巴巴成了中国中小企业的平台，依托阿里巴巴的网上贸易社区，向国际上通过电子商务进行采购的客商推荐中国的供应商，这样就可以帮助这些中小企业的供应商获得国际订单，能够走向世界。

“中国供应商”主要服务的是出口型的企业，服务包括独立的中国供应商账号和密码，建立英文网站，让全球220个国家里将近1000万个专业卖家可以在线浏览这些中国中小企业的信息。

### 马云管理智慧

做企业最重要的就是找到适合自己发展的模式，马云也一直在摸索、探寻适合阿里巴巴发展的模式。对于阿里巴巴的商业模式，马云有着自己独到的看法。马云认为，在企业的发展前期，还是要以求生存为主，如果发展趋势能够顺利进行，盈利模式也能够走到成熟稳定的地步，那就能够很好地累积一定的客户群体，能够为企业之后的良好发展打下坚实的基础。

有了基础之后，对企业接下去的发展至关重要。当企业进入成熟发展阶段，拥有适合这个企业的商业模式就尤为重要了。不符合企业发展的商业模式，会让企业陷入发展不良的境地，而企业想要进一步扩张，就要符合当前的盈利模式，如果盈利模式与企业无法相得益彰地配合好，那企业就会陷入困境。

在国内，有很多企业面临着这样的问题，经营多年，规模终于扩大了，但盈利模式跟不上了。这些企业的管理者为了继续保持盈利上涨，想尽办法，但总不见良好的成效，其原因之一便是这些企业的管理者不能让规模和盈利模式同步。所以，作为一家企业的管理者，寻找到适合自己企业发展的良好模式是非常重要的。

马云找到了适合阿里巴巴发展的商业模式，这也是他在新加坡召开的亚洲电子商务大会上所提到的而又没说出口的模式：“小企业通过互联网组成独立的世界，这才是互联网真正的革命性所在。”

长虹食品城的董事长王杰良说过："在我看来，盈利模式其实就在自己身边，可能大家没有时间去思考或者没有发现。我们的盈利模式虽然非常简单，但很有效。"

有效的商业模式才是一家企业应当寻找的模式，马云没有一味地去模仿国外成熟的商业模式，而是根据市场情况和阿里巴巴的具体情况，渐渐形成了阿里巴巴独特的商业模式，这是任何互联网公司都无法企及的模式，阿里巴巴也最终获得了成功。海尔集团董事长张瑞敏在企业的商业模式构建上和马云有着异曲同工的见解："企业的发展离不开好的盈利模式，而盈利模式没有最好，只有更好。换句话说，只有符合企业发展需要的盈利模式才是真正适合企业的。"

海尔集团也曾经因为没有找到适合自己发展的商业模式而一度出现了经营危机，使得企业陷入了困境，但幸运的是，在不断的摸索与探寻中，海尔集团最终找到了适合自己的模式，并且发展壮大。

企业的商业模式事关企业的生存发展。商业模式没有最好的，也没有万能的，只有最适合企业发展的，阿里巴巴正是因为找到了适合自己的商业模式，才赢得了长远的发展。

## 诚信不是一种销售，是实实在在的细节

**胡博，我想你听了别生气，因为有的时候不是为了这一场赛，人一辈子都是在比赛。如果你是我的员工，你一定会被我辞退掉。这有很多原因，其中有一点刚才熊晓鸽已经讲了，你到公司来融资，但是你根本没有得到公司高层的认同。当然你解释说是为了展现自己，如果是这样**

的话，我会同意你；而如果你代表公司来融资，就凭你刚才几分钟的表现，一定会被我辞退掉的。

还有一点，诚信绝对不是一种销售，更不是一种高深空洞的理念，它是实实在在的言出必行、点点滴滴的细节，所以诚信不是拿来销售的，也不是拿来做概念的。你来之前要明白自己要做什么、要得到什么，当然有的时候自己想做百万富翁和亿万富翁也挺好。诚信就是真实。你说第一桶金是1.5万元人民币，我觉得这真实；想做百万富翁、亿万富翁也真实，但别加上一层大家听不清、说不透的东西。你的很多数据都是混乱的，如果真的按照200万会员中有140万付费客户的话，你的公司可能是全世界最具竞争力的互联网公司。这个数据你要搞清楚，按照580元计算，那就是8个多亿。我还是蛮欣赏你身上还有很多真实的东西，不断地拼搏、努力，但是真正把这个事情做大，还需要更实在一点。

——《赢在中国》马云点评

## 马云管理案例

《赢在中国》第一赛季晋级篇第六场。

选手：翟羽，男，1981年出生，本科，商业管理专业。

参赛项目：龙腾简介P2P媒体点播系统，利用龙腾P2P技术改进原有设备与网络带宽，改造和扩容原有运营商的视频点播系统。

翟羽："我是一个B2B坚决拥护者，我在B2B行业做了很多事情，虽然不是很有名。我是B2B运营商的发起者，目前来做媒体规则者。跟王志东和高红宾交流的时候，我发现他们跟我做的一样，现在产品做完了，没开始推。我发现这个东西非常有商机，因为我没有那么多资金和人力去调查，我发现我碰巧做对了这个市场。”

马云：“你在2002年和2003年创办启明时代这个公司，为什么不做了，当时的想法是什么？”

翟羽：“那个公司是我离开惠普之后第一个创业公司。当时没有生意，本来我有一个合伙人，要拿40万元，其中10万元开一个公司的，可他的钱没有到位。当时我谈了一个108万元的项目，但108万元的项目只给我5000元的项目预付款，问我做不做，我就做了。利用惠普的名誉，把我公司的远期指标拿过来，这样倒来倒去，把生意做成了。做好了我又做了两个单。合伙人又把钱拿过来了，做两个单的过程当中，赚的钱他给我买车，买了两辆车，我就没有钱了。说明我对财务观念和经营理念、股东股权不懂，我只是一个赚钱者，虽然能赚钱，但经营上是一个傻瓜。后来我不跟他合作，结果他欠了6万元钱，我应分到的几十万元，但也没分到。后来我就出国了，去学商业管理了，因为我觉得这方面被人骗得太惨了，回来准备再搞一次，看我能不能行。”

马云：“在澳大利亚读了两年书后你又成立了一个公司？”

翟羽：“对。”

马云：“那个公司怎么样？”

翟羽：“读书的时候没有成立公司。读书的时候没有钱，口袋里最少的时候就剩10元钱，跟同学借，家里又给我寄钱。早上上课，下午也上课，晚上陪老婆逛街。我想快点毕业，想快点走，我实在支付不起那么高的费用。临毕业三个月的时候发现一个商机，家长把孩子送出国之后，孩子能毕业的概率太小了，但他们都喜欢拿一个毕业证回去跟父母交代。我发现一个商机，很容易拿学位的办法，代理一个学位在线，我就从这当中赚钱。很快我积累了原始资金，就逃回来了，成立了现在的公司。”

熊晓鸽：“卖假文凭？”

翟羽：“不是假文凭，那是有备案的。”

马云：“去澳洲你第一家公司没干好，你就去学商业，到了澳洲之后你支付不起那笔费用。你去之前知道有多少学费吗？”

翟羽：“知道有多少学费，我认为当时还能付得起，但是去了之后发现完全不是想象的那样，花钱太快了，远不是我可以承受的。”

马云：“吴总问了你N多问题，现在公司要做，你有关系，你有技术，技术是你开发的还是别人开发的？”

翟羽：“团队。”

马云：“你懂吗？”

翟羽：“我懂。”

马云：“你该有的都有了，什么东西你没有？”

翟羽：“钱是肯定没有的，我曾经跟了田园老师很久，他非常支持我，最后他给了我一句话，他说没有一个在商场中有名望、有地位的真正的企业家来推荐你的话，也许你就不会成功。”

马云：“翟羽，我觉得你非常聪明，我给你一些建议，这世界最不可靠的东西就是关系。因为没有钱，没有团队的时候要靠关系。我想我们这些人都一样，尤其是我，我没有关系，也没有钱，我是一点点起来的，我相信关系特别不可靠。做生意不能凭关系，做生意不能凭小聪明，做生意最重要的是你明白客户需要什么，实实在在创造价值，坚持下去。这世界最不可靠的东西就是关系。”

## 马云管理智慧

经济学家亚当·斯密曾说："商人本来最怕失去信用。他总是时刻小心翼翼地按照契约履行所承担的义务……"所以说，做商人应当以诚信为首。马云做生意讲诚信，诚信也帮了马云。

做生意，不能靠忽悠、靠关系，这些都是虚的，终有一天会坍塌，只有靠实力、靠诚信去做生意，生意才能越做越大。马云认为一个真正的商人和一个优秀的企业家，他们的事业能够成功，并不在于他们经营了多少厉害的关系，打通了多少人脉，而是他们踏踏实实地努力和勤勤恳恳地经营。

同样是经商，有的就可以成为百年老字号，一代一代流传下来，有的只能是昙花一现，很快就关门大吉。这其中的原因，还是在于品牌的质量与商家的德行。马云很重视经商的诚信与信誉。

一条街上有两家鞋店，一家店主姓张，一家店主姓李，镇上的人买鞋，基本都是在这两家店买。这两家店离得不远，为了拉拢客人，常常会各自出招，吸引客源。

有一天，李家鞋店进了一批款式新颖的鞋子，放在门口便宜出售，吸引了很多顾客前去购买，抢去了张家鞋店很多生意。张家看在眼里，急在心里，为了让顾客来自己家买鞋，张家做了打折促销的活动，果然，挽回了一些客流。

李家不甘示弱，很快也降低了价格，卖的价格比张家的还要低。两家鞋店一再降价，最后已经完全是赔本赚吆喝了。但两家为了击垮对方，谁也不肯退出这场价格战，很快，因为资金的短缺，李家的鞋店关门了。

这条街上就只有张家一家鞋店了，本以为可以高枕无忧了，没想到张家的鞋店每天都很冷清，没有多少顾客。原来，在打价格战的时候，为了节省成本，张家的鞋店进了一批质量很差的鞋子。顾客把鞋子买回去，没穿多久就坏了。渐渐地，张家的鞋店失去了信誉，没人再相信他们家鞋子的质量了。没过多久，张家的鞋店也倒闭了。

耍小聪明或者动歪脑筋，都无法令生意做大，做生意想要留住顾客，最主要的还是要质量过硬，令顾客信得过。从顾客的利益出发，诚信经营，生意才能越做越好。马云对此很是认同："我们花了两年的时间打地基，我们要盖什么样的楼，图纸没有公布过，但有些人已经在评论我们的房子怎么不好。有些公司的房子很好看，但地基不稳，一有大风就倒了。"

经营生意就像盖房子，如果地基不稳，即便盖出多么漂亮的摩天大楼，也会有坍塌的一天。想要生意像坚固的房子一样，那就要做到以下几点：

第一，与客户坦诚相待。

有的商家为了赚取更多的利润，常会隐瞒一些对自己不利的信息，欺瞒客户，在客户发现后，不但不承认错误，还一味狡辩，想办法遮掩。这样的商家都是不会长久的。挖空心思耍小聪明，只会短时间内挣一点钱，最后还是会被市场淘汰的。

第二，做好自己。

市场竞争很激烈，想要在其中站稳脚跟，最根本的一件事情就是做好自己、完善自己，将自己完善得越来越强大，自然不怕被比下去。

第三，了解对手。

兵法中讲究"知己知彼，百战不殆"，商场中也是如此，了解更全面的信息，才能更好地发展自己，立于不败之地。

## 结盟，合作才是王道

**中国的很多公司，跑到一半的时候，跟左边的人打几下，再跑几步，又跟右边的人打几下，疲于奔命。我说，要把时间花在客户身上，花在服务上，而不要花在竞争对手身上。只要你今天比昨天好，明天比今天好，你就永远冲在最前面。**

——马云答网友问

### 马云管理案例

2005年4月12日，对于淘宝网是具有纪念意义的一天，搜狐在这一天宣布和淘宝网成了战略联盟。双方共享各自活跃庞大的用户群体，实现了线上线下的共同合作，推动中国网上购物和网上拍卖的进步。

在这之后，形成了三大门户和三大拍卖网之间的配对结盟阵势。在新浪选择与雅虎结盟、易趣选择和网易联盟之后，不甘落后的淘宝也最终选择了搜狐作为后盾。结盟是商业竞争中常用的手法，当一家之力无法与其对手抗衡时，选择一个强大的盟友是个降低风险又能提升自己的不错选择。

但选择盟友也要谨慎，如果选择不好，不但不能提升自己的实力，反而可能会“惹祸上身”。马云在这方面是很有自信的，他之所以选择搜狐，正是看中了搜狐能够和淘宝网优势互补、资源共享。

搜狐作为一个国内知名的大门户网站，拥有数以千万计的注册用户和巨大的流量，内容和搜索更是有着自己独有的特色。而淘宝网在经历了几年的发展之后，成了国内最大的个人交易网站，在同类网站中拥有极高的品牌优势和技术优势。搜狐和淘宝网结盟联手之后，淘宝网可以借助搜狐专业成熟的网络平台，找出更多的具有消费能力的用户来注册淘宝用户，而搜狐也能通过淘宝网的加入，丰富网站的内容，为用户提供更多的增值服务，从而打造更优良的搜狐形象。

正是出于这种考虑，马云最终选择了与搜狐网合作，二者在互惠互利的基础上各自发展。果然，在和搜狐结盟之后，淘宝网的前进速度就十分惊人，简直可以用“一日千里”来形容。

其实，商业合作就是一种博弈，马云在选择联盟的合作伙伴时，看的是和对方的契合度，以及合作之后对方能为阿里巴巴带来什么，看一看双方是不是能够相辅相成。在阿里巴巴发展过程中的数次结盟合作中，马云都是遵循这一原则。

2006年11月22日，阿里巴巴集团与中国邮政宣布建立战略合作伙伴关系，通过这次合作，阿里巴巴不仅能够降低电子商务的交易成本，而且还能够通过完善物流服务来提高电子商务交易的服务质量，并且可以把中国邮政覆盖的广大的农村市场纳入自己的覆盖范围，这对于其拓展未来市场具有战略意义，而中国邮政则能够提升邮政储蓄在电子商务支付方面的竞争力。

2008年7月8日，支付宝和巨人网络达成战略合作关系，这一合作的达成不仅使巨人网络进一步强化在线支付与网络直销功能，同时进一步降低运营成本，而且也使支付宝的用户应用场景进一步扩大。

2013年12月9日，阿里巴巴集团与海尔集团正式宣布达成战略合作，双方将基于海尔集团在供应链管理、物流仓储、配送安装服务领域的优势，及阿里巴巴集团在电子商务生态体系的优势，联手打造全新的家电及大件商品的物流配送、安装服务等整套体系及标准。

商业模式上的结盟合作，能够整合资源，商界通过结盟合作而互相强大的例子多得数不胜数。在强手如林的时代，想要靠单打独斗就站稳脚跟是很困难的，团队协作、努力合作是几乎所有成功企业都会在经营过程中选择的一个办法。

### 马云管理智慧

我们都耳熟能详的“联吴抗曹”就是诸葛亮在《隆中对》中提出的外交政策，诸葛亮根据当时的客观形势，认识到与东吴合作抗击曹操的重要性，因此向刘备提出了合理的建议，并通过实施“联吴抗曹”的政策，稳固了蜀国的形势。在当今社会，“单枪匹马”奋战在商场上的企业已经变得很少，更多的企业则是通过与其他企业形成战略联盟来提高自身的竞争力。因此，作为企业管理者，想要成就一番大事业，就应该明白舍弃合作无法取得成功的道理，只有善于通过合作的方式来弥补自己企业的不足，增强自己的力量，才能使企业在原先的水平上再上一层楼。

有一个食品加工商，他的产品在当地卖得不错，但就是一直打不进外地市场，顾客受众群仅限于当地人群。当地有一家物流公司，它的经营状况也一直业绩平平，于是，想要寻求发展的物流公司老总找到食品加工商，提出合作。

物流公司老总说：“只要我们合作，我可以把你的产品运向全国各地，你可以省掉一大笔运费，这笔钱可以用在你的产品营销上，而我则能借助食品加工厂的需求提升自己的业务量，也能通过这次合作，给我的公司在外省打广告。我们如果能够合作，可谓一举两得。”

食品加工商觉得物流公司老总说得很有道理，立刻同意了他的合作请求。于是，在签署了合作协议后，两家的合作便正式开始了。运输有了保障之后，食品加工商打开外地市场便捷了许多，没过多长时间，他的产品就顺利在外省打开了市场，而物流公司也在外省打出了自己的名声。

这次的合作，可以说是他们两家各取所需，双赢互利。商场中的一个战略就是相互给予，彼此互利。谁都不可能是单独存在于这个社会中的，谁都需要获得，而想要获得更多，自然也要付出、要给予。

美国的石油大王洛克菲勒曾说过：“合作，在那些妄自尊大的人眼里，它或许是件软弱或可耻的事情，但在我看来，合作永远是聪明的选择，前提是只要对我有利。”创业成功之路漫长遥远，单靠个人的努力是不够的，要想快速到达成功的彼岸，就要学会与人合作，共赢带来的好处是显而易见的。

有两个人身上一分钱都没有，在他们非常饥饿的时候得到了上帝恩赐的一根鱼竿和一篓鱼，于是他们各分了一样东西各奔东西。分到一篓鱼的人边走边吃，等到鱼全部吃没了，他也就被饿死了。而分到鱼竿的人四处寻找水源，想要钓上几条鱼来充饥，可是还没等到他找到水源，他也被饿死了。

同样是两个饥饿的人，他们也得到了上帝恩赐的一根鱼竿和一篓鱼，只是他们没有各奔东西，而是共同商定去寻找水源。在寻找的过程中，他们每次只煮一条鱼，然后一起分食。经过长途跋涉，他们终于来到了海边。在海边，他们过起了以捕鱼为生的日子，远离了饥饿。他们之所以能够存活，是因为他们懂得合作的重要性。

一个人如果真想要成就一番事业，就必须发扬合作精神，合作能够取得持续性的成功。因为缺乏合作精神而导致失败破产的企业，比因为其他原因而失败的公司的总和还要多。拿破仑·希尔说，在他经商的多年间，就亲眼见证了各式各样的因为不懂合作而宣告失败的企业。

无论是企业还是个人，能力都是有限的，都需要与他人合作来加强自己在这个社会中的地位和能力，这个时代需要的是能够互相包容接受的人，而不是独行侠。

## 最好的服务是让客户不需要服务

第一，每个成长型企业都会碰到成长中的痛苦，几乎所有以销售为导向的企业都会遇到先求生存后求发展的问题。一旦生存下来了，就忘记了自己是为了生存。初创企业都希望迅速做大做强，但生存下来的第一个想法应该是做好，而不是做大，这是我们这么多年来走下来的经验。第二，我认为电子商务本身就是一个服务型的行业，是以服务为导向的。服务是全世界最贵的产品，最贵的服务就是不要服务。完善一套良好的服务体系非常重要。丢掉一个大客户，不会使天塌下来。今天中国的服务是最昂贵的产品。以服务为导向是将来的趋势，收费最好。你要想把服务做好，就需要让你的客户不需要服务，形成一套体系和制度，不是安慰，不是去道歉。

——2006年《赢在中国》马云点评

## 马云管理案例

格力电器的董明珠认为：“服务水平的高低，已经成为衡量一个企业素质高低的权威标志之一。用户特别关心企业服务的保证能力，正规的企业必须有非常具体和完善的服务体系。服务态度在一定程度上决定了用户对品牌的感觉，谁的服务态度好，会很快传播，谁的服务态度不好，也会很快传播……把为他人服务作为企业的宗旨，为他人服务的机会永远存在，我们就能永远赚钱，企业就能永远生存下去！”

马云曾经给自己的员工讲过“一块布”的故事，故事的大概内容是：他的妈妈从来没有买过电器，但是她对马云说要买海尔的电器，马云问为什么？海尔的电器比别人的贵，还未见得就比别人的电器质量好，再说现在电器都差不多，为什么一定要买海尔的？马云的妈妈就告诉他，海尔的工作人员来家里装电器，都会带一块布把地擦干净。

因为这样一块布，顾客不会在乎电器是不是比别人家的贵，所以马云说：“这块布擦的不是你们家的地板，擦的不是你们家的机器，擦的是客户的心。”

现在互联网广泛进入到了百姓的生活中、家庭中。随着网络的普及，电子商务的市场争夺战也愈加激烈。近几年的网络平台主要是B2B、C2C、B2C这三种模式，阿里巴巴就是B2B的模式，阿里巴巴旗下的天猫商城属于B2C的模式。有人说，自从2012年以来，电子商务整体的发展趋势都不太好，人们已经不看好电子商务的各种促销活动了，但是天猫的“双11”取得的成绩彻底颠覆了这个说法。

“双11”是天猫举办的一次购物狂欢节，在2012年11月10日11点58分，天猫总部为了迎接“双11”的到来，做着最后忙碌的准备工作，快递公司也做着准备。因为之前“双11”的时候出现过“爆仓”现象，很多客户的商品购买了一个多月后才收到，所以，这一次，天猫便早早做准备。

马云称：“‘双11’已经不是天猫和其他电子商务企业之间的价格大战了，而是电子商务的一次狂欢，是商家应该给予用户的回馈，是电子商务这种全新的商业模式对传统商业生态的一次革命性颠覆。”

改善用户体验，让客户不再需要服务，就能够感受到很好的购物体验，这就是商家最好的商业模式。“双11”看似简单，但并不简单，从计划到施行，都有着一个完整的营销体系，这样的模式带给用户的体验是很棒的，也能很好地诠释“最好的服务是让客户不需要服务”这句话。

马云关于这个问题发表过不少看法，在一次会议中，他这样说道：“眼睛盯上自己，自己门口的客户都没有做好，就想做天下的生意，那是做不起来的。所以我觉得，小企业不要先想着做强自己的品牌，而应该先想着做好自己的服务。”

### 马云管理智慧

客户究竟需要什么样的服务才满意？什么样的产品才能够赢得客户的青睐？什么样的企业模式才能让客户群体越来越大？这些都是企业的管理者关心的问题。客户享受产品的过程是一种体验，企业要完善这种体验的过程。让客户感到愉悦和舒心，才是留住客户的王道。马云就常拿海尔的客户服务模式来教育阿里巴巴的员工。

在服务上，海尔可以说是做得尽善尽美，“国际星级一条龙”的服务，让客户感到很是舒心。海尔不仅在产品设计、商品购买、上门设计安装、售后服务等各项环节都严格把关，有一套严格的规章制度，还注重服务的细节。当工作人员上客户家安装电器或者维修电器时，会在进门前先套鞋套，以免将客户家的地板踩脏；安装电器时，会将电器旁边的家具用布盖上，等安装完毕再把布拿开；还会把电器擦得干干净净，地板也收拾干净，让客户感受到无与伦比的贴心服务。

另外，海尔公司还有一个明文规定，工作人员在上门服务的时候，自带矿泉水，他们不能喝客户一口水、抽客户一支烟。海尔在每一个细微之处都贯彻了最优良的服务，这也就是为什么很多客户明明知道海尔的产品贵一些，也坚持买海尔电器的原因。

很多企业管理者也知道服务的重要性，他们也会给企业下达很多服务条例，但是，工作人员是不是彻底执行了，他们并没有认真考察，所以，很多企业总是接到顾客的投诉，还觉得很委屈。只有像海尔这样真诚地为客户服务，客户才会满意。“应付”般的服务，客户自然不会满意。

马云知道，服务是最昂贵的产品，优质的服务从某种角度来说是一个企业的商业模式成功打入人心的可持续的优势。毕竟产品是可以被模仿、被超越的，但服务是无法模仿出来的，因为服务体现出了商家的诚意和企业员工的态度。

曾有人做过一项市场调查，有百分之六十的消费者会因为企业的服务不好而选择别的企业。可见，如果企业不能让客户满意，不能给客户提供一个良好服务的商业模式，那客户可是会大量流失的。

第七章

# 思想管理：力是你单个的，能是集体的

马云说："永远要用欣赏的眼光看自己。我一直给别人的建议是：假如你毕业于名校，请用欣赏的眼光看别人；假如你毕业于一个普通的学校，请用欣赏的眼光看自己。因为只有这样，我们才能走过一步一步的难关。"

# 人永远不要忘记自己第一天的理想

好的商人不在于他的梦多么伟大，但是他的梦必须是独特的，任何一个成功的企业家，从第一天起都有一个奇特的梦想。很多年轻人问我是如何创业的，我说创业就是一句话，你愿不愿意为你的理想和梦想牺牲你的生命，牺牲你所有的东西。所以，一个奇特的梦想非常重要。比尔·盖茨30年前说："我希望每个桌子上都有一台电脑，电脑里的程序都是我的。"这就是一个伟大的梦想。

我们今天有一个网商梦，希望开辟网上的"沃尔玛"，这是基于做了200万元营业额。如果你一分钱没有做到，说我要做沃尔玛，我相信可能性不大。我做这个企业之前也是一点点来的……你在创业的第一天一定要有梦想，还要坚持这个梦想。

——马云在2004年网商大会上的演讲

## 马云管理案例

马云说："初恋是最美好的，每个人第一次恋爱最容易记住。每个人初次创业的时候理想是最好的，但是走着走着就找不到这条路在哪里了。其实你的第一次梦想是最美好的东西。2001年网络泡沫破灭时，那三十几家公司，我记得现在全部关门了，只有我们一家还活着。我们是坚持初恋的人，我们是坚持梦想的人，所以能走到今天。”

巴顿将军说过：“要无畏、无畏、无畏。记住，从现在起直至胜利或牺牲，我们要永远无畏。”在理想面前，马云抱着无畏的精神，创办了中国黄页，虽然当时无人支持，他还是四处借债，加上压箱底的积蓄，用2万多元钱创办起了这个网站。

网站创办以后，马云就开始每天出门去推销他的网站，说服那些企业心甘情愿付钱把资料放到他的网站上去。

马云先从朋友开始劝说起，因为多年的信任基础，一些朋友也就真的将自己企业的资料登在了马云的黄页上。当然，这其中历经的艰辛是不言而喻的，但是不管怎么样，马云一步步将业务做起来了。

而且，一些与黄页有合作的企业，也真的通过黄页收到了切实的利益，这就进一步为马云平添了信誉。打下了良好的基础后，马云的腰杆开始挺起来了，他的黄页越做越大、越做越好了。在1995年8月的时候，中国电信开始在上海做了，马云也紧随其后，开始跟着做，黄页在全国一个城市一个城市地拓展业务。

马云顶着“骗子”的称号四处奔波，到处跟人聊网络、谈客户。他那时候认为：“互联网是影响人类未来生活30年的3000米长跑，你必须跑得像兔子一样快，又要像乌龟一样耐跑。”

终于，在成功发布了北京国安足球俱乐部等中国第一批互联网主页后，中国黄页开始被越来越多的人知晓和关注，到了1997年年底的时候，中国黄页的营业额做到了700万元。马云的这一次互联网之旅已经越行越畅通了。

但是好景不长，随着大环境的不断变化，人们对互联网越来越了解，开始出现了很多和马云抢生意的人。从美国麻省理工学院博士毕业的张朝阳回国后，在导师的资助下创办了一家“爱特信”公司；随后，有“中国互联网先驱”之称的瀛海威出场了，紧接着还有中国万网也开通了。

面对竞争愈来愈激烈的市场，马云开始考虑北上去寻找更大的发展机遇。马云豪言：“我们打不死他们，不过他们也打不死我们。”

### 马云管理智慧

是什么让阿里巴巴与众不同？马云的答案是：“拥有一个奇特的梦想。”在一次演讲中，马云慷慨激昂地说道：“有了一个理想之后，我觉得，最重要的是给自己一个承诺，承诺自己要把这件事情做出来。很多创业者呢，都在想这个条件不够，那个条件没有，这个条件也不具备。该怎么办？我觉得创业者最重要的是创造条件，如果机会都成熟的话，一定轮不到我们。所以呢，一般大家都觉得机会成熟的时候，我认为往往不是你的机会。你坚信事情能够做起来的时候，给自己一个承诺，说你准备干5年，你准备干10年、干20年，把它干出来，我相信你就会走得很久。”

2001年前后，除了互联网寒流，马云和阿里巴巴在公众面前也是一个模糊不清的形象。有人这样描述阿里巴巴：“阿里巴巴是一个优点和缺点同样明显的网络企业。是它让中国人的网络企业广泛地被世界认同，也是它让我开始发现中国的网络电子商务有点不切实际；是它让我从头看到勤俭持家的网络企业，也是它让我看到了炒作的疯狂；它是第一个携国外市场的成功而杀入大陆市场的国人办的网络企业，但是它让我预想到最终成功的B2B企业不会是它。”

虽然阿里巴巴当时不被众人看好，但马云从不轻言放弃。“你可以失败，但是你不能失去做人的执着。”这是马云坚信的一条人生信念。不管你确立的目标是什么，不管要去实现这个目标有多么艰难，一旦踏上追寻理想之路，就要有强烈的意愿坚持下去，就好像坚持一份美好的初恋一样，抱着百分百的热爱去面对挑战，克服难题。

马云在外界压力与日俱增的情况下，坚持留守在中国黄页，投入百分百的精力为黄页的发展去考虑。马云说：“在未来几年内一如既往地坚定我们的理想，坚定我们所要做的事情。4年前我讲的一句话今天还是这样讲，我们不会因为媒体、不会因为评论者、不会因为分析师和任何专家的评论而改变我们，我们只会因为客户的改变而改变。”

作为企业的管理者，就要有马云这样的精神，不甘于平庸，不怕面对挫折，为了实现自我的人生价值，可以冲破任何艰难险阻。理想的光芒不要被现实的尘埃所遮蔽，当理想还未实现的时候，要保持一种为了理想奋斗不息的良好心态。

这是给自己的态度，也是对理想所负的责任。在阿里巴巴做大做强之后，马云回忆创业时的艰难，说道：“因为七八年前阿里巴巴没有名气，我们没有品牌、没有现金，人们也不一定相信电子商务，所以那个时候非常难招聘员工。我们开玩笑说，街上只要会走路的人，只要不是太残疾，我们都招回来了。但是经过了五六年，我们这些人居然都很有钱，大家都有成就感。为什么？我觉得就是因为我们相信我们是平凡的人，我们相信我们一起在做一些事情。所以我觉得，创业者给自己一个梦想、给自己一个承诺、给自己一份坚持是极其关键的。”

“人永远不要忘记自己第一天的理想，你的梦想是世界上最伟大的事情。”马云这样告诉自己，也将这股正能量传递给企业的员工，令企业的员工感受到这股正能量，和企业一起为光明的未来而奋斗。

## 拥有持久的激情才可以赚钱

创业者的激情很重要，但是短暂的激情是没有用的，长久的激情才是有用的。一个人的激情也没有用，很多人的激情非常有用。如果你自己很有激情，但是你的团队没有激情，那一点用都没有。怎么让你的团队跟你一样充满激情面对未来、面对挑战，是极其关键的事情。

——2008年马云在《我能创未来——中国青年创业行动》首场比赛上的演讲

### 马云管理案例

激情是热情，是干劲，是对什么都充满了兴趣和追求欲望，同时也是工作的灵魂，企业的活力源泉，更是领导者成功的基石。雅虎创始人杨致远在一次接受采访时曾说：“我认为我性格中最大的特点是热情和负责任。我认为一个领导不仅要有目标去建立一个大企业，而且要永远有一颗热忱的心将这个目标变成现实。”

马云是个很有激情的人，走到哪里，他都是一副精力充沛、激情四射的样子。他在激励大家努力为梦想奋斗时说：“电子商务是一个新的领域，我们最重要的是永远为你所激情的事情激情下去。做电子商务不容易，今天有这么多人在，我非常高兴。从事网络的人，尤其是这几年活下来的人，经历的事情太多……”

正是靠着这份为了理想永不熄灭的激情，马云完成了一个又一个看似不可能完成的目标。他曾提出，在2003年保证阿里巴巴全年要盈利1亿元，当时的互联网业内，谁也不敢夸下这样的“海口”，但马云敢，他不但敢说，还敢做，当年底，这个看似不可能完成的目标被完成了。

2004年，马云夸下了更大的“海口”，他说要实现每天盈利100万元。当年底，这个目标又被完成了。

到了2005年，马云说阿里巴巴每天缴纳税款要达到100万元……

马云的激情总与梦想相伴。人们都说马云是狂人，是个狂热的梦想家，但马云其实是个怀有激情的理想主义创业者，而他的团队，同样充满了激情和斗志。在阿里巴巴创建之初，每一个员工都会工作12个小时以上，甚至有人要工作到凌晨才能回家休息，而第二天清晨又要赶到公司上班。他们不仅工作艰苦，生活也很艰苦，每人每月只有500元工资，而且这些工资还是大家自己凑的，其实就是自己给自己发工资，但是他们毫无怨言，激情就像一针强心剂，使他们能够高效、忘我地陪同马云一起创业。

在《赢在中国》这档节目中，马云遇到一位名叫陈跃武的选手，虽然他带着周详的计划和创业的激情来到这个赛场，但是马云把他给否决了，因为他是所有选手中项目准备最不充分的一个。当年5月成立团队后，6月份才开始找项目，6月中旬他就带着项目来北京参赛，与其他选手那些运营数年的公司相比，他的项目的劣势也就不言而喻了。虽然他充满激情，但是马云不相信这么短时间成立的团队，能承受住创业道路上艰辛风雨的考验。

于是马云对他做了如下的点评："第三位选手陈跃武，我很想坦然坦率地跟你讲，你最好别创业。听起来挺难受，但是刚才吴鹰也讲了，创业很累，创业的失败率很大很大。从你的性格看，我觉得你比较适合做一个工程师，或者是参与一个已经创业成功的团队承担一定的工作，因为你有条理、你有理性，以及你特别温文尔雅，而创业者都是疯疯癫癫的多一点。如果你真的要创业，我建议你MBA毕业以后最好找一份工作，到中国来干个5年，5年以后还想创业，你再创业，5年以后一般会消灭掉很多创业的想法。你这个项目需要熊总、吴总跟我们投资的时候，你已经找到的1000个客户每人付你300美金的时候，我们再好好谈一谈好不好？"

年轻的团队容易产生激情，但是更容易因为挫折而失去激情，如果没有持久的激情，在困难面前，退却是很容易的。马云曾说："年轻人都有激情，但年轻人的激情来得快去得更快，持续不断的激情才是真正值钱的激情。你可以失去一个项目，丢掉一份客户，但你不能失去做人的追求，这就是激情；失败了再来，这就是激情。"

### 马云管理智慧

激情是成功的原动力，成功者永远都是充满激情的，因为没有激情作为动力，一个人做任何事情都不会有足够的动力，事业上是很难起步的。李嘉诚曾说："激情是扬起船帆的风，没有风，船就不能行驶。激情是工作的动力，没有动力，工作就难有突破。激情能够创造不凡的业绩，缺乏业绩，疲沓涣散，人就会一事无成。"

有人曾问过比尔·盖茨："你们这里的每一个员工都这样快乐、勤奋，你们这样的企业文化是如何创造的？"比尔·盖茨的回答是："我们雇用员工的前提之一，就是他必须对软件开发具有百分百的激情。”在他看来，一个优秀的员工最重要的素质是对工作的激情，而不是能力、责任及其他。

不仅要求员工要充满激情，比尔·盖茨也是一个富有激情的人，他曾说：“每天早晨醒来，一想到所从事的工作和所开发的技术将会给人类生活带来巨大的影响和变化，我就会无比兴奋和激动。”正是因为比尔·盖茨和他的团队拥有了这样的激情，才让微软王国在IT世界里傲视群雄。

激情总是与梦想伴随，当一个人保持了高度的激情去完成梦想时，这份动力的能量会是十分巨大的。激情是一种可贵的品质，拥有这种品质的人，无论做什么事情，都能取得不俗的成就。

科学家曾做过这样一个试验，把一条凶猛的鲨鱼和一群小鱼放在同一个池子里，中间用厚厚的强化玻璃隔开。最开始的时候，为了吃到食物，鲨鱼每天都会持续不断地撞击那块玻璃，但是每次都不能成功，反而会把自己弄得伤痕累累。

后来，鲨鱼终于放弃，不再撞击那块玻璃，即使是科学家最后把玻璃取走，面对对面的食物，鲨鱼也毫无反应，每天仍是在固定的区域游着，它已经失去了最初的激情。

一时的头脑发热并不是激情，暂时的创业欲望也不是激情，我们需要将这种激情坚持下来，否则，在创业的道路上，随着现实的残酷，时间的消磨，我们就会和那条鲨鱼一样失去了最初的动力。

马云拥有持久的激情，所以他能创造一个又一个奇迹，刷新了一项又一项纪录，但马云并没有因此而停止前进的脚步。在马云看来，这些都不算什么，他要的永远不是现在，而是未来。马云说希望到他60岁的时候，还能和现在这帮做阿里巴巴的老家伙站在桥边上，听新闻媒体报道说：阿里巴巴今年又创造了什么奇迹，员工的分红又涨了多少，股票继续往上涨……

“那时候的感觉才叫真正成功。”马云如是说。

在这个世界上，有很多人都在为自己的理想而拼搏，他们可能很平凡，甚至渺小，但只要有一颗永远充满激情的心，梦想就不会遥远，成功就会在可以看得见的未来。

## 机会太多，只抓一只兔子

看见10只兔子，你到底抓哪一只？有些人一会儿抓这只兔子，一会儿抓那只兔子，最后可能一只也抓不住。所以阿里巴巴有一点不会改变，永远为商人服务，为企业服务。我们不是因为投资者而建网站，我们也不会因为媒体的批评而建网站，我们更不会因为网络评论家们说现在流行ASP了而改变我们的方向，我们只做B2B。对于机会，我绝大部分时候都说NO。CEO的主要任务不是寻找机会，而是对机会说NO。机会太多，只能抓一个。我只能抓一只兔子，抓多了，什么都会丢掉。

——马云在《赢在中国》节目上的点评

### 马云管理案例

“很傻很天真，很猛很持久。”这是马云在公司内部经常讲的一句话，对于想法理念要很傻很天真地去坚持，真正做事的时候又要很猛很持久地坚持。不管别人怎么说、怎么看，自己始终要坚定自己的想法和信念，做自己一开始就想做的事情，其间不论遇到多少困难和坎坷，也不要放弃。

市场上的竞争总是十分激烈，很多企业在激烈的竞争中容易随波逐流，放弃原先的目标和方向。那些在市场竞争中脱颖而出的企业，往往是那些坚持自我、走自己道路的企业，而那些随波逐流的企业大多被竞争的大浪淘汰了。

有一次，马云受邀去深圳演讲。在演讲现场，有观众向马云提问："您自己坚信的和市场调查之间是否存在矛盾？您在美国第一次接触互联网后回来要建设互联网的时候，是您全部的思想还是经过严格的市场调查呢？"

马云对他的问题是这样回答的："在《赢在中国》我讲过，懂不懂没有关系的，要坚持自己的理想和想法。创业者在动手之前要先去调查数据，说明你不知道有市场。创业者创业的时候，不知道是否有市场，这是大错误，这个故事本来就是错误的。阿里巴巴和马云走到现在，并不是第一天就这样的，我们犯的错误远远比取得的成绩要多，我们是一点一滴倒霉走到现在的，不是因为我们真的聪明。"在阿里巴巴发展的道路上，诱惑和机会无处不在，但马云只朝着既定的方向往前走，只要与电子商务无关，马云都对它们说了"No"。

2002年10月，互联网世界开始回暖，挺过寒冬的阿里巴巴开始盈利，当时阿里巴巴的用户已经超过400万。很多人认为既然阿里巴巴有这么多有价值的注册用户，已经具备了开拓任何领域的最佳条件，马云一定会试图转型，在其他领域寻找新的机会。几经思考之后，马云最终拒绝了摆在自己面前的种种诱惑，坚持走自己的路，除了电子商务领域，其他的市场他还没有表现出太大的野心。

对于马云“一条路走到黑”的做法，不仅外人感到不可理解，甚至连部分公司高管也感到难以接受。面对质疑，马云有着自己的想法。马云曾做出这样的回应：“如果我们投资短信很快会赚钱，2002年、2003年短信业务拯救了中国互联网很多站点。只要投入这个就能够赚钱，但是我后来发现它不可能从根本上拯救中国互联网经济，只能够拯救一段时间。”

“我去一些门户站点做调查，说你可以注册一个免费的邮箱，我看到有一份很长的合同，中间很细的一条写着：如果你这个免费邮箱3个月以后还将继续使用的话，那么我们将会从你这个手机话费里面扣除5块钱到8块钱，我认为这是一种欺诈行为。随着人们对网络了解的加深，我相信不用很长时间，人们马上就能意识到这是一个骗局，而阿里巴巴不希望通过欺骗客户来让自己赚钱，所以我放弃了短信。”

“不做游戏这跟我的价值观有关，我不希望我儿子玩游戏。如果中国的孩子都玩游戏，中国就没有前途可言了。而且通过分析，我发现在全世界时间不值钱的国家里游戏是最畅销的。全世界最先进的游戏国家有哪些？美国、韩国、日本，但是这些国家永远不鼓励自己的老百姓玩游戏，它们用来出口。有一天我们的领导会突然醒悟过来，问我们的孩子在干什么，如果在玩游戏的话，一定要对它进行限制，因为游戏不能改变中国的现状。所以我说不做游戏，饿死也不做游戏。”

在房地产热潮时期，阿里巴巴的管理层也曾鼓动马云投身其中，马云立刻开会研究，到底阿里巴巴该不该投资房地产。经过讨论之后，管理层最终得出结论，阿里巴巴仍然只专注于电子商务这个领域。等到房地产热潮退去，很多高科技公司都受到损失，但阿里巴巴却毫发无损。

在2007年的一场新闻发布会上，有记者问马云阿里巴巴下一步的战略重点，马云回答说："阿里巴巴下一步的战略方向是电子商务，永远是电子商务、电子商务……"

正是因为马云很清楚自己的最终目标是什么，才使得阿里巴巴成为这个世界上最专注于电子商务的团队；也正是因为马云懂得舍得之道，才让今天的阿里巴巴成为全球电子商务的著名品牌。

### 马云管理智慧

2008年，马云在深圳网商论坛上的演讲中，讲到了阿里巴巴的坚持和执着，他说："很多企业如果两年内还未打开市场，就会后悔以前的决定。阿里巴巴有今天，很重要的一点是9年以来，我们只做电子商务，没有进入过其他的领域。如果说当初是为了活命，或者是为了早点上市，或者是为了套现，完全可以进入到短信或者是网游市场。但'起大早赶晚集'是很危险的，所以9年中，我自己跟自己讲，反正已经9年了，不在乎再熬90年了。有这样的心态，才有可能前进。

"永不放弃谁都会说，真的撞头后是否会放弃？我自己对这句话的体会是很深刻的，创业的人也是这样，人要成功，就要永不放弃。大家都认为中国是不可能搞电子商务的，没有诚信体系，没有银行支付体系，没有网络的建设，宽带这么慢。大家都认为中国人要讲关系和喝酒才能做得成生意，怎么可能在网络上做起来，所有人都这么讲，但我坚信一定会实现网络上的交易。中国的电子商务缺少了诚信体系、市场体系、支付体系、搜索和软件，没有这些怎么办？那就将它一步步建设起来。创业者等到所有的条件都准备好了再去创业，那成功的人就不会是你了。”

古希腊的《伊索寓言》告诉我们：“那些因贪图更大的利益而把手中的东西丢弃的人，是愚蠢的。”每个人都有证明自己的欲望，而对于商人来说，证明自己的方式往往是把生意做大。生意做大不仅证明了自己的能力，给企业带来了利润，还会让人欲望膨胀。

《荀子·宥坐》中有这样的记述：孔子到鲁桓公的庙里参观的时候，看到一只倾斜的器皿，便问庙里的人这个器皿是做什么用的。那个人告诉孔子，这是君王放在座位右边警醒自己的器皿。孔子告诉弟子们，这个器皿空着的时候就会倾斜，倒入一半水便会端正，而灌满了水就会倾覆。

弟子们不相信，孔子就让他们往那个器皿里倒水，果然如孔子所言，在水灌满的时候，器皿就翻倒了。弟子不明白这是何道理，孔子告诉他们：“聪明圣知，守之以愚；功被天下，守之以让；勇力抚世，守之以怯；富有四海，守之以谦。此所谓挹而损之之道也。”

意思就是说：高深的智慧，要用愚钝的方法来保持；功劳遍及天下，就让谦让来保持；勇武盖世，就用胆怯来保持；富裕满天下，就用节俭来保持。这是抑制并贬损自满的方法。这个器皿是为了提醒君王凡事要讲究分寸、处事有度而设的。商人们的心里也应该装有这样一个容器，在利益装满容器的时候，容器就倒下来，这样就提醒了商人不要贪小利而吃大亏。

其实，贪心不足蛇吞象，当贪心得不到满足时，人会丧失理性。对于商人来说，丧失理性就等于将企业送上风口浪尖。非理性的投资会给企业带来不可扭转的危机，稍不留神，企业就有破产的可能。

所以，商人一定要克服贪婪的心理。那么怎么克服贪婪的心理呢？首先要保持冷静的头脑，克制冒险的头脑。不可想着在险中取得更大的利润，为此，投资专家沃伦·巴菲特说："在别人贪婪的时候恐惧，在别人恐惧的时候贪婪。"这样企业才能在别人畏首畏尾的时候抓住机遇，在同行"头脑发热"的时候规避风险。当然，克制贪婪并不是固守原地不发展，保持合适的发展速度对于一个企业来说是必要的，也是企业做大的重要路子。

经营企业赚钱是一种高智商的游戏，稍有不慎便落入陷阱，不但赚不了钱，还会让自己陷入资金周转困难的局面。合适的发展速度是适度的投资，是对行业情况和企业自身情况熟知的前提下的决策，要规模，更要发展。

所以，企业的决策层一定要意识到，追求发展，但不要过分追求规模。一定要在自己企业能承受的范围内扩大规模，让企业花的每一分钱都带来相应的利润，不然，就不要随意扩大规模，更不能急功近利，丧失了市场判断的能力。对于企业来说，能否把企业做大并不是判断领导者能力的标准，而能在外部环境十分复杂的情况下，带着企业在稳中前进才是一种大智慧。

## 不用利益吸引员工，而是要用企业文化

阿里巴巴不希望用唾手可得的利益来吸引人才，而是要用企业文化。

——马云公司内部讲话

## 马云管理案例

俗话说：“士为知己者死。”在一个企业中，想要让员工真心诚意地将公司的事当成自己的事来做，企业领导者在此起着至关重要的作用，如何经营好每一个员工，说到底就是能否做到对每一位员工都坦诚相待。

马云最开始做中国黄页的时候，有一次还有几天就要开工资了，因为资金紧张，账面上的钱不足以发放员工的工资，面对这种情况，马云并没有找借口拖欠员工的工资，而是坦诚地将公司目前所面临的困境告诉给所有员工。面对马云的真诚，所有的员工都表示能够理解，并表示就算是再有几个月发不出工资，他们也不会离开公司。马云最后还是按时发放了工资，而这种对员工以诚相待的做法，却被他一直保留下来。

2005年，阿里巴巴并购雅虎中国，当马云第一次踏进雅虎中国的办公室时，他从几百名员工的眼睛中至少读出了几十种神情，有迷茫的，有沮丧的，有愤怒的……

面对雅虎中国员工的诸多表情，马云依然真诚相待，他说的第一句话是：“首先我很抱歉，因为制度要求，我不能预先跟大家做沟通；其次，请大家给我一个机会、一些时间，留一年下来观看；最后希望大家在一个有空调、像公司的地方舒舒服服地上班。”

随后，为了拉近与雅虎中国员工的距离，并购宣布一个月后，马云做出决定，将雅虎中国几百名员工用专列请到杭州。当他们到达杭州后，马云更是用一颗真诚的心热情地接待他们。考虑到雅虎中国员工的生活习惯，马云为他们准备了“中西合璧”的早餐：每个雅虎中国员工都收到了一个小袋子，里面装着两个热包子、一瓶旺旺牛奶，外加一包口香糖、餐巾纸。与此同时，十几辆大客车已经排队在站外恭候，在车队经过的马路两侧，挂满了“欢迎回家，欢迎雅虎回家”的条幅。

但是，表面的和气并不能消除两家公司在文化上的冲突，这也导致双方抵触情绪的产生。并购之初，雅虎中国的员工们不太理解马云的表达方式，而马云也有些不喜欢这些员工，马云认为：“他们有一种小团队倾向，不喜欢沟通，似乎能说不能干，阿里巴巴说到必须做到。他们也不喜欢我们，因为他们认为自己在技术上比我们厉害。”

马云对员工以诚相待，在每一个小小的细节上都能够得到体现。在公共办公区里，马云经常会笑容可掬地走到某位员工身边，亲切地与其交谈，拍着他的肩膀倾听员工工作中的难题，和员工打成一片。而且每一个员工都可以直呼马云的名字，对于这种看似“不成体统”的做法，马云解释说：“我希望和同事之间是真诚的感情，像亲人一般的感情，而不是单纯的老总和下属的关系。叫我的名字不是很正常吗？名字起了就是给人叫的呀！”

正是由于马云这种对员工坦诚相待的做法，让阿里巴巴所有员工也以积极的工作态度来回报马云。马云之所以能够把大批优秀人才聚于麾下，打造出一个富有战斗力的团队，铸就阿里巴巴的成功与持续发展，应该说与此有很大的关系。

### 马云管理智慧

管理大师约翰·科特曾说过：“作为一个领导者，许多时候并不一定需要长篇大论，领导者只要注意一下感情上的细节，就会产生惊人的效果。”

作为阿里巴巴的领导者，马云追求与员工之间要做到真诚的交流，他曾经在演讲的时候说："你可以不说，但是只要说，就要说真话。"这种做法也让他具有了一种独特的亲和力，在员工的心中，马云既像朋友，也像家人。一位阿里巴巴的员工这样评价马云："我感觉他本质非常好，非常善良，比较照顾周围的人，而且不是应付也不是应酬，而是发自内心的关心。他把我们当作真正的朋友，他付出从来不求回报，他平等待人，而且处事很公正。很多事情我们觉得困难，可是他却说，你看我们还有那么多的希望。跟他工作很高兴。"

马云以其独特的魅力赢得了所有人的尊重，而如果一家公司从一开始就不对员工坦诚相待的话，就很难让员工对你百分之百地付出和信任。

有一个人到朋友的公司去考察，学习参观，他发现了一个十分奇怪的现象，就是他的这位朋友的公司不像其他公司那样鼓励员工加班。他朋友的公司不但不提倡员工加班，反而一到下班时间，行政部门的人就会催促所有员工离开办公区域。

他对这位朋友说："你真是一个好老板，不让员工加班，让他们能够有更多的时间和家人相聚。"他的这位朋友笑一笑，说："其实我们给他们安排的任务，他们回去也还是要加班的，不过让他们下班就回家，是为了给公司省电费。"

没过多久，这家公司就倒闭了，因为员工们都感觉公司的老板不够坦诚，太过于精明，那他们也就没有必要为公司全力以赴了。

如果说每一个成功者的背后总是凝聚着无数人的心血，那么一个成功企业的背后必定会有一群强有力的员工，前提就是，领导者与下属之间以诚相待，只有这样他们才能和谐默契，工作起来也才能轻松愉快，达到事半功倍的效果。

卡特彼勒公司是世界上最大的工程机械生产厂家之一，公司有专门负责内部沟通的部门Internal Communications，隶属HR。他们通过多种方式与员工定期沟通，内网、每周通过E-mail发送的区域communications板块、每季度的内刊，还有紧急事件的紧急通信。除此之外，选举产生的员工委员会负责员工与管理层的沟通，主要是把员工的意见和感受传达给管理层，定期开会保证双方的意见得到及时交换。而作为全球最大的商用车制造商戴姆勒公司的总裁迪特尔·蔡澈，也将“真诚”视为他三个最重要的领导特点之一。

企业最宝贵的财富就是人才，通过公司的真诚与人才建立良好的沟通机制，才能够极大地激发他们的积极性。《孙子》云：“视卒如婴儿，故可与之赴深溪；视卒如爱子，故可与之俱死。”讲的就是这个道理。反之，如果企业管理体系混乱不堪，员工们互相猜忌、感情疏远，领导者怀着纯粹“利用”的心态来管理下属，只会动摇军心，也不能任用好人才，不能挽留住人才，造成“人才浪费”。所以说，诚信不仅体现在经营上，更体现在对员工的真诚上。

## 书读得不多没关系，就怕不在社会上读书

你经历了17年的痛苦，这是一笔很大的财富，不去想清楚就会变成一个包袱，一定要花时间去想。其实，很多时候成功的原因有千千万万个，很难学习，但失败的原因都差不多。你17年走下来都是做这个项目，一定是有自己没有想清楚、没有想透彻的地方。这个项目我感觉不

**是很吸引人，但是我很欣赏你的学习能力。其实我自己书读得不是很多，创业者最好的大学就是社会大学，我发现学位高，学校名气大，好像都不是很灵。所以我给你这个建议，初中生也挺好，关键是我们在社会创业大学里学到的东西比别人更多。但是学习一定要总结，不总结也不行。**

——2007年《赢在中国》马云点评

## 马云管理案例

《赢在中国》第一赛季晋级篇第八场。

参赛选手：张奕多，男，1975年出生，硕士，工商管理学专业。

参赛项目：结合网络游戏的技术模式与远程教育的教学宗旨，开发一个游戏平台，把知识有机地融合于游戏之中，通过游戏来学习知识。

马云：“你在盛大工作过多久？”

张奕多：“半年。”

马云：“当时为什么想要加入盛大？”

张奕多：“我回国的时候，读完了MBA，那是2003年，我已经28岁了，我想我的经验不够丰富，需要去一些大公司里锻炼一下。那时候我就听说了陈天桥的故事，那时陈天桥还不是特别知名，但是已经有了这样的故事，我觉得他这个人非常值得钦佩，我当时就跟盛大联系，回国以后加入盛大公司，我想从中学到一些东西。”

马云：“为什么半年你就决定离开盛大？”

张奕多：“我离开的原因很简单，因为学的是MBA，在盛大应付这些没有问题，但是如果让我去并购、收购一家网络游戏公司，去研究这款网络游戏究竟受不受欢迎，客户究竟怎么看待这个网络游戏，我不行。

在网络游戏这个领域，我比不上1980年以后出生的人。人在社会上应该做他最擅长的事情，在网络游戏里面我不如1980年以后出生的一代，我应该做自己最擅长的，就出来做商战模拟领域。”

马云：“你离开盛大1个月，就创建了这家公司。”

张奕多：“对。”

马云：“你们公司跟政府有很好的关系，这跟你公司的发展有什么必要联系？”

张奕多：“我觉得作为一个企业，你应该处理各方面的关系，要跟各方面的人打交道，作为一个CEO，70%的精力就是跟人打交道。”

马云：“为什么要强调政府关系？”

张奕多：“我们公司有政府北京天使投资给投资，对推广我们产品有很大帮助。”

马云：“会不会让我联想到，你获6项大奖，你跟政府关系很好，是怎么拿来的，我会乱想的。”

张奕多：“这应该说没有必然的联系。只是当初我做这个项目的时候，它是一个教育项目，中国政府提倡科教兴国，提倡创新与创业，他们愿意支持这样的项目。”

马云：“我觉得，你整个计划讲得不错，这个计划也做得很成功。你做事比较稳重，也很理性。但是我觉得这个计划竞争会很激烈，也很难做到。另外一个建议，创业者往往是开拓者，你在MBA学了很多知识，未必可以让你去创业。创业者最大的快乐就在于在创业过程中去学习、去提升。很多时候是创业者因为自己搞不清楚而去创业，当你搞清楚以后就不去创业了，所以创业者书读得不多没关系，就怕不在社会上读书。”

## 马云管理智慧

《赢在中国》节目中有很多优秀的参赛者，他们有着丰富的经历，有着活跃的商业头脑，他们都渴望成功，希望能够创业成功。马云对他们的创业计划一一进行了点评。在马云的眼中，参赛者都有成功的可能，马云并不看重他们的学历和背景，只看重他们的能力和头脑。

在马云看来，上一所知名大学，拥有名牌大学的高学历，未必就能成为成功者，反而是那些在社会中善于学习的人，会更容易接近成功。在一次演讲中，马云就说道："所谓的成功，并不是你在大学里学了什么，而是你在社会中学到了什么、历练了什么。"

马云还说道："真正的成功离不开社会，离不开你所受的挫折和困难。只有在社会这所大学里历练，你才会找到适合自己的道路，从而获得成功。"

能力的大小和读书的多少没有直接的关系，在社会上，很多人的能力都是通过实践锻炼出来的。人的能力不是天生的，不管智商多高，都需要后天的锤炼才能得以应用。同样聪明的人，为什么有的人就能事业有成，家庭幸福；而有的人却是一无所有，抱怨不断呢？这其中的区别就是在于能力的大小。能力并不是上学读书能够培养出来的，需要经过社会的考验，所以，马云教育那位创业者，读书少不怕，但社会这本书如果不去用心读的话，那在社会上就无法站住脚。

作为管理者，不要太看重员工的学历，有的时候，书读得多不多，与能力并没有太大的关联。在《赢在中国》里，马云对选手的要求比较高，但马云并不看重他们的学历，马云看重的是他们的头脑和能力。在企业管理中，马云也是如此，他招聘员工，也不看重员工的学历，他看重的是一个人的能力和学习力。

在社会中学习并成功的例子有很多，著名的演员施瓦辛格就是这样的。施瓦辛格出生在奥地利的一个小村子里，在他小的时候，奥地利因为战乱，人们生活比较艰辛，很多村子里的条件都很艰苦，施瓦辛格小时候过着吃不饱、穿不暖的日子。

为了填饱肚子，施瓦辛格有的时候会替美国人搬运货物，有一位客户见施瓦辛格很勤快，十分喜欢他，有的时候会将施瓦辛格带进自己的屋子里，给他吃点东西。这位客户的屋子十分豪华，施瓦辛格看了很是羡慕，客户对他说："只要你好好学习，这一切你也会拥有的。"施瓦辛格摇摇头说自己没钱去上学读书。客户说："社会就是一所好大学，你现在不就是在学习吗？"

这位客户的话给了施瓦辛格启发，他不断在社会中学习进步，成了健美运动员，后来又做了演员，还经商和从政。施瓦辛格在社会这所大学里学到了很多知识，他也靠这些知识改变了自己的命运。

和学校相比，社会这个学校更大、更严酷，更能锻炼人。马云自己就是通过社会大学的锻造，变得更加强大的。所以，作为企业的管理者，他在对员工的管理上，并不会将学习成绩的好坏放在考核的第一位，但他会要求员工在社会这所大学中学习，成绩一定是优异的。只有在社会大学中不断学习进步，人才会变得成熟起来，慢慢经历了风雨的打击之后，才能知道怎样去获取成功。

## 管理者不但是严师，更是家长

在正式演讲之前，我想先和大家交流一下：

第一，我的题目是《把电子商务还给商人》，题目听起来很专业，但是我自己不会讲技术。电子商务这两年大家听得很多，听糊涂了，我自己也听糊涂了，今天我不是以技术专家的身份出现的。我经常说，我只会用电脑做两件事：一是收发E-mail，二是浏览sina.com和alibaba.com，我对技术一窍不通。

第二，我讲的时候可能会东窜来西窜去，我自己条理不是很清晰，这是互联网时代的一种跳跃式的思维，所以大家就要将就着听，发现问题，等会儿会有半个小时时间我们可以共同探讨一下。我刚才看了一下名片，来宾大部分是商人、总经理，还有很多优秀的年轻人。在两年内，通过所有员工的努力、会员的努力、投资者的努力，阿里巴巴得到了许多荣誉，我们连续两年被《福布斯》评为全球最佳B2B网站，哈佛也是连续两年把我们作为案例分析。去年我觉得哈佛大学是把我们作为泡沫的典型案例，一家公司在一年之内迅速打入美国、打入欧洲，品牌树得那么大，大家都想看看这家公司还行不行。今年我们收到的报告上说：阿里巴巴逆市而上，我们今天再度把阿里巴巴作为中国区的案例进行分析。

——马云2001年在厦门会员见面会上的演讲

## 马云管理案例

马云是一个很会讲故事的人。他每一次的演讲都能够妙趣横生，令听众忍俊不禁，沉浸在他的演讲氛围中。而马云在演讲中所讲的那些故事，并不单纯是为了逗乐或者随意想起来而讲的，马云讲的故事，都是有深意的。马云的故事针对不同的人，有不同的版本，老少皆宜，让听众能从中受到不少启发。

“20世纪70年代末期，我在杭州学英文，在西湖边上，老外说你们广播操很好啊，我就教他们广播操，教完之后我回过头来看看，他们也回过头看一下，我一笑，他们也一笑，我弯了一个腰，他们也弯了一个腰。第二天表演的时候，所有的人都做这个动作的时候，所有人都回头看一下，笑一下，弯下了腰。这个就是习惯。你前面一贯认为对的东西，也许当时是出于我们竞争的需要，当时做这个动作的时候傻傻的，于是越来越傻，越搞越大。”

马云给员工讲这个故事不是单纯为了回忆自己以前遇到的趣事，而是为了让员工转换头脑，换一下思维考虑工作，马云在调动员工的积极性。作为企业的管理者，马云知道对员工的管理不能只流于表面，不单单是要给员工一个好的工作环境、好的工作氛围，还要给员工好的思想管理。马云向员工灌输自己的理念时，并不是生硬地搬出条条框框，而是用寓教于乐的方式，通过讲故事来和员工进行灵活沟通。

“为什么这么多年来我们没有进步，阿里巴巴网站这几年来没有重大突破？因为太封闭了，这么多年来的行为要改变是很累的。两夫妻生了一个孩子，一个星期想不出一个名字，然后爷爷一脚踏进门来，对他们说，你们不要想了，一个根、一个宝都要有，其他随你们挑。夫妻俩说，那只能是根宝了，你已经限制了，姓徐也不能改，那就是徐根宝，要么就是徐宝根。我们今天也是这样，改是没有希望的。”

马云讲这个故事，是为了向员工们说明在工作中如何做出突破而员工又为何难以突破的道理。

这就是马云管理的魅力，他能够摆脱枯燥的管理者身份，对待员工就好像是一个幽默的大家长在给孩子讲有趣的故事一样，没有公式化的束缚，没有逻辑上的顾虑，只是自然的真情流露，案例和故事都是信手拈来，这样对员工来说更具亲和力，彼此沟通起来也会更加畅通。

## 马云管理智慧

企业的管理者责任重大，就像领导力大师沃伦·本尼斯说的那样：“领导者扮演着剧作家、制片人和导演的多重角色。”在一个企业中，领导者应当在适当的时候扮演好适当的角色，很多领导者一直是单一的角色，有的时候，对员工起不到促进作用。比如在和员工沟通时，如果一直是给员工讲一些枯燥无味的大道理，那员工一定会听不进去，没准还会产生反感的心理。

所以，作为企业的管理者，就要有一些管理的技巧。马云很有技巧，他总是能巧妙地利用一些好玩、易懂的故事，不但调动了现场气氛，还会让员工听起来更加容易接受。有一些比较严肃或者比较沉重的话题，马云也能够通过讲故事来轻松化解。

2008年12月6日，在《企业家》年会上，马云就对那一年的经济危机做了演讲：“今天北京的报纸上登了一只大傻鸭，被湖面上的冰给冻住了。因为它没有料到今年的冬天会这么冷，而那些有准备的鸭子提前上了岸，于是就安全了……金融风暴也是如此，来了并不可怕，可怕的是没准备……我说过金融风暴最黑暗的时期已经过去，那是因为半年前阴云密布而大家浑然不知，那是最可怕的。现在虽然雨很大，但大家都在关注，就会慢慢好起来的……”

马云之所以会提到鸭子，是因为在演讲的当天早上，马云的助理为他买了一份报纸，在报纸上，马云看到了一条新闻，就是说北京的某个湖里有一只鸭子被冻住了。那则新闻图文并茂，马云看到后便记住了，然后将这个事情作为自己演讲的开端。马云用这个故事生动指出了大家在危机应对方面的迟钝，让大家从中有所反思。

卡尔·罗杰斯和罗斯里斯伯格曾在《哈佛商业评论》上写过一篇著名的关于领导者沟通技巧的文章，他们说："仅仅做到逻辑严密、思路清晰、表达准确是远远不够的，有效的沟通必须把双方的情感互动纳入考虑范围，对于管理者来说，必须学会尊重员工的个性，倾听不同的观点。"

管理者有一个好的沟通能力是很重要的。因为不论这个管理者能力有多高，思想有多么深刻，如果他没有一个好的沟通能力，就无法将自己的想法和思维灌输给企业的其他人，无法被其他人很好地接受，那会令工作事倍功半。如果管理者能够在沟通中将故事运用得恰到好处，既有趣又不浮夸，那管理起来会更加有效，也会更加容易被企业中的人接受，从中得到更深的领悟。

## 我们应该为结果付报酬，为过程鼓掌

你人很好，也很善良，但你的企业还停留在理念和口号上，没有形成真正的商业模式。就像人喜欢看太阳，但看过太阳后眼睛不舒服。在成功的阳光背后会有无数的黑暗，其中蕴藏着数不清的挫折及困难。任何一个人、一个企业的成功，外人看到的都是表面的辉煌灿烂，很少有人能看到其背后付出的艰辛和执着。

——马云在《赢在中国》的点评

## 马云管理案例

在2007年《赢在中国》第二赛季晋级篇第六场的时候，一位叫刘晓宁的选手带着她的项目“找我中文网”参赛，马云仔细向她询问了有关项目的投资细节以及合作规模等问题之后，对刘晓宁做出了一番点评。马云认为刘晓宁最好不要马上开始创业，她最好等上5年，在这5年期间，找一家公司，脚踏实地地好好工作，从工作中学习经验，吸取教训，然后再考虑创业。

马云之所以给出这样的建议，是有他自己的道理的。当初，马云从大学毕业后，以优秀毕业生的身份，顺利进入电子工业学院（现在改名为杭州电子科技大学）当英语老师。这个机会可是很难得的，在当年杭州师范学院500名毕业生中，马云是唯一一个能进入高校任教的，这是让很多人眼红的职位。

不过，当时改革开放已经10个年头，人们的思想越来越活跃，要么出国深造，要么下海经商，马云这么活跃的一个人，自然也不会甘心一辈子留在校园里过平淡生活。估计马云可能会有别的想法，在马云的派遣证发到手之后，学院的老领导亲自找他谈话：“马云啊，你这个机会来之不易，你可要好好珍惜。你肩上扛的可是我们杭州师范学院的牌子，你可不能搞砸了。我们来打个赌，看你能不能做5年的英语老师。”

老领导和马云定了一个5年之约，马云为了不辜负老领导的期望，便痛快答应了。收拾好行李，马云便去了单位报到。马云任教的电子工业学院是一所理工科为主的大学，理科专业有很多优秀教师，但在商务、外贸、外语等专业上，师资就比较贫乏。擅长英语的马云，对国际贸易等方面也有着深入的研究，所以，马云很快就成了英语专业和国际贸易专业的讲师。

虽然说当大学老师，马云一个月的工资不过八九十元，以马云的能力出去闯荡，一个月挣的只会多不会少，但马云因为当初答应了老领导起码要在大学干满5年，便一直潜心在高校“修炼”。

马云日后表现出的口才能力，可以说正是那几年的高校任教打下的基础，他在课堂上的妙语连珠、因材施教，对他在之后的创业经商之路上有很大的帮助。所以，从这个细节上看，马云后来能够创业成功，与他在高校的“潜心修炼”有一定的关系，正是有了这样一个平台，才让马云的下一步能够走得更稳妥。

### 马云管理智慧

石油大亨洛克菲勒在给儿子的信中写道：“成功不是以一个人的身高、体重、学历或家庭背景来衡量的，而是以他思想的‘大小’来决定的。”在商业的竞争中，急功近利的思想是最要不得的。很多企业的管理者为了结果，不顾过程，不择手段，想要赢得高利润，但这样的管理者到最后往往无法将企业的业绩提升，反而会将企业带入低谷。

“阿里妈妈”是阿里巴巴旗下的网络营销平台，马云曾公开表示过，创建“阿里妈妈”的初衷并不是为了自己盈利，相反，是为了表达自己对当初支持阿里巴巴和淘宝的中小网站的感激的一种方式。

在众人的眼中，马云的阿里巴巴创造了令世界瞩目的成就，可是大家没有看到阿里巴巴在艰难时期，那些给予过马云支持的人。阿里巴巴创建起来的时间还不长，相比一个已发展几十年甚至上百年的成熟企业，它还是一个稚嫩的孩童。假如没有投资者的信任和帮助，仅凭自身的力量，那这个孩童又如何一路成长起来呢？

淘宝网现在已是一个尽人皆知的大型交易平台，也是阿里巴巴的支柱产业。然而，支撑起今日辉煌的背后，是曾经的那些困难和风浪。那时候，国际巨头几乎将所有大型网站的广告都买断，这也就意味着淘宝网处于一个被软禁的境地，步履维艰。万般无奈之下，马云不得不找到众多的中小型网站，并向这些网站请求帮助。

试想一下，如果当时那些中小型网站没有及时地伸出援手，那么今天的阿里巴巴还会存在吗？当然不会。所以，马云今日的成功从某种程度上来说是那些中小型网站所给予的。若不是它们，当初在种种围困中的阿里巴巴也不会突出重围，在险恶的环境中成长起来。

这样的恩情，马云不会忘记。一直到成功之后，他依旧记得自己在困境中接受过的种种帮助，甚至于回报这些中小型网站成了马云的一个心结。在马云看来，中国的互联网想要健康持续地发展下去，就不能完全由几个大型网站垄断和控制，而是要各种中小企业都参与竞争，形成良好的网络生态环境。为了这个目的，也为了回报让他“起死回生”的众多中小型网站，马云无论如何也要支持它们的发展。于是在这样的背景下，诞生了“阿里妈妈”。

马云明确地表示过，“阿里妈妈”能否为他带来盈利他都无所谓，他所看重的是“阿里妈妈”能否创建一种合理的盈利模式，能否让中小型网站获利。而“阿里妈妈”创建后收获的一系列“数字”表明，马云再一次成功了。

马云如果只想着盈利，只想着挣钱，那“阿里妈妈”就不会有了，正是因为马云不看重结果，他只想在有了能力之后要回报他人，结果自然是两全其美，成全了别人，同时也成就了自己。

# 第八章

# 企业文化管理：怕犯错误，我们就不会有明天

马云说："小老板就是靠文化、靠自己的价值观来管理这个公司，所以说创始人实际上是这个文化最早出来的基因。你当老板第一天就要培养一种文化，才有可能'大'，'大'了以后，文化才有作用。一个企业懂得用文化，它才会成为中型企业、大企业。"

## 对未来的判断上可以犯错，在原则上绝不犯错

过去的一个多月，我很痛苦、很纠结、很愤怒……但这是我们成长中的痛苦，是我们发展中必须付出的代价。很痛！但是，我们别无选择！我们不是一家不会犯错误的公司，我们可能经常在对未来的判断上犯错误，但绝对不能犯原则上的错误。

如果今天我们没有面对现实、勇于担当和刮骨疗伤的勇气，阿里将不再是阿里，坚持102年的梦想和使命就成了一句空话和笑话！这个世界不需要再多一家互联网公司，也不需要再多一家会挣钱的公司。

——马云2011年2月谈“卫哲离职事件”的内部邮件

### 马云管理案例

2011年是马云创办阿里巴巴满12周年的“本命年”，这一年也是他和阿里巴巴的“多事之秋”。2011年2月21日，阿里巴巴B2B上市公司发布公告称，董事会已经批准B2B公司CEO卫哲、COO李旭晖引咎辞职的请求。

这件事源于2011年1月下旬的某天马云收到的一封邮件。其实，马

云平时并没有收邮件的习惯，这是阿里巴巴的员工都知道的。但就那一次，马云随便上邮箱看了看，就发现了一些端倪。

那是在春节放假前几天，几个同事在邮件里讨论吃什么，一个女员工在邮件里随口说了句：“他妈的，我还在看一个案子，可能个别员工涉及欺诈问题。”

马云顿时感到很好奇，是什么样的一个案子会让一个女孩子张嘴说粗话，马云立刻找到那个女员工聊了聊。聊过之后，马云意识到这里面有些问题，他便立刻找到卫哲询问。问过之后，马云知道了，卫哲和他的团队很早就知道阿里B2B平台上存在商家欺诈问题，卫哲也一直在用常规的方式调查、防范、处理，也取得了一定的成效。作弊的商家比例已经从1.1%降低到了0.8%。但卫哲搞不清楚阿里巴巴员工和作弊商家的关联度有多高，当马云问他的时候，他也是非常惊讶。

当天晚上，马云便将几个关键人物叫到杭州开会。马云在会议上认为这件事情闹大了，他当即决定成立一个调查小组来调查。

调查结果出来后，便有了卫哲与李旭晖辞职的一幕。对于二人的离任，马云虽然心痛，但也必须坚持自己的原则。在这件事情之后，马云表态说，卫哲这次碰上了阿里巴巴的“高压线”。“这个一亮，谁都跑不掉的。当我发现公司内部的员工对诚信问题的看法居然是可以睁一眼闭一眼的时候，（我觉得）那是大问题。”

2007年B2B公司上市以后，马云有意识地抽身于各个子公司的内部管理，他尽量地减少了对公司业务的干预，他说：“这几年我花在‘人’身上的时间最多，业务我基本就不太管了。我就干这么几件事：第一，当好这个公司的使命感、价值观的守门员。第二，发现、培养优秀的领导者；第三，把职业经理人赶出去，要让领导者有职业经理人的能力，但是不能有职业经理人的习气。”

如果不是偶然在邮件中看到了那位女员工的抱怨，马云也不会知道B2B正在进行反欺诈调查。调查出了结果，马云便不会为了顾及私人情感而置原则于不顾。

马云说：“做企业不能当侠客，我是公司文化和使命感最后一道关。作为大家信任的CEO，我要做的是捍卫这个公司的价值体系。如果你叫我一声‘大哥’，我就可以不杀你，那以后，有多少兄弟叫我‘大哥’？我不是‘大哥’。”

回顾自己当时的取舍，马云说：“企业家的资源是稀缺的，企业家的兄弟恩情资源更稀缺，但公司出了这样的事，就一定要有人为此付出代价，为此付出代价的一定是CEO。”当然，马云也在这件事情中承担了责任，用马云自己的话来说就是：“我承担的就是卫哲的离开，这是我在阿里巴巴11年来最大的痛，因为是兄弟，失去的是亲情。”

“这就好比，跟人打架的时候，卸了一条手臂，痛，但不会痛过你把一条好好的手臂砍了，那个更痛。”马云对“斩”卫哲是如此形容的。

“文化绝不是强大的口号，文化不是出刊物、出杂志、做DVD，文化是行为的考核，文化是一场场考核出来的。”在一次演讲中，马云再次提到了企业文化，他强调，任何人都不要去碰阿里巴巴的价值观，不要去触碰阿里巴巴的价值观底线，因为那也是马云的底线。

### 马云管理智慧

一个企业，拥有的文化只能有一个。企业文化是企业发展的根基，是管理者在管理企业的过程中提出来的，是约束和倡导企业员工行为的。马云曾说过："员工必须坚持理想、使命感、价值观，一代代地传承下去。像DNA一样，这个公司的人可以老去，但是这个企业的文化必须继承下来，一代代传下去，才能不断创新。"

马云从创立阿里巴巴第一天开始，就非常注重企业文化的延续和维护，马云在企业文化建设上投入了大量的精力，也在人力资源管理上投入了大量的精力，马云非常重视企业内部的健康和良性发展。

在马云看来，企业在战略上犯了错误，在决策上犯了错误，这些都是可以从头再来，可以原谅的，但企业决不能在原则上犯错误，谁都不能违反企业文化，不能违背公司的价值观，一旦违反，就一定不能原谅。

一个企业想要提高竞争力，就要推动企业内部的良性发展，而良好的企业文化则是企业发展的良剂。在中国的企业中，海尔公司是实施文化管理模式比较成功的企业，海尔公司运用的是激活"休克鱼"的做法，树立了中国公司文化管理的典范。在海尔公司发展壮大的过程中，不断地兼并其他公司，而那些被兼并的、运营不利的公司，在被海尔"收"了之后，总能顺利起死回生。海尔是如何做到这一点的？就要归功于海尔的企业文化了。

在海尔刚兼并红星电器厂的时候，红星电器厂已经严重亏损，但是海尔的管理人员进入红星电器厂管理后，第二个月就开始盈利了。海尔并没有对红星电器厂投入人力、财力，还是那些厂房、那些设备，海尔投入的不过是海尔的企业文化罢了，通过企业文化对红星电器厂的影响，令红星电器厂活了过来。

企业文化是公司的土壤，想让一个公司活得更茁壮，就要让这片土壤更加肥沃，所以，马云遇到有人触碰了企业文化的事情发生后，便坚决杜绝这种行为，虽然开除的是他心爱的得力干将，但马云也在所不惜。一个公司的企业文化必须紧紧围绕这个公司的发展战略主线展开，这样才能优化管理，调动员工的积极性。

企业文化是最强的竞争力，公司发展从根本上靠的就是企业文化，如果一个公司想要得到更好的发展，就必须重视企业文化，不能让企业文化成为公司的摆设，而应当落到实处。

## 什么都可以谈，只有价值观不能谈判

我们有个制度，把员工开除后三个月内你还可以再返聘，我们有人又回来了。

我们考核员工有两个标准：一个是业绩，一个是价值观——群策群力、教学相长、质量、简易、激情、开放、创新、专注、服务与尊重。如果一个人业绩很好，但没有价值观，我们管他叫作野狗，这种人是一定要被踢出去的。还有一种人，业绩虽然不好，但他的价值观非常好，我们叫他小白兔，也要杀掉的。我们留下的人必须是业绩、价值观都好的人。

——马云2001年在厦门会员见面会上的演讲

### 马云管理案例

美国知名主持人查理·罗斯曾问过马云一个问题：“阿里巴巴的核心竞争力是什么？”

马云回答：“不是科技，而是文化。科技只是工具，我们更重视价值、使命。工作是为了帮助别人，而不只是为了赚钱。在我的公司里，客户第一，员工第二，股东第三，这就是我们的信念。”

在2005年12月15日，阿里巴巴的高层人事有了变动。

在员工大会上，马云亲口宣布自己的妻子张瑛退任，这个决议让在会场的人都呆住了，大家愣了片刻，还传来了一些人的哭泣声。张瑛不但是马云的妻子，更是阿里巴巴的创业元老、创业功臣，她为阿里巴巴付出了很多的心血，这些都是大家看在眼里的，所以，董事会的人都极力反对这一决定，他们劝马云再考虑考虑。

这时候，张瑛站了出来，她解释说这是自己的决定，她是主动要求退出公司的。张瑛本人坚持离开公司，大家便不好再说什么。事后，马云对这件事是这样解释的：“她认为公司到这个时候，让别人看见阿里巴巴CEO的妻子在公司里，不管你做得怎么样，别人看你的眼光都会不一样。”

马云表示，这种痛苦是很难被理解的。妻子张瑛离开阿里巴巴公司，应该可以说是阿里巴巴从创业型公司向经营型公司转变的一个重要举措。

不反对张瑛离开公司，一个原因是马云对妻子的心疼，他动情地说：“这几年来，张瑛几乎没有自己的生活，没有朋友圈子，天天都在公司。”

还有一个原因便是为了企业发展着想，一个企业想要良性发展，自然是需要好的企业管理文化去引导。当初张瑛在阿里巴巴工作，是阿里巴巴处于创业阶段，需要人手，管理制度、企业文化等还不明晰。但是，一个企业一旦发展成熟，走上轨道，势必需要专业的管理人员，张瑛明白这个道理，马云也明白。所以，他们夫妇为了阿里巴巴的长远发展，做出了这个决定，让更加适合管理岗位的员工上任，这是个好的决定。

“开公司要发扬长处，避开短处。不要总说别人的不是，这样会得罪所有人。因为你没看清楚，不好的东西是有原因的。你该说：‘这个很好，我们可以继续发扬光大。’员工自然会听你的。你要先肯定好的，这个叫求大同存小异。你要问自己能不能适应公司的文化。你不是改变，而是去完善这个文化，靠逐渐的完善来改变，因为点滴的完善就是最好的管理。这也是柳传志讲的，叫绕大弯。”马云如是说。

在企业的不断发展中，企业文化是需要逐渐完善的。马云一直都很看重企业文化建设，他认为一家企业赚再多的钱，没有一种积极向上的企业文化，也是不行的。所以，马云说：“我相信在中国的企业里面，都需要共同的目标、共同的使命感、共同的价值观。明确你的目标以后，你必须让每一个员工，甚至门口的保安、阿姨都明白你的使命感才行。否则驾马车方向都不一样，怎么弄？”

## 马云管理智慧

价值观是最值钱的东西，而且决不能动摇。对于任何一家企业来讲，只有员工认同了企业的价值观，并将个人与企业的价值观相趋同时，这家企业的整体价值观才算是形成了。企业的价值观，是企业的日常经营和管理行为的内在依据。

在阿里巴巴的所有绩效考核中，对员工的价值观的考核要占很大一部分比重，甚至比业绩还要重要。一位在阿里巴巴工作过的员工曾经说过："在阿里巴巴做事，不会觉得价值观是个很空的东西，比如，销售人员会明确什么能做、什么不能做。如拜访客户记录造假，恶意拜访同事的客户，互相挖墙脚，从客户那里拿回扣，未经许可泄露了客户的资料，在公司内部散布消极言论，等等，都是属于价值观考核的内容。"

如果犯了这些错误，那肯定不会有挽留的余地，是一定要走人的。阿里巴巴就是这样重视价值观。马云之所以如此重视企业的价值观，是因为他经历了创业失败后总结出来了一条经验教训。在2000年的时候，阿里巴巴发展迅猛，美国硅谷、英国伦敦、中国香港三方都有工作地点，都有工作人员。每次开会的时候，这三方都会各抒己见，互相争执不下，令马云觉得无从管理。

那个时候，马云就深刻认识到，公司大了总是难以避免分歧和争执，这个时候就不能像管理创业公司那样管理了，就需要有大公司的管理方式了，所以，建立起公司的企业文化和统一的价值观就非常有必要了。

麦当劳几乎以平均每3小时开一家餐厅的速度发展成为如今世界上最大的餐饮集团，这个快餐店为什么能够发展这么大呢？就是因为麦当劳的价值观，它的价值观是："为我们的顾客提供优质、服务、清洁和物有所值。"

麦当劳通过标准化的原料供给和标准化的制作，保证了顾客的价值，为顾客提供了稳定美味的食品，并且也一直在为自己的价值观努力。正是通过不断的探索和进步，麦当劳才能发展成为今天这样的规模。

由此可见，价值观是企业文化的核心部分，管理者在管理企业时，一定要考虑到价值观，所设定的管理条例不能与价值观相违背，一定要相辅相成，才能够带动企业良性发展。无数的例子证明，企业的价值观是企业精神的灵魂，企业价值观的好坏，决定着企业的生死存亡。

这样，也就不难看出，马云为什么会这么重视价值观，为什么不会为了任何事去改变价值观。企业管理者应该针对自己企业在市场上的各方面定位，来提出属于自己企业的价值观，然后将员工和企业的价值观相统一，才能带领员工更好地创建企业的未来。

## 使命感驱动阿里巴巴前进

使命感是非常重要的，阿里巴巴的使命就是让天下没有难做的生意，让他们挣钱，帮助他们省钱，帮助他们管理员工。新浪、搜狐、网易比我们运气好，它们可以模仿雅虎，但是阿里巴巴B2B是我们自己想出来的。阿里巴巴到底往哪个方向去？我郁闷了一个月，直到纽约论坛的时候我碰到克林顿夫妇，我向克林顿问了这个问题，他说这是好问题。他说美国不管是军事还是经济都是全世界最大的国家，他说使命感驱动他这个当总统的往哪里走。

我们提出让天下没有难做的生意以后，就把这个作为阿里巴巴推出任何服务和产品的唯一标准。我们以前曾经说最少推出一个免费的产品，我们的工程师和产品设计师、销售师马上想到把免费搞得复杂一点，将来收费搞得简单一点就可以了。所以我们的产品就越做越复杂。后来问我们的使命是什么，我们全体员工就说让天下没有难做的生意。那为什么把产品搞得那么复杂？（大家）一下就醒了，我们就把产品做得非常简单。让客户越来越简单，把麻烦留给我们自己，这就是当时使命感的驱动。

——2006年马云在人民大会堂小礼堂的演讲

## 马云管理案例

使命感是一种促使人们积极采取行动，实现自我信仰和人生目标的心理状态，也是决定人们行为取向和行为能力的关键因素。

2001年，马云到纽约参加世界经济论坛，在那里，他听世界500强的CEO们谈得最多的就是使命感和价值观。这些想法，在当时的中国企业中还被谈得很少。那天早上，马云还有幸参加了克林顿夫妇的早餐会。在一起吃早餐的时候，马云和克林顿夫妇进行了一次愉快的交流。

克林顿说，美国在很多方面是领导者，有时领导者不知道该往哪儿走，没有什么引导他们，他们没有榜样可以效仿。

马云就问克林顿是什么让他做出决定的，克林顿说："是使命感。"

使命感的驱动力量令企业的发展有着明确的方向，虽然当时在中国的企业中，"使命感"这三个字的内涵还不是很为人接受，就像马云说的："如果你谈使命感和价值观，他们认为你太虚了，不跟你谈。今天我们企业缺乏这些，所以我们的企业老不会大。"

从美国回来的马云清楚认识到当时中国的互联网公司都在模仿雅虎、美国在线、亚马逊等国外大公司，他意识到阿里巴巴应该走自己的道路，而不是成为模仿品，他正式宣布："阿里巴巴只能跟着使命感走。"在马云的眼中，这个使命不是盈利、上市，而是改变世界，尤其是中国商业世界的规则。

而后，马云进一步确立了阿里巴巴的使命感："现在名气最大的企业是GE，是通用电气。他们100年前是做电灯泡的，他们的使命是让全天下亮起来，这使GE成为全球最大的电气公司。另外一家公司是迪士尼乐园，他们的使命是让全天下的人开心起来，这样的使命使得迪士尼拍的电影都是喜剧片。而我们阿里巴巴在做这个决定的时候，我们的使命是让天下没有难做的生意！”

“让天下没有难做的生意”就此成了阿里巴巴的使命，“倾听客户的声音，满足客户的需求”是阿里巴巴生存与发展的根基。任何违背这个使命感的事情，马云都不会去做。当阿里巴巴推出一个产品时，首要考虑的是这个产品是否有利于生意，是否有利于企业的使命感。

所以，马云并不认同“阿里巴巴是一家电子商务公司”，他更倾向于“阿里巴巴是一家商务服务公司”的说法。

正是在“让天下没有难做的生意”这一使命的驱动下，阿里巴巴的全体员工才能够团结一心地前进，最终使阿里巴巴从一家无人知晓的小企业变成了路人皆知的电子商务帝国。

### 马云管理智慧

比尔•盖茨曾说过这样一段话：“我不是在为金钱工作，钱让我感到很累。工作中获得的成就感和体现出来的使命感才是我真正在意的。”那么，什么是使命感呢？其实，简单来说，它是一种责任、一种信念，更是一种锲而不舍、努力进取的追求精神。世界上大部分成功企业都有自己的使命。例如，索尼公司的使命是“体验发展技术造福大众的快乐”，IBM公司的使命是“无论是一小步，还是一大步，都要带动人类的进步”，沃尔玛公司的使命则是“给普通百姓提供机会，使他们能与富人一样买到同样的东西”……

一个企业的领导和员工是否具有使命感，对于一个企业的发展起着至关重要的作用。因为使命感给了人们做事的方向，是一切行为的出发点，企业在确定了自己的使命后，所有人都会把一切工作围绕着这个使命展开，这样的企业很容易获得成功。作为一个领导者，一定要激发全体员工的使命感，让他们为了企业的使命努力工作，而不是为了老板、为了企业，更非单纯为了一份薪水而工作。

丰田公司做决策，设定经营战略就是始终围绕着自己公司的使命感进行的。丰田公司的使命感就是提供最好的服务，丰田的服务在全世界都是有名的。有这样一个故事：在芝加哥的一个大雨天，一名男子开的丰田车的雨刮器坏了，无法前行，他只得将车停在路边，等雨停了再走。

这时，从后边走来一位老人，他二话不说就开始为男子修理雨刮器，那名男子觉得莫名其妙，问老人是谁，为什么要这么做。老人说他是丰田公司的退休工人，看见他们公司生产的车出了问题，他觉得自己有义务将车子修好。后来，这个雨刮器很快被老人修好了，而当男子想要给予报酬时，老人摇摇头，坚决不肯收。

这就是企业强大的使命感，深深植入了每一位员工的内心之中，使得员工将公司的事情当作是自己的事情。

“让天下没有难做的生意”的使命感，使阿里巴巴受到了众多客户的尊重。有了阿里巴巴这个平台，很多中小企业获得了更多的利润，很多个人商户也在上面开办网店，找到了自己的价值，阿里巴巴的使命感为社会创造了很多就业机会。

这正是马云期望看到的。“我们是要让中小企业真正赚钱，我们要让中小企业有更多的后继者。我们国家有13亿～14亿人口，20年以后可能很多人因各种各样的原因失业，我希望电子商务帮助更多的人有就业机会，有就业机会社会就稳定，家庭就稳定，事业就发展。在我看来，一个企业要承担社会责任，并把这个社会责任贯穿于自己的工作中。我们要承担我们的责任，我们要推进这个社会发展。”马云这样说。

## 执行力：现在、立刻、马上

**现在！立刻！马上去做！**

——1999年马云对团队下达的命令

### 马云管理案例

在当今社会，一个企业是否优秀，人们谈论得越来越多的便是执行力问题。盖茨曾经说过：“微软在未来10年内所面临的挑战就是执行力。”IBM总裁郭士纳也认为：“一个成功的公司管理者应该具备三个基本特征，即明确的业务核心、卓越的执行力及优秀的领导能力。”马云与日本软银集团总裁孙正义也曾探讨过这样的问题：一流的点子加上三流的执行水平与三流的点子加上一流的执行水平，哪一个更重要？结果两人得出一致答案：三流的点子加一流的执行水平。

马云对阿里巴巴员工的执行力要求很严格，在阿里巴巴刚成立的时候，他就反复要求员工必须有很强的执行力。他的理由是：“工业时代的发展是人工的，而网络经济时代一切都是信息化的，难以预测。所以，阿里巴巴不是计划出来的，而是‘现在、立刻、马上’干出来的。”

在阿里巴巴创业初期，“现在、立刻、马上”一度是马云的口头禅。马云认为高效率的执行力才能保障一个企业的成功，他在不同的场合反复强调：“有时去执行一个错误的决定总比优柔寡断或者没有决定要好得多，因为在执行过程中你可以有更多的时间和机会去发现并改正错误。”

马云的话也说明了一个道理，具有良好执行力的团队能够发现决策方案的不足，从而确保有时间去弥补，而一个毫无瑕疵的决策方案，如果不能及时执行，也会变得毫无意义。正是因为马云如此重视执行力，将他头脑中的东西不断落实下来，才带动阿里巴巴整个团队具备了超强的执行力，也让这样一个在互联网行业平均资历并不是最高的团队，逐步走到了互联网行业的浪尖。

2005年，马云接受采访时，有记者问他：“为什么你能有今天，而同样聪明的中国电子商务先驱王峻涛却还在为创业而努力？”

马云说：“我在前面说、演讲、做宣传、造势，而我背后，有一帮人在实干，苦哈哈地卖力干，而王峻涛身后没有‘十八罗汉’。我说过了有人做；他说过就是说过了，只是说过而已。”

有一件小事足以证明阿里巴巴团队执行力之强。2006年，阿里巴巴服务机房整体往市区大迁移，在一般人的思维模式中，搬家的过程中难免会遇到东西丢失或损坏的情况，但是在这次搬迁过程中，由于工作人员的高效合作，整个团队的责任感和执行力也非常强，没有发生任何故障。

## 马云管理智慧

一个高效能的团队一定是个执行力强的团队，优秀的领导者都注重执行力。通用汽车原董事长兼CEO杰克·韦尔奇曾说：“执行力就是铲除官僚主义作风。”戴尔公司创始人迈克尔·戴尔说：“执行力就是在每一环节都力求完美。”联想集团原董事长柳传志说：“执行力就是选拔合适的人员到恰当的岗位上。”……

然而，大多数企业在发展过程中一味强调创意和战略的重要性，而忽略了执行。作为一个企业，再伟大的目标与构想，再完美的操作方案，如果不能被强有力地执行，最终也只能是纸上谈兵。

作为全球个人电脑市场的领导企业，联想集团也曾因基层和中层执行不力而身处险境。1999年联想进行ERP改造时，由于业务部门不积极执行，导致流程设计的优化根本无法深入，在实施拱卒4个月、投资超过上千万元后，联想ERP陷入僵局，大有在ERP路上彻底垮掉的态势。最后柳传志不得不在一次会议上大发雷霆：“（ERP）必须做好，做不成，我会受很大影响，但我会把李勤（当时的联想集团副总裁）给干掉！”听了柳传志的话，李勤当即站起来表态：“做不好，我下台，不过下台前我先要把杨元庆和郭为干掉！”

柳传志震怒之后，各部门开始提高了自己的执行能力，联想的ERP由此进入了快速通道。在项目实施20个月后，联想集团终于正式宣布：国内最大的，也是国内IT界第一例ERP项目在联想实施成功。

由此可见，一个企业想要提高自身的竞争力，想要加快发展，走在同行的前列，除了要有好的决策班子、好的发展战略、好的管理体制外，最重要的一点就是要有一个执行力很强的团队。

如果一个团队中个个都是精英，但执行力不行，那再好的创意、再好的机会也不能令这家公司发展壮大起来。而如果一个团队中，即便人人能力一般，但他们的执行力都很强，那就能形成很强的力量。

有一家中国企业因为经营不善导致破产，后来被一家日本企业收购，让人感到意外的是，日本派出的管理者来了之后，并没有带来什么先进的管理经验，而是强调原来的制度不变、人员不变、设备不变，但是工人们必须将先前制定的制度坚定不移地执行下去。结果不到一年，这家企业就扭亏为盈了。

日本人的绝招是什么？就是执行力。许多事实充分证明，执行力是企业成败的关键，也是区别企业平庸与卓越的重要标记。一家企业失去执行力，就失去了核心竞争力，就失去了企业长久生存和成功的必要条件。而具备了执行力，企业的制度才不会成为一纸空文，企业的发展才会打下坚实的基石，企业的管理体系才能有效运行，企业的成功才能不是梦想。

## 道德是阿里巴巴的天条，永不能犯

阿里巴巴讨厌那些不讲诚信的人。在阿里巴巴最困难的时候，我们发现“回扣”的事很暧昧：给回扣我们公司能够活下来，不给回扣则有可能倒闭。于是，我们公司在刘庄专门开了个会议，我们后来称之为阿里巴巴的“遵义会议”。当时我们做出了一个艰难的决定：从今天开始，公司永远不给任何人一点回扣，如果谁给了回扣，就请离开公司。这个决定很痛苦，我们发现伟大的决定都是痛苦的，但痛苦的决定却不一定伟大。

现在，我们的合作伙伴知道跟我们阿里巴巴合作是不会得到回扣的，我们宁可把这笔钱用在提高服务质量上。

在公司的采购上，我们在合同上也同样写明了合作公司不准给回扣，哪怕只是一颗糖，你也得给我拿回去。如果发现哪个公司这么做了，那么我们永远不会和它合作。我们相信，我们不需要进行桌下交易，这样的伙伴也不会好的。

——2006年马云在杭州师范学院的演讲

## 马云管理案例

在一次演讲中，马云曾说过："能力决定你所在的位置，品格决定你能在这个位置待多久。"那些有责任心、能够做大的企业，永远将员工的品德放在第一位。

在录用员工时，对那些有致命弱点的人，尤其是人品有问题的人，最好是不录用。马云认为，选取员工时虽然做不到录用的员工都是十全十美的，但起码的品质问题是要看的，从公司的长远发展角度来看，品格不高的人不能录用，否则最终后悔的是自己。

阿里巴巴曾经发生过这样一件事情：有人反映，公司的一名员工在与客户接触的时候向客户承诺了回扣。这件事情让阿里巴巴的领导们很是震惊，因为收取回扣这种行为在阿里巴巴是坚决不被允许的。在阿里巴巴创建之初，马云就制定过一项制度：公司永远不要给任何人一点回扣，如果谁给了回扣，就请离开公司。马云认为，阿里巴巴不需要进行桌下交易，他也不需要进行桌下交易的伙伴。

所以，这件事情出了之后，公司内部就赶紧调查，最后查清楚了，承诺回扣的这名员工是淘宝网一名业绩一向很优秀的业务员，为了这个季度自己的业绩能够达到"优秀"的标准，而想出这么一个"歪招"。这个业务员平时一直表现得很优秀，而且刚刚被评为"销售之星"，平时都是很遵守阿里巴巴的各项规章制度的，也是为了做出好的业绩，有些急功近利，所以才想了这么个蠢办法。

他的主管有些不忍心开除这名员工，觉得这名员工只不过是一时糊涂，稍加教育，以后一定会改正的。可是，面对主管的求情，马云毫不留情面，没有任何讨价还价的余地，当天就给这名员工办好了离职手续。用马云的话来说：“杀他是很痛的，但是还得杀掉他，因为这种人没有用，他对团队造成的伤害是非常大的。”

“道德是阿里巴巴的天条，永远都不能够被侵犯。”马云看重员工的能力，但他更看重员工的品质。关于阿里巴巴的价值观，有着这样的说法：“阿里巴巴的价值观叫‘六脉神剑’。‘三剑’说做人：‘诚信、激情和敬业’；‘二剑’说做事：‘团队合作、拥抱变化’；‘一剑’刺中要害，说的是‘客户第一’。”在阿里巴巴的“六脉神剑”考核体系中，即便这名员工的业绩很突出，但如果价值观上达不到公司的标准，或者做出有损公司声誉、有损自己道德的事情，都会被阿里巴巴淘汰。

按照“六脉神剑”的标准，阿里巴巴的员工分为了三个类型：野狗型员工、小白兔型员工和猎犬型员工。

有业绩但是品德差的员工，被称为“野狗”。对于他们，如果不能改变其价值观，那么无论业绩多么好，阿里巴巴都会坚决将他们“清除出门”。就像上面提到的那位向客户承诺回扣的员工，他就是“野狗型员工”，是一定要被清除出公司的。

没有业绩但是品德高尚的员工，被称为“小白兔型员工”。对于他们，阿里巴巴会用心培养，争取让他们早日成长起来，但是如果他们始终没有进步的话，那么也会被逐渐淘汰掉。

不仅业绩好，而且品德高尚的员工，被称为“猎犬”。他们是阿里巴巴需要的员工，因此会受到公司的重用，并且有机会接受最好的培训。

好的品格是一种美德，拥有好品格的员工对公司来说是一笔很重要的财富。曾有人在全球著名企业家之间做过调查："你认为员工最重要的素质是什么？"几乎所有企业家的回答都是一致的："好的品格。"

### 马云管理智慧

罗曼·罗兰曾说："没有伟大的品格，就没有伟大的人，甚至也没有伟大的艺术家、伟大的行动者。"好的品格是一个人在信誉方面的全部财产，是一个人最宝贵的财富。

有一位老师在上课时拿出一个大玻璃瓶，然后拿出一些石头向里边填充，直到石头再也装不下了，然后他问学生："满了吗？"学生们纷纷回答："满了。"

老师这时又抓几把沙子，把玻璃瓶的狭小缝隙全部填满，然后问学生："满了吗？"学生们回答说："这次满了。"

老师笑了笑，拿起水杯，往玻璃瓶里倒了一些水，说："这次才算满了。通过这件事，你们学到了什么？"

学生们纷纷抢着回答，有的说："学无止境，我们不能自满。"有的说："很多事情看着已经没有机会，其实还有很大的机会。"……

听了学生们的回答，老师说："你们说得都对，但是请大家想一想，如果我刚才先放沙子，再放石头，那么石头还能全部装下去吗？所以说，顺序很重要。那么，什么才是人生这块石头呢？"

"学历。""金钱。""能力。"……学生们又开始抢着回答。

老师说："你们都回答错了，应该是品格，品格才是这块石头，没有了它，金钱、学历、能力这些东西即使拥有一时，也不能拥有一世。”

对于那些有责任心、能够做大的企业来说，永远将员工的品德放在第一位。蒙牛的掌门人牛根生有一句很有名的话，叫作“有才有德，提拔重用；有德无才，培养使用；有才无德，限制录用；无才无德，坚决不用”，这与马云的“六脉神剑”有着异曲同工之妙。

在福特汽车公司最困难的时候，艾柯卡临危受命担任总经理，并最终使福特汽车公司走出了困境。但是，福特汽车公司董事长小福特却认为艾柯卡“功高震主”，对其进行排挤，这使艾柯卡处于一种两难境地。

在这种情况下，艾柯卡说过这样一句话：“只要我在这里一天，我就有义务忠诚于我的企业，我就应该为我的企业尽心竭力地工作。”尽管后来艾柯卡离开了福特汽车公司，但他仍很欣慰自己为福特公司所做的一切。

“无论我为哪一家公司服务，忠诚都是我的一大准则。我有义务忠诚于我的企业和员工，到任何时候都是如此。”艾柯卡这样说。正因为如此，艾柯卡不仅以他的管理能力折服了员工，也以自己的人格魅力征服了员工。

许多企业在招聘员工时，既要考察其能力，更要看重个人品质，而品质最关键的就是忠诚度，很多老板也都在寻找忠诚的助手。一个忠诚的人十分难得，一个既忠诚又有能力的人更是难求。忠诚的人无论能力大小，老板都会给予重用，这样的人走到哪里都有条条大路向他们敞开。相反，能力再强，如果缺乏忠诚，往往会被人拒之门外。忠诚的员工是最高明的投资者，因为他本身的忠诚就是对人生最好的投资。铸就良好的品格，必然收获美好的人生。

## 管理企业就是管理人心

以前我们把自己定位为最佳雇主公司，现在需要做出新的调整。我们认为，所谓的最佳雇主公司，其实还是停留在老板对员工的“我待你不错，你要感恩”这样的浅层次上，这违背了我们缔造企业价值观的初衷。我们觉得整个阿里巴巴的下一步，应该是将“最佳雇主公司”努力转变为“员工最感幸福的公司”。

——2010年马云接受《经理人》采访

### 马云管理案例

很多优秀的企业家，他们都很有人情味，懂得管理人心，令自己在公司内外都是人心所向。日本的企业家岛川三部曾对外界称：“我经营管理的最大本领就是把工作家庭化和娱乐化。”而马云也十分重视这一点。

在阿里巴巴，曾经有过这样一个故事：

一位年轻有为的部门主管在一段日子里总是心事重重，因为有另一家公司愿意花更高的价钱挖他过去做事，所以他正在考虑之中。

当这位部门主管纠结于跳槽的事时，一年一度的中秋节即将来临。这时候，主管的家人传来了消息，说家里面收到了一盒月饼，而且还是阿里巴巴的老大马云寄去的。不仅如此，马云还在月饼盒中附上了一封慰问阿里巴巴员工亲属的信。部门主管的家人说，他们见是马云亲自写的慰问信，还特意找了当地的一个高年级的学生朗诵了一番，大家听完后都非常感动。

原来，阿里巴巴特意在中秋节为每位员工的家人都寄去了一盒慰问月饼，还有一封马云写的慰问信。这位部门主管的家乡在偏远的小山村，当他的父母收到这样一份中秋节礼物时，几乎感动得泪流满面，甚至全村的乡亲们在听说这件事后都觉得很欣慰。

部门主管得知了这个消息后，独自一个人思考了很久，中秋节月饼这件事已经能够很好地证明阿里巴巴是一个懂得对员工感恩的有良知的大企业，而马云更是一位懂得感恩的有心的企业家。他需要的不正是这样的企业和老板吗？那么还有什么需要纠结的呢？第二天，这位部门主管就坚决地回绝了高薪聘请他的那家公司，安安心心地继续在阿里巴巴工作了。

其实，阿里巴巴为员工的家人寄月饼和慰问信的这一行为就是典型的企业感恩文化。而所谓的企业感恩文化，就是用回馈的方式来构建企业与员工、顾客、合作伙伴以及社会之间的联系和互动，向这种关系中渗透一种情感，进而使得企业得到更大的发展空间以及收获更多的利益。企业感恩文化最重要的一点就是对员工的感恩，用这种行为来感动员工，进而促使员工加深对企业的情感，加强对企业的信任和依赖，并提高其对企业的忠诚度。

从来就懂得知恩图报的马云当然非常了解企业感恩文化对企业长期稳定发展的重要性，而如何建立一个具有感恩文化的企业呢？马云明白，除了用真心打动员工，别无其他。试想，假如没有当初那一帮与他共同奋战创业的“战友”，假如在阿里巴巴成功之后马云没有用实际行动来回报他们，那么还有今天享誉世界的阿里巴巴吗？

阿里巴巴的感恩文化不仅表现在与员工分享企业的成果上，更多地体现在企业对员工的尊重，令员工感到自己受到重视，感受到家庭的温暖，充满幸福感。所以，阿里巴巴能够留住很多人才。留住了心，也就留住了人。

### 马云管理智慧

美国著名成功学家戴尔·卡耐基在其著作《关爱人》中写道：“一个能够从细微处体谅和善待他人的人，一定是一个与人为善的人，必定有很好的人际关系，这种人际关系就是他成功的基石。”同样，管理者要想赢取民心，就必须做到以人为本。作为管理者，只有凭着一颗仁爱之心，处处为员工着想，知道他们的困难所在，并及时予以解决，才能促使他们真正发挥自己最大的作用和能力，最大化地促进企业的发展。

李嘉诚十分注重在日常管理中注入感情因素，对待员工，他总是非常仁爱宽厚，关注他们的利益。李嘉诚曾说：“可以毫不夸张地说，一个大企业就像一个大家庭，每一个员工都是家庭的一分子。就凭他们对整个家庭的巨大贡献，他们也实在应该取其所得。反过来说，是员工养活了整个公司，公司应该多谢他们才对。”

在创业初期，由于经营不善，李嘉诚的企业也曾出现危机，为了降低成本，他不得不大幅度裁员。虽然裁员对于大多数企业来说是很正常的事情，但是李嘉诚却感到非常愧疚，因为这些员工离开工厂，也就意味着暂时失去了生活来源。

于是他向被辞退的员工和他们的家属表示了歉意，并表示等到危机过后，一定让大家继续回来工作。当工厂的经济效益好转后，李嘉诚诚挚地邀请以前被辞退的员工回来工作，而这些相继返回的员工，也以更加努力工作的姿态来回报他。

近年来，李嘉诚逐渐把投资方向转为地产和股票。但是他仍然保留着创业之初的塑胶花厂，尽管这时的塑胶花已经过时，保留这个厂子完全是一宗赔本买卖。对于外人的疑问，李嘉诚给出这样的答案：“一家企业就像一个家庭，他们是企业的功臣，理应得到这样的待遇。现在他们老了，作为晚一辈，就该尽到照顾他们的义务。”对于李嘉诚的这种说法，长实的员工也予以了肯定，他们说：“长江大厦租出后，塑胶花厂停工了。不过，老员工亦被安排在大厦里负责管理事宜。对老员工，他是很念旧的。”

马云曾说：“当员工达到100人时，我必须站在员工的最前面，身先士卒，发号施令；当员工增至1000人时，我必须站在员工的中间，恳求员工鼎力相助；当员工达到1万人时，我只要站在员工的后面，心存感激即可；如果员工增到5万~10万人时，只有心存感激还不够，必须双手合十，以拜佛的虔诚之心来领导他们。”

很多企业的管理者不明白留住人心的重要性，他们认为只要拿出高薪厚职，为员工提供好的办公环境、丰厚的工资，就可以令员工死心塌地地为自己工作。其实这种想法是错误的，高薪厚职和好的办公条件可能留员工一时，却未必能够长久。

因为人都是感情动物，想要真正留住员工，就要留住他们的心，拉近与员工的距离，抓住他们的心。一个得人心的管理者，就算别人出再高的薪水，提供再高的职位给他的员工，他的员工也不会轻易跳槽的。相反，一个不得人心的管理者，就算没人挖他的员工，他的员工也会离开公司。

管理企业就是管理人，管理好人心，自然能够管理好企业。“心”的作用是影响工作的根本，管理者对人员的“心”进行很好的经营管理，才能使员工将“心”完全放在企业上，与企业同心，与企业同进退。

第九章

# 创新管理：让不占优势的事情发挥出潜在的优势

马云说：“谁能想象，两年以前，美国雅虎多么厉害，但是今天大家发现微软要并购它！所以整个互联网变化速度非常之快。我们必须把自己定位到看清楚自己、面对自己的是什么，我们才有可能生存、成长和发展。”

## 读书太多的人不会成功

读书像汽车加油一样，加满油你得知道去哪里。装了太多的油就变成油罐车，我看太多的人读了好多的书。两种人不太会成功：一个是不读书的人，第二个是读书太多的人，所以我们今天主要是吹吹牛，我来就是想告诉大家，别读太多书。

所有人都认为最好的书我都不太喜欢。小时候我记得我爸妈说《红楼梦》怎么好，不看《红楼梦》的人没文化，我看了前面一点就看不下去了，反正我没看下去过。我记得我们念高中的时候有一本《围城》，人们都把这本书说得太好了，我就怎么也看不下去。这跟我自己可能有关系，我总是带着太大的期望值。别人一般说很好的书，我看起来不那么好，也没什么我讨厌的书。

——2012年马云公司内部发言

### 马云管理案例

马云说："我不是说假话，我书读得真不太多。书院邀请我，我说我书读得真不太多。成功不成功跟读书多少没关系，但是你成功以后读书很重要。我看到很多人成功跟读书没有关系，但是成功人士不读书一定往下滑，而且会滑得很惨。我们看了太多这样的案例。我觉得读书要会读，我不算会读书的人，但是我争取做一个会读书的人。因为有时候我在公司里碰上很多人特能读书，属于智商很高，但情商极低。成功与否跟情商有关系。我把人当书看，我碰上任何一个人，不管他是怎么样的一个人，我都很欣赏他。我总是说，这哥们儿挺逗的，还有这样的想法。而且绝大部分的书，我看了前面几页，后面的故事基本上都能猜出来，所以我大部分看了会扔掉。当然金庸的书我是永远猜不出来的，我觉得特别好玩儿。

“我自己觉得我们公司至少24000名员工是24000本书，各种各样的，他们每个人的人生阅历，他们每个人碰上一个事情、一个问题怎么处理，都是大大出乎我的意料的。在座的每一位年轻人，看书固然重要，但是看人、和人相处更为重要。我记得当年淘宝跟易贝竞争，有几个朋友给我一本书，说：‘马云，这本书必须得看，你看了这本书，你才可以打败易贝。’易贝出了一本书《完美市场》，指易贝当年怎么打败了雅虎，我把这本书扔到了垃圾桶里，我说希望有一天易贝能看我们怎么打败它的书。因为你看了以后，你基本上会按照这个路径走，你会太了解它，以及别人怎么打的，你最后越走越悬乎。

“看书有一种乐趣，完了以后觉得挺快乐的，哈哈一笑，或者号啕大哭一场。但是我看书，让我背诵几段，还要讲几段，我是做不到的。我这个人脑袋小，我要懂得小脑袋合理运用的方法，就是东西得忘得快。读书多像电脑一样，电脑不是应用程序装得越多越灵活。程序装得越多，电脑跑得越慢。我脑袋小，沈国军转一圈，我已经四圈半转回来了，只能跟人家比谁快。

“另外，看书真是看啥补啥。有人说，马云你给我一批书单，我看你看什么书，我好好看看。我说第一，我真不怎么看书；第二，我喜欢的你未必喜欢，我就喜欢看小人书。有人说，马云你怎么喜欢看金庸的小说。我真喜欢看金庸的小说，喜欢，没有对错。所以看书得找自己觉得喜欢的看。我们隔壁老沈多勤奋，天天看那么深奥的书，你看过两本就一定瞎了。每个人只挑自己感兴趣的书。我创业永远挑自己最开心的事情做，挑最容易的事情做，挑大家都喜欢做的事情做，最重要的事情、最难做的事情留给别人。这是实话，这是创业的一个秘诀。人生多累，你有一个老板已经够累了；没有老板，既希望做自己觉得开心的事，又挑一本隔壁老沈看的书，你更累。人生苦短，读书是给你带来快乐，不是给你带来压力的，读书更不是比谁看的书多就行，未必。我们公司的员工也好，外面的很多年轻人也好，他们博览群书，我很钦佩，像活字典一样。你问他王安石变法是哪一年？1069年。多少乘以多少，弄一个计算机就可以了。

“我反正已经这么大了，这个年龄了，书也读不多了，所以我给大家的建议是，不读书也挺好的。喜欢读书，也很好，千万不要觉得书读得不够多，觉得挺难受、挺丢脸，没什么丢脸的。人可以少读书，多干事。有人事干得很多，当然时间有限，把自己的人生当一部书，翻过了就忘了。”

## 马云管理智慧

这是马云发表的一次演讲，讲了读书与成功的关系，马云认为并不一定读书越多，越能成功，这之间并没有什么必然的关系。一个人如果只知道埋头读书，不走出去看看外面的世界，接受社会的洗礼，那也不会与成功接轨的。

作为企业的管理者，要有自己明确的见解和判断，而不是一味地依赖书本上那些成功的案例，或者去模仿市场上其他成功企业的管理方式和经营模式。当然，并不是说借鉴成功的管理方式不对，而是，如果不加以自己的分析和实践，就去照搬书本上的内容，盲目生搬硬套，很可能会吃大亏。

马云是一个头脑灵活、思维敏捷的人，他对管理企业很有自己的一套心得，马云的管理经验成为大家争相效仿的经验。但马云冷静地告诫大家，任何企业都不要照着书本生搬硬套，也不要抄袭成功的企业模式。马云认为自己的管理方式只是针对阿里巴巴而言，放到其他的企业中，未必就可行好用。

就如同马云的演讲中讲到的那样，读书是好事，但一头钻进书本中，不从现实中去考虑问题，那也是不行的。马云曾说过："我觉得中国有很多机会，但是每个人都千万不要去拷贝国外的模式，也不要以国外有没有这样新颖的模式来判断我们中国的好坏。别人没有的，你有了未必是坏事，把美国的模式搬到中国来，不一定能行。中国人喜欢玩BBS，中国长城的每一块砖上都写着'××到此一游'，中国人就好这个。人家说阿里巴巴是一个公告板，雅虎是搜索引擎，亚马逊是书店，那又怎样？最好、最成功的往往是最简单的，要把简单的东西做好也不容易，阿里巴巴要像阿甘一样简单。"

也就是说，马云并不是钻研书本，或者浪费大量财力和精力去钻研大公司的成功模式，而是根据国情以及那时的网络发展状态，结合阿里巴巴自身的特点，研究出了成功的模式。

在过去，很多互联网企业都照搬国际上成功的大互联网公司模式，他们认为那些公司的模式发展成熟，只要照着做，一定也能将自己的企业做大做强，但这些公司最后往往都是不了了之，因为纯粹的模仿是无法令企业良好发展的。

阿里巴巴的创业模式、盈利模式、经营模式都是新颖的，是马云结合阿里巴巴自身的情况发展起来的，这种创新令阿里巴巴迅速崛起，虽然其间遭受了外界很多质疑，但结果证明，在追求创新发展的同时，找到适合企业自身发展的模式，根据企业的现实需要，一步一步完善企业，才是最好的模式。

## 倒立看世界，一切皆有可能

当你倒立时，世界会变得不一样。

——马云公司内部讲话

### 马云管理案例

作为无数创业者的偶像，马云其实也有自己的偶像，他的偶像是20世纪80年代日本电视连续剧《排球女将》中的女主角小鹿纯子，倒立是小鹿纯子保持自己状态的唯一方法，她说："人倒过来了，思想也就倒过来了，很多站着想不通的事，就会通了。"马云对这句话非常认同，并且认定这是一个叱咤商海的"法宝"。

正因为如此，马云把倒立练得炉火纯青，甚至他可以单手支撑身体，倒立几分钟都面不改色。在阿里巴巴，倒立是员工的"必修课"。

在2005年，《福布斯》杂志上刊登了阿里巴巴员工贴墙倒立的照片，称这是阿里巴巴公司员工的“招牌动作”。的确，阿里巴巴的员工都必须在进入公司3个月内学会倒立，男性要保持倒立姿势30秒才算过关，女性也需要保持10秒才可以过关。如果无法做到这一点，那就算其他方面再怎么优秀，最后也只能是卷铺盖走人。

2008年8月的一天，马云还曾突然“查岗”，要求每一个高管轮流在他面前演示倒立，甚至一些上了年纪的人也不能“幸免”。有一位新来的女总监，因为事前不知道这个规矩，穿着裙子去上班，结果赶上了“查岗”……

为什么要让员工练习倒立呢？马云对此有自己的认识：第一，倒立可以锻炼身体，不用器械辅助，随时随地就可以进行，十分方便；第二，通过练习倒立，促使员工对问题进行换位思考，用另一种眼光来看待，可以培养创新思维。

创业之初，马云没有试图进入热门的门户网站红海，而是看中了当时很多人都已经放弃，认为没什么竞争力的电子商务这一块的业务；在企业发展过程中，他没有向其他企业一样专注于大企业，而是专攻中小企业；为了扩大影响力，他没有在报刊、电视上做大幅广告，而是出其不意地请来金庸和其他互联网大佬，筹办了“西湖论剑”；在与eBay易趣的竞争中，他打破eBay易趣坚持收费、禁止买卖双方在交易前进行联系的做法，不仅淘宝网免费，还允许买卖双方在阿里旺旺上讨价还价及商量交货方式，甚至允许他们私下进行交易……

马云曾说：“一直有人说阿里巴巴的这个模式这样不好那样不好，所以做创新得顶得住压力，挡得住诱惑。我们最早被人说是疯子，到今天被说成狂人。不管别人怎么说，我们坚信一定不在乎别人怎么看待我们，我们在乎怎么看待这个世界，如何按照我们的既定梦想一步一步往前走，这是做企业、做任何事一定要走的路。”马云总结，不要被常规给束缚住，要挣脱世俗，活出自我。

倒立着的马云和倒立着的阿里巴巴人，用一个完全不同的视野，神奇地走向了成功。

## 马云管理智慧

牛根生曾说过：“不管螺丝怎么设计，正向拧不开的时候，反向必定拧得开。山重水复，此路不通的时候，换换位，换换心，换换向，往往豁然开朗，柳暗花明。”的确，在这个世界上，任何问题都有多个思考角度。当我们遇到了难题时，没必要一条路走到底，直至走到死胡同，有时候，换个角度，就能看到不同的天空，为前路带来意想不到的转机。正如在鱼的眼中，水就如同我们所需的空气，而在人们的眼中，水只是清澈透亮的物品，站在不同角度，总会看到不同的世界。

有一个我们都耳熟能详的故事，说的是有一个老太太，她有两个女儿，大女儿嫁给了雨伞店老板，小女儿嫁给了洗染店老板。尽管两个女儿都过得很幸福，但是老太太却每天都很忧虑，因为晴天的时候，她害怕雨伞店的生意不好，而雨天的时候，她又怕耽误洗染店的生意。后来老太太的一个亲戚劝她说：“晴天的时候，洗染店的生意会很好，雨天的时候，雨伞店就会顾客盈门，如果这样想，你还有什么担忧的呢？”其实，有的时候，只要改变思维的角度和方式，我们就会有新的感受和发现。

在一条街上有三家饭店，因为相邻，所以竞争非常激烈。有一天，一家饭店突然打出一块招牌，上面写着："本市最好饭店。"以此来招揽顾客。

另一家饭店老板见此情景，马上也做了一块招牌，第二天挂了出去，上面写着："全国最好饭店。"

第三家饭店老板看了之后，也想打出一块招牌，可是本市、全国都让他们占了，自己总不能打出"全球最好饭店"这块招牌吧，于是他冥思苦想了一个晚上，终于想出一个办法，第二天早上，他把招牌打了出去，上面写着："本条街最好饭店。"

第三家饭店的老板非常聪明，他没有再往大处夸耀自己，而是运用了逆向思维，往小说自己的饭店，但是这小小的"本条街"，却超过了"本市"和"全国"，既然是"本条街最好饭店"，那就是这三家中最好的，这家饭店自然也就门庭若市。

面对同一个问题，面对同样的市场竞争，多用心思、多思考，找到一个与众不同的思路，就会出现截然不同的结果，从而在与人竞争过程中赢得主动权，打开局面，获得成功。马云让员工倒立，就是希望员工能够时时刻刻记着，人生不是只有一条出路，有时候，看着是一条死胡同，可没准换个角度去看，就能发现另有出路通向大道。

## 外行是可以领导内行的，比技术更重要的是思想

作为一个创业者，首先要给自己一个梦想。在1995年，我偶然有一次机会到了美国，然后我看见了、发现了互联网。我不是一个技术人

才，我对技术几乎不懂，到目前为止，我对电脑的认识还是停留在收发邮件和浏览页面上。我今天早上还在说，到现在为止我还搞不清楚该怎么样在电脑上用U盘。但是这并不重要，重要的是你到底想干什么。

——马云在中国青年人创业大会发言

## 马云管理案例

马云虽然被誉为“中国网络教父”，但他对网络技术却并不在行，可以说是个十足的门外汉。有一次，一名记者前去采访马云时，马云正在电脑前鼓捣，一开始记者还以为马云在研究一个什么难题，但最后没想到，马云只是被一个很常见的问题难住了。马云不懂网络技术，平时用电脑，也仅限于最简单的操作而已。

然而，这样一个网络外行，却能够领导一批网络技术精英，创建庞大的阿里巴巴帝国。马云是这样解释的：“我虽然是外行，但我这个外行是可以领导内行的，比技术更重要的是思想！”

马云曾经与中国入世谈判的首席谈判代表龙永图在访谈节目中有过这样一段对话：

主持人：“马云先生从事电子商务，但是您本人并不是太懂网络技术？”

马云：“对，我几乎不懂这个网络。到现在为止，我的手提电脑怎么看DVD，我也搞不清楚，怎么储存照片，我也搞不清楚。我只会收发邮件，每天会浏览浏览网页，就这两样东西。”

龙永图：“我们两个是一条船上的，找到知音了。”

马云：“这个没关系，我觉得懂不懂没关系。就像毛泽东不会打枪，却把中国的天下打下来，这个很重要。你一定要明白你要什么，然后世界上有很多专家会把你的想法做出来，去尊重他们，去理解他们。”

龙永图：“我听说过好像你有一段关于外行领导内行的高论，我看是充满了辩证法。一般来讲，我还是希望内行领导内行。但是如果尊重内行，你这个外行就可能领导好内行。如果你自以为是，你是个外行，自己认为是个内行，这就完了。”

马云：“今天很多人跟我讲他是互联网的专家，电子商务的专家。我说互联网总共才十几年的历史，弄了个专家出来，你搞过什么。大家都是新手，都在学习，我也在学习。我非常同意龙先生的观点，我们讲的就是说外行可以领导内行，关键是尊重内行。我从来不会跟工程师吵架，因为吵也吵不起来。我也不知道他们在说什么，他们也不知道我想干吗。这怎么吵架？我只能认真听。”

## 马云管理智慧

马云的成功与技术高低的关系不大，他的成功是做出了独一无二的商业模式。阿里巴巴的“淘宝网”“支付宝”“物流宝”等，都是商业模式的创新。马云在商界总是能独领风骚的最大一个原因就在于他总是能看得更远、想得更多。

虽然马云在IT技术上知之甚少，但这并不妨碍他成为一家互联网公司的管理者。反之，很多精通IT技术的专业人士反倒不一定能够将公司管理好，这是因为了解越多，越会让自己的思维受到限制，反倒看不透一些问题。马云不懂技术，但是他懂管理，懂得如何运筹商业模式，所以马云比起那些IT技术厉害的专业人士，更具有领导企业的能力。

在早期的IBM遭遇过一段“危险期”，郭士纳临危受命，管理这个全球最大的计算机公司。IBM公司的这个决定，当时让很多人不能理解。郭士纳不懂计算机，对IT技术完全是门外汉，他担任IBM的要职，很多人对他冷嘲热讽，还有人嘲讽他是赶来为IBM收尸的。

不管别人怎么评论，郭士纳只说了一句话：“我是新来的，别问我问题在哪儿，或是有什么解答，我不知道。”随后，郭士纳用实际行动证实了自己，他对IBM大刀阔斧地改革的那几年里，IBM持续盈利，股份上涨了10倍，成了全球最赚钱的公司之一。

管理和专业知识是两个完全不同的概念，这二者之间不存在因果关系。很多人认为，只有懂行的人才能管理，这种想法是陈旧的，一个有思想的外行来管理，远比一个想法陈旧的内行来管理更有成效。有的时候，让一个外行的管理者来领导内行，虽然可能在专业技术上，这位管理者不够精通，但也正因为如此，他能够用更客观的视角来看待问题，也能够提出更加新颖的看法，反而会让企业的发展有质的突破。

就像马云这样的管理者，虽然阿里巴巴是一家互联网公司，需要大量的IT技术工作人员，但马云对此并不懂，马云没有认为这是自己的一个缺陷，反而拓展思维，他认为自己不懂电脑技术，那大部分的客户也会和自己一样，对技术一窍不通。所以，每次研发的软件，马云都会要求技术人员拿来先给他测试，只有他认为用起来方便，简单易操作，那才能拿到市场上去。

管理就是这样，作为管理者，并不一定要精通专业，而是让合适的人做合适的事情，让企业能够发展顺利。管理者并不一定要凡事亲力亲为，那反倒不一定适合企业发展。

# 拥抱变化是一种境界，是一种创新

创新这个词大家很熟悉了，全世界、全中国都在讲创新，但是创新到底是什么？你创新了吗？你做完以后，人家说：哇！你好创新。但是创新是做完以后才发现的事情吗？你在做的时候知道在创新吗？其实创新是寻求变化的一条路。创造变化、拥抱变化是我自己的理想。我个人理解，这么多年来阿里巴巴最独特的一点就是拥抱变化。人，特别是既得利益者一定是害怕变化的；很多人只是在适应变化，而阿里巴巴这个词比较过分，叫“拥抱变化”。拥抱变化是一种境界，是一种创新。拥抱变化是在不断地创造变化。变化有的时候是为变而变，但更多的时候你要比别人先闻到气味才对。这就属于创造变化，为了躲开想象中的灾难，为了抓住想象中的机会，你要不断地去调整。所以拥抱变化中有一个很重要的点，大家要去理解，就是这个变化绝对不是不好的变化，而是你对灾难的预测，对好趋势的预测。

——马云公司内部讲话

## 马云管理案例

在2008年的APEC会议上，马云当选为APEC理事会主席和APEC行动小组主席，他在会议上发表了精彩的演讲，其中一段是这样说的：

“昨天的已经过去，今天很多人在悲哀，事实上我觉得悲哀的都是既得利益者。假如没有这场变革，怎么会有中小企业？假如没有变革，我们这些所有垄断的企业怎么有利益在？所以说不破不立。

“我听过很多银行讲，我们给中小型企业贷款。我听了5年了，但是有多少银行真正脚踏实地地在做呢？很少。如果银行不改变，我们改变银行。我坚信一点，像马行长讲的，3年以后，这个国家、这个世界将会有更加完善的贷款体系给中小企业。以前只能听‘今后可能会变成现实’，我相信这个建设的机制会更加好。

“假如你认为这是一个灾难，灾难已经来临；假如你认为是一个机遇，那么机遇即将成型。去年我跟大家讲，灾难可能会来，现在我告诉大家，机会的形成已经开始，大家开始准备吧，我们让经济学家去分析，为什么、还有多久，我们毕竟不是预测家。因为我坚信，在顺境的时代会诞生伟大的企业，但是顺境的时代也有垃圾企业。在逆势的时代也有伟大的企业，像日本的索尼公司就是在非常低迷的时期诞生的伟大的企业。所以对于企业家来讲，我们今天在这里呼吁的是企业家的精神。

“这个世界缺失的不是钱，商业社会缺失的是企业家的精神、企业家的梦想、企业家的价值观。为什么去年我并不是从经济数据上判断经济出了问题？我前几年看到在台上讲的人最多的都是银行家，都是在讲PE、IPO，讲市盈率多少倍，所有人不讲为客户创造价值，为社会创造价值，很少人讲理想、梦想，不关心自己的员工，这个灾难一定会到来。

“所以，今天我们不能等待政府，不能等待政治家。今天在呼唤政治家的时候，我希望我们能呼唤起企业家的梦想、理想、价值观，呼唤起企业家的精神，让大家共同参与应对人类最大的灾难。

“假如2002年我没有和阿里巴巴公司一起度过那次互联网泡沫的

危机，会怎样？那次我的口号是‘成为最后一个倒下的人’，即使跪着，我也得最后倒下。而且，我那时候坚信一点，我困难，有人比我更困难；我难过，对手比我更难过，谁能熬得住，谁就赢。放弃是最大的失败，假如你关掉你的工厂，关掉你的企业，你永远没有再回来的机会。

“我觉得该做什么，该保留现金的保留现金，该关掉一些部门的关掉一些部门，该合并的合并，该做的做，但是永远不要放弃自己的信心，永远不要放弃当第一的梦想，这是我自己的想法。我看到去年最大的灾难开始的时候，我们大部分的企业家朋友，他们都说自己去年挣了多少钱，但是当他们告诉我都是从股市上挣来的钱的时候，我觉得灾难也会来，今天不来明天也会来。2002年我有机会接受这样的挑战。过了2002年，我跟自己讲，我一辈子的商业生活中，将经历无数这样的灾难，我想看的是，我一辈子可以经历多少灾难。这是人类100年才一遇的金融风暴，如果这样的金融风暴你度过了，你年老离开的时候，你可以告诉别人，我当年经历过这样的灾难，我爷爷没有经历过，我爸也没有这个资格，我有了。

“我觉得我们应该感到荣幸、骄傲，因为我们还年轻。我跟我的同事讲，我今年40多岁，他们20多岁，在他们20多岁的时候我们经历了这次灾难，而这次灾难给了我们无数的机会。我相信优秀的企业在顺境中可以发展，但是在逆境中还可以照样发展是最好的。”

## 马云管理智慧

一名优秀的、杰出的管理者应当是主动寻找出路的经营者，在现在这个光怪陆离、信息大爆炸的时代，想要让企业立于不败之地，管理者必须背负很大的压力。

李开复在他的《做最好的自己》中提到过："创新固然重要，但有用的创新更重要。"在这个科技一日千里的新时代，每个人都谈创新，每个人都渴望创新，但什么才是最好的创新、适合这个时代的创新？一个企业应该如何获得持续创新的动力，在有价值的方面创新呢？

马云说："我理解的企业创新，就是创造新的价值。创新不是因为你要打败对手，不是为了挣更多的钱，为了更大的名，而是为了社会，为了客户，为了明天——创新不是与对手竞争，而是跟明天竞争。真正的创新一定是基于使命感。"

世间万物每天都在变化，世界上没有一成不变的东西，日升日落，斗转星移，变化是时时刻刻、随时随地存在的，所有的事物都在变化。面对这些变化，不能害怕或者逃避，要勇敢迎接上去，了解这些变化，战胜这些变化。

在2000年那次危机中，马云将战线拉回了国内，回到了大本营杭州重整旗鼓，虽然面临困境，但他越发干劲十足、精神百倍。他拿出了红军长征的劲头，从2001年到2003年这三年期间，马云推行了他总结出的三种管理方式——"毛泽东式"管理。所谓"毛泽东式"管理，也就是：第一，"延安整风运动"：统一对互联网的看法，加强公司成员的信心；第二，"抗日军政大学"：培养一支干部队伍；第三，"南泥湾开荒"：凡事都要靠自己亲力亲为，不能依赖别人。

马云认为，这三种管理方式对企业管理变革是非常有作用的。虽然下手有点"狠"，但只有对自己狠一点，才能磨砺出自身的锋芒，在与对手竞争时，才能险中取胜。通过开展"延安整风运动"来树立公司统一的价值观，为员工灌输统一的思想。马云说：“通过运动，把没有共同价值观、没有共同使命感的人统统开除出我们公司。”

“南泥湾开荒”培养的是公司员工自强自立的心态，培养销售人员在面对客户时应该具有什么样的态度和技巧。马云说：“普通企业想到的，可能是把能看到的客户口袋里的5块钱赚到手，而‘南泥湾开荒’追求的是帮助客户把5块钱变成50块钱，再从中拿出我们应得的5块钱。”一位阿里巴巴华南区的客户至今对阿里巴巴的销售人员的素质感到不可思议。“他们有一套又一套训练有素的思想，我觉得完全不像是销售，倒像是公关。”这样的销售人员在阿里巴巴比比皆是。

管理者在面临改变时，不要担忧，不要畏缩，勇敢地去拥抱变化、迎接变化，这也是一种创新精神。如果管理者总是守着原来僵化的旧模式不懂变通，那么在如今日新月异的市场浪潮中，一定会被淘汰掉。

## 变化是应对竞争的利器

就在短短几年前，银行每笔业务收取高额的无理费用，可是现在不断降低。我不敢说支付宝有很大的功劳，但起码有一点功劳。我想说的是，现在很多年轻人对现状不满，但是我喜欢建设性地去改进。你打倒了中国移动，难道就能创造出一个比中国移动好的通信公司？我们对抢民营企业饭碗没兴趣，但对咬那些没有危机感的大企业一口很有兴趣，这就是互联网的力量。

——2011年阿里巴巴第八届网商大会上马云发言

## 马云管理案例

马云在动员阿里巴巴成员改革创新的过程中曾经这样说过："我们的流程有没有问题，我的习惯思维有没有问题，我们敢不敢挑战我们一直认为对的东西。我相信，天下有一千个问题，就有一千个回答。创新绝对不是提起来就设计好的，而是按图索骥一步步走下来。创新没有理论，也没有公式，就是一个个地解决问题。"

2012年，马云在北京接受电视台的采访时透露出阿里巴巴未来的发展，有可能会将阿里巴巴拆分成30家公司。拆分的顺序是吻合之前马云提出的"平台、金融、数据"梯次战略的，提出这一个战略的时候，阿里巴巴的One Company战略达成还不到三个月。

13年的电子商务历史，令阿里巴巴成为互联网行业的领头者、佼佼者。当初阿里巴巴能够成功，也是因为马云一次又一次提出创新的建议，带领着阿里巴巴走向巅峰。现如今，阿里巴巴虽然仍然是行业内的龙头老大，每天的利润很高，但马云已经意识到了，社会在发展，网络的世界已经发生了转变。他敏锐地觉察到，过去的那一套已经跟不上今天社会发展的脚步了。

所以，马云觉得是时候再次创新、再次改变了。马云说："新时代的游戏规则并不确定，但因循守旧一定是错的。记住我为什么变革，因为明年后年是阿里巴巴的黄金时期，我们决不能在公司失落的时候再去改革。"

马云心里十分清楚，新经济时代正在开启，在这个全新的时代，一切都在高速发展，就好像电脑的网速一样，日新月异，移动互联网、云技术和大数据这三个领域的技术创新结合起来，一定会创造出更加崭新的商业形式。

将阿里巴巴拆分是应对竞争的办法，这一次的创新是一次新的改变、新的改革，也能够将阿里巴巴带入新的时代。

## 马云管理智慧

每一个企业的管理者都应当有创新精神，创新不但能为企业注入新鲜的理念，为员工带来崭新的感受，也能指引企业走上全新的道路。每一个管理者的性格不同，行事风格不同，管理方式就有所不同，在不同的管理模式中，管理者所要寻求的创新变化的道路也是各有不同的。

像苹果的前CEO乔布斯就是一个热衷改变、不断创新的人，他的名言是——活着，就是为了改变世界。乔布斯早些年的时候，并没有做出很大的成绩，但他一直坚持研发自己的产品，不断改进自己的产品，他认为与众不同的好产品才能够在激烈的市场竞争中脱颖而出。

当年，苹果公司名气还不大，只有几名员工，但乔布斯却对自己的产品非常有信心，他说："我那么耀眼的唯一原因就是，其他人都太糟糕了。"乔布斯这番话并不是夸下海口，他的苹果产品的确能够改变市场。在电脑还很厚重的时候，他就研发出了像笔记本一样薄、一样轻便的笔记本电脑。在手机还不是很注重智能的时候，乔布斯就研发出自己的手机系统，他的苹果手机在市场上独领风骚。

苹果公司能够做出今天这样大的成绩，就是因为乔布斯不惧变化，他用变化、用创新赢得了竞争中的有利地位，变化成了苹果公司的武器，将竞争对手都抛在身后很远。乔布斯在一开始寻求变化时，也曾被人不解、被人嘲讽，但乔布斯不管别人说什么，他坚信自己做的是正确的。他说过："我们试图用我们仅有的天分去表达我们深层的感受，去表达我们对前人所有贡献的感激，去为这股洪流加上一点儿什么，那就是推动我的力量。”

作为一名企业管理者，如果因为担心别人说三道四，而畏缩在僵局中故步自封，那最终只会慢慢僵死。在市场的竞争中，就要有敢于改变、勇于创新的精神，管理者要主动寻求变化，好迎接市场的多变。

马云认为不要总是去想着如何改变世界，只有改变了自己，才能去影响世界。企业的管理者要有一颗多变的心，不论是管理方面，还是思想方面，管理者都要提前做出变化，否则就无法应对市场的变化。

第十章

# 自我情绪管理：
## 今天的最强，可能是明天的最弱

马云说：“你爱自己的孩子，就要让他独立起来；爱自己的公司，就让比你更懂这家公司的人去驾驭。今天我对这家公司还是正能量，但我总在变老，我不想明天变成负能量。”

## 永远用乐观的眼光看待这个世界

在这个社会上，你一定会郁闷，一定会痛苦，一定会沮丧，一定会觉得这个不爽、那个不爽。不仅你这么觉得，人类社会几千年以来几乎每个人都郁闷过，每个人都痛苦过，每个人都难过过。但是人类社会永远是一代胜过一代。在座的，你们一定会胜过我们，一定会胜过所有的院长，这是我们的希望。不管发生什么事情，要相信明天会更美好。

这世界上会有很多不满的事情、不爽的事情，你改变不了多少。改变自己，才能改变未来。

——马云在杭州师范大学演讲

### 马云管理案例

当好一个企业的管理者，不仅仅是管理好企业的经营运作，给员工发工资那么简单，还要成为企业的核心领袖和精神灵魂。作为一个企业的管理者，每时每刻都要令企业充满向上的激情，要振奋团队的士气，如果企业的管理者总是一副萎靡不振或者非常悲观颓废的样子，那团队的干劲必定会减弱，所以，管理者要时刻保持一种乐观的精神，这样才能让员工充满奋斗的动力。

在担任《赢在中国》的评委时，马云说到企业的管理者如何管理自我情绪时，感慨道：“快乐不是一个概念，概念永远不是一个企业的核心竞争力。任何一个创业者要永远把自己的笑脸露出来，很难想象一张痛苦的脸可以给人带来快乐。所以，快乐是需要展示出来的，你要把自己的快乐展示出去。

“领导者是孤独的，只要是领导者，就一定是孤独的，但是不能把这种孤独显示在外面。当老师的经验告诉我，我走进教室，我今天开心，所有同学都开心；我今天不开心，所有同学都不开心。在公司也是一样，走进办公室我不是马云了，我是公司CEO。”

这是马云作为企业管理者的心里话，只有乐观的管理者才能够带领企业走得长远，因为乐观的精神能让大家看到希望，即便是在困难面前，也要保持这种乐观精神。在“互联网冬天”的时候，大家都认为阿里巴巴难逃厄运，一定会倒闭，只有马云坚持乐观精神，他认为阿里巴巴一定会走出困境。

马云的乐观精神感染了大家，大家在他的乐观中看到了希望，于是坚持了下来，走过了那段最困难的时期。马云说：“开心是一种投资，你开心就要和别人分享，然后有一天会还回来。如果你在创业第一天就说，我是来享受痛苦的，那么你就会变得很开心。我以前去学习做销售的时候，我出去就跟自己讲，今天出去见十个客户肯定一个都做不到，我果然也没做到。我就跟自己讲：‘我多么有远见。’但是万一做到了一个，我就跟自己讲：‘哎呀，我比自己想象的还要能干。’我把所有倒霉的事情都当成快乐去体会，所以，遇到任何麻烦的时候，我都当是给我练功力的机会，看我能不能挺过去。如果真的有挺不过去的那一刻，我就睡一觉，第二天早上又是新的一天。其实，创业者只有乐观地创业，才能走得久远。”

因为乐观，马云就很自信，他为阿里巴巴制订了很多目标和计划，在旁人看来是“异想天开”，或者无法完成，但马云就是凭着自己乐观的精神，带领着阿里巴巴的成员，将那些不可能完成的任务都完成了。

### 马云管理智慧

乐观是一种很好的品质，在乐观的企业管理者眼中，处处是机会，他们能够在绝境中发现生机，也能够在面临困难时不轻言放弃，不轻易言败。马云之所以能够有今日的成就，就与他的乐观精神分不开。不论什么时候，马云都以乐观的心态鼓励着自己，也感染着身边的人。

在2009年5月7日的股东大会上，马云向股东介绍杭州的美景：“股东们知道我来自杭州，杭州公园的门票原来是收费的，但杭州公园的门票取消以后旅游消费迅速增加，那是因为杭州公园对自己的美丽有自信，只有阿里巴巴对自己的服务有自信，才敢降低门票的收入。”

马云认为，虽然美景的确是可以用收取天价门票来增加收入、吸引客人的，但这毕竟不是长久之计，就好像阿里巴巴也不能靠收取高价的服务费来挣钱，那样即便一时挣了钱，也无法长久挣钱。但是面对股东对利润减少的质疑，马云还是很乐观地告诉他们：“我不仅是今天跟你们讲，我跟大家都是这样讲，阿里巴巴挤出利润是件很容易的事情，我不用做任何事情，这个月多增加2亿元利润，随便挤挤都能挤出来，但这又有什么意义呢？”

这样强大的乐观精神感染了股东们，股东们接受并认同了马云的看法，很快事实也证明了马云并不是在信口雌黄。阿里巴巴的财政报表显示，截至2009年3月31日，阿里巴巴的国际和国内两个交易市场的总付费会员净增长数为历史最高，和2008年第一季度相比增长了47%，增幅十分可观。

乐观是一笔难能可贵的财富，管理者拥有这种财富对企业的发展很有好处。在很多时候，很多人都认为阿里巴巴经营不下去了，在互联网寒冬的时候，阿里巴巴遭遇了危机，在众多大互联网公司崛起的时候，阿里巴巴面临前所未有的竞争危机，但马云作为管理者，始终乐观对待一切问题。

“我从来不为中国的中小企业担心，他们几乎没有银行贷款，不是靠负债扩张。过去20年间，这些中小企业凭借自己的聪明、毅力和勤劳走到今天。没有人指导他们上网，但他们不断学习，学会利用互联网做生意。目前的艰难时刻，创造工作机会是一切经济刺激计划的核心要旨，而中小企业则可以提供大量工作机会，这使它们成为国家经济刺激计划的一部分，最重要的是，这些企业家从不言败。

“对中小企业来讲，在乐观主义者眼中，今天是一个机会，在全球经济出现大问题的时候，在宏观调控银根紧缩的时候，倒下来的一般都是大企业，但是世界上的消费能力并没有减小，人们还是要吃穿用。从这个角度来讲，对于中小企业来说，现在应该是一个机会。悲观的人看任何事情都是悲观的，乐观的人看任何事情都是乐观的。”

管理者要像马云这样，时时刻刻用乐观的心态、乐观的眼光去看待这个世界、看待机遇，也看待危机，这样就能带领企业走过沟沟坎坎，走向未来。

## 男人的胸怀是被冤枉撑大的，领导人不要怕被冤枉

领导者一定要有胸怀。我常说，男人的胸怀是被冤枉撑大的，领导人不要怕被冤枉。阿里巴巴的8000名员工，平均年龄26岁，应该都很聪明。但我们都知道，和聪明的人共事不容易，领导者的胸怀此时便很重要。

——2007年马云在台湾演讲

### 马云管理案例

雨果曾经说过："世界上最宽阔的是海洋，比海洋更宽阔的是天空，比天空更宽阔的是胸怀。"对于一个企业来讲，其管理者是否具备宽广的胸怀，显得尤为重要，只有那些豁达大度的人才能够站得高、看得远。马云认为，一个企业家一定要有容人的度量，而他也正是这样做的。

刚开始创业的时候，马云经常会发表一些惊世骇俗的言论，因此有人称他是疯子，对于别人的这种称呼，马云通常是一笑过后，依然我行我素。当他为了推销中国黄页挨家挨户地到每家企业拜访的时候，不理解他的人又称他为骗子，马云也只是笑称自己终于升级了，不再是疯子。

当20世纪90年代互联网遭遇泡沫危机的时候，阿里巴巴同样也遇到

了资金难题，此时外界的质疑蜂拥而至，甚至有人批评说，如果阿里巴巴能够成功，无疑是把一艘万吨巨轮从喜马拉雅山脚下抬到珠穆朗玛峰顶。面对人们的质疑和责难，马云并没有暴跳如雷，没有因为外界因素而产生动摇，他仍然一如既往地坚持自己的想法。只因为他有宽广的胸怀，在种种质疑声中早练就了“金刚不坏之身”。

在阿里巴巴，马云与员工之间并没有隔阂，当对一件事情做出决定前，每一个人都可以大胆地陈述自己的意见，在争论激烈的时候，有些人甚至会跑到马云跟前拍桌子与他争吵，但马云并没有生气，而是包容人才，鼓励人才发表自己的意见。

对于竞争对手，马云也能够非常包容。马云曾在《赢在中国》的节目中与选手们分享了一个自己的故事，他说：“给大家讲一个故事，在六七年以前，有一家公司和我们竞争得非常狠，当时我出席亚洲互联网大会，我成为主题发言人之一，我的竞争者，他也成了5个主题发言人之一。要发言之前，他突然发现，他出了5万美金赞助这个会议才成为主题发言人，而我没有出一分钱就成为主题发言人，所以他跟组委会讲，凭什么马云不付钱而我要付5万美金。然后组委会就和他讲，你是你要讲，马云是观众要他讲。他有艘非常漂亮的游艇，他说我把游艇开到香港，邀请所有出席大会的主题发言人和演讲者上我的游艇玩，但是有一个要求，马云不能上去。我觉得这是胸怀，如果你不能包容你的对手，你一定会被对手打败的。”

马云就是这样一个胸怀宽广的企业家，我们能够很容易从他身上看到谦虚包容的人格魅力。也正是因为这样，在阿里巴巴还没有成为大企业的时候，就有许多人才仰慕马云的人格魅力，前来投奔马云，心甘情愿放弃原来公司的高薪厚职，跑来加入阿里巴巴。例如蔡崇信、关明生等顶尖人才，他们不求高薪，也不求高职位，就是纯粹地想和马云一起做事业。

胸怀宽广了，不仅自己过得快乐，也更容易收获成功，马云的脱颖而出正说明了这一点。

## 马云管理智慧

俗话说："宰相肚里能撑船，将军额上能跑马。"作为一个领导者，必须具备包容一切的能力，只有无所不包、无所不容，才能显示出领导者博大的胸襟，才能收获成功。正如马云所说："今天我唯一可能拥有的长处，就是我比大家宽容得多一点。"

在春秋时期，齐桓公能够不计管仲箭杀之嫌，在鲍叔牙的力荐下，以虚怀若谷的胸襟接纳他，不仅委以重任，还拜其为"仲父"。齐国在管仲的治理下，完成了从乱到治、从穷到富、从弱到强的富国强民历程。在管仲的辅佐下，齐桓公终于成为"春秋五霸"中第一位称霸的国君。试想一下，如果齐桓公没有宽广的胸襟，当初执意要杀管仲，他又怎么能够成就如此宏伟的霸业呢？

太平洋建设集团主席严介和说："高端要胸怀，中层看德行，基层凭才能。胸怀决定格局，眼界决定境界，视野决定事业。"美国管理学者阿里·德赫斯也说："能长期生存的公司都是宽容的公司，宽容的公司才会长寿。"现代企业家如果没有容人、容物的度量，就难以成就宽广的视野，难以与人和睦相处，其所管理的企业必然人心涣散，缺乏凝聚力，企业的发展自然也就举步维艰。

蒙牛董事长牛根生在刚开始创办蒙牛时，遇到了许多阻碍，有些竞争企业为了自身着想，根本就不愿让蒙牛做大，于是百般阻挠。对于这些阻力，牛根生做出了最大的退让，制定了收奶的“三不干”政策：凡是伊利等大企业有奶站的地方，蒙牛不干（不建奶站）；凡是非奶站的牛奶，蒙牛不干（不收）；凡是跟伊利收购标准、价格不一致的事，蒙牛不干。这种以德报怨的做法，展现了他宽容大度的领导风范。试想一下，如果当初牛根生是匹夫见辱，即拔剑相斗，必然会造成两败俱伤的结局，又怎么会有今天强大的蒙牛？

其实，在这个世界上，每个人的智商、能力都相差不大，但是胸怀的差别却是惊人的。大凡成功的人士，都有“有容乃大”的胸襟和气度。作为一个企业的管理者，更应该有宽广的胸襟。宽容地为人处世，可以使你拥有更多的朋友，拥有更多的支持者；宽容地经营企业，可以使你拥有更多的合作者，拥有更多的顾客。

## 在别人把你当英雄的时候，你千万别把自己当英雄

一个公司、一个领导，没人把你当英雄，你自己把自己真当英雄的时候，可能失败就已经开始了，悲剧开始产生了。

以我自己走过的路为例，上小学就没有考上重点小学，中学也考不进去，大学考了三年，还只考了个专科生。因为我考的是外语专业，结果由于那一年男生招不满，才把我提为本科生。这种经历比比皆是。只不过我不轻易放弃，白天我上班，晚上我上夜校，我觉得自己还是很勤奋的。我资质不是很好，而大家看我这个人觉得我很聪明。我这个人是典型的大愚若智，其实是很蠢的，但看起来很聪明，所以我这种人很吃

亏，心理压力很大。

——2001年马云在厦门会员见面会上的演讲

### 马云管理案例

熟悉马云的人都知道，他是一个喜欢在公开场合说一些看似狂妄的话的人。例如，在2004年CCTV中国年度经济人物颁奖典礼的现场，马云就曾说过那句很经典的话："我就是打着望远镜也找不到对手。"

马云之所以能够时常出语惊人，是因为他的自信。其实在生活中，马云做人做事总是保持着谦虚谨慎的态度，从不自负，除了那些"狂语"，他也经常说出发人深省的谦逊而又富有理性的话。当他感觉某些媒体将他炒作过度时，他会说："每一个人都很平凡，我马云也没什么了不起，这几年被媒体到处吹捧，其实自己很难为情。我一点儿也不聪明，也没有先见之明，只是一步一步走来。刚开始创业时，被4家公司骗得晕头转向，但是那些骗人的公司今天都已经不复存在。"

马云曾说："客户第一，员工第二，股东第三。"在马云的眼中，能够对阿里巴巴起到决定性作用的是公司里的几千名员工和客户，而自己只能处于非常次要的地位，因为没有这些员工和客户，阿里巴巴就不会有今天的辉煌成就。在公司里，马云从来不会以一个管理者的身份来命令其他员工，而是以朋友的身份来和他们相处。他经常会神出鬼没地出现在某一位员工身边，然后兴高采烈地和他聊上一会儿，甚至在工作之余，他还会和员工们玩围棋和游戏。正是因为他的这种平易近人的处世方法，吸引了大量对他忠心耿耿的员工，也使得企业发展越来越快。

2005年，一手导演了阿里巴巴收购雅虎中国这场好戏的马云首次进入胡润中国富豪强势名单，名列第六位。在记者采访他时，他却说："我真的挺吃惊的，没有想到会入选。"马云甚至认为，自己不是一个十分强势的人，也从来没有想过诸如此类的事情，之所以能够入选富豪榜，不在于自己的才能，而是被经济影响力和社会影响力所造就的。

2007年4月，微软创始人比尔·盖茨来到中国，参加在海南举办的博鳌亚洲论坛。在一次接受中央电视台采访的时候，主持人曾问他："下一个比尔·盖茨会是谁？"比尔·盖茨的回答是："亚洲的马云。"于是有些国外媒体开始大胆预言：未来40年内，马云将替代盖茨而成为全球最富有的人。

对于这种说法，马云却认为自己从来没想过成为首富，也不可能成为首富了。他说："在别人把你当英雄的时候，你千万别把自己当英雄。"

### 马云管理智慧

在《塔木德》中，有这样的记载："降低自己的人，上帝抬高他；抬高自己的人，上帝降低他。"而在《财箴》中也记载着这样的话语："如果自己的内心已由自己占满时，就再也不会有留给神住的地方了。"由此可见，在数千年的犹太历史中，始终保持谦卑是犹太民族一项重要的做人原则和处世之道。

李嘉诚之所以能在生意场上收获巨大的成功，这与他一直保持着谦虚的态度、不自负的品质是分不开的。

万通集团总裁冯仑曾参加过一次李嘉诚组织的晚宴，当他和30多位企业家访问团代表进入电梯口时，惊奇地发现李嘉诚已经在电梯门口等候，并且按顺序给他们分发了名片。

宴会厅内一共有四张桌子，晚宴开始后，李嘉诚并没有在主桌上一直坐下去，而是每一张桌子坐15分钟，确保自己和每一桌的人都能聊天。晚宴结束时，李嘉诚一定要与每个人握手告别，包括距离较远的服务人员，然后又送每个人到电梯口，直到电梯关上才离开。

多年来始终稳居首富宝座的李嘉诚，富甲一方却仍保持着创业初期谦虚的品性。他的经历告诉我们，一个人如果能够在创业之初保持一颗谦虚的心，就能够让人们快速地接纳他，帮助他赢得更多的机会；当他获得一些成就之后，还能保持一颗谦虚的心，那么他的事业就会蒸蒸日上。

石油大王洛克菲勒在谈起自己早年创业时这样说："在我的事业渐渐有些起色的时候，我每晚把头放在枕上睡觉时，总是这样对自己说：'现在你有了一点点成就，你一定不要因此自高自大，否则，你就会站不住，就会跌倒的。不要因为你有了一点开始，便俨然以为是一个大商人了。你要当心，要坚持着前进，否则你便会神志不清了。'我觉得我对自己进行这样亲切的谈话，对于我的一生都有很大的影响。我害怕我受不住成功的冲击，便训练自己不要被一些蠢思想所蛊惑，觉得自己有多么了不起。"

谦虚是一种促使人进步的力量，刻意地抬高自己，可以拉开与他人的距离，但并不能提升自己的高度。一个人只有低头，才能积蓄向上攀登的力量。事实上，越是有学识、有成就的人越懂得谦虚，也正是这种谦虚的精神才促成了他们学术和事业上的成功。

美国第三任总统托马斯·杰斐逊也是一个十分谦虚的人。1785年，他接替富兰克林出任驻法全权公使。有一天，他来到法国外长的公寓进行拜访。

在交谈中，法国外长问他："听说您代替了富兰克林先生？"

托马斯·杰斐逊急忙纠正说："不，我是接替他，没有人能够代替富兰克林先生。"

法国外长不解地说："在我的眼中，您和他都是美国建国时期的杰出人物，由您来执笔、富兰克林先生修改的《独立宣言》非常著名，因此你们是分不出高下的。"

托马斯·杰斐逊回答说："您说错了，富兰克林先生不仅在思想、政治领域杰出，在其他领域也表现得十分出色，因此我是替代不了他的。"

有人曾说过这样一句话："一个人若种植信心，他会收获品德。"同样的道理，如果一个人种植下自负的种子，那么他必然会收获失败。一个过分卖弄自我的人，只会让自己显得更加可怜。

谦虚是人们必备的一种美德，站得越高的人越要懂得低头，特别是当你站在财富的巅峰时，一定要保持谦逊，这样不但可以增添你的人格魅力，还可以帮助你走向更高的辉煌。

## 人不怕犯错误，就怕不承认错误

我发现，在中国或者是全世界，很少有企业家敢于承认错误。我自己有一次震撼，是在2001年互联网冬天的时候。在亚洲互联网大会上，我是倒数第二个发言的，我自己并没有觉得什么，上去讲了一句话，我说我特别惭愧这两年我犯了无数的错误，但是我觉得我就犯了那么多错误，没有想到下面所有的人一起给我鼓掌，有一个人说在这个互联网的

**冬天没有人承认自己犯错误，你承认自己犯错误的时候，我相信你的同事、你的员工会对你表示尊重。因为人不怕犯错误，就怕不承认错误。**

——2005年马云在北大的演讲

## 马云管理案例

无论是一个企业，还是一个团队，都需要有一个好的领导，他可以不懂得专业知识，但一定要懂得承认自己的错误，承担责任。

在马云的眼中，承认自己的错误并不是一件丢人的事情。在一个节目中，主持人问马云：“你每年都会给自己定下一个看似不可能完成的目标，如果没有实现，该怎么办？”马云表示：“我错了，承认错误又不难为情。”马云始终认为，做企业犯错误是不可避免的，但这些错误不是一堆垃圾，而是一笔宝贵的财富。

2006年5月10日，淘宝网推出竞价排名服务“招财进宝”，这是一种增值服务，卖家自愿就所售商品的关键词出价，当买家按关键词搜索商品时，使用这种增值服务的卖家商品在搜索结果中优先显示，从而更利于其商品的销售。

淘宝网推出这项服务，本意是希望更好地管理越来越多的登录商品，并让愿意付费的卖家更好地推销自己的商品。但是，有的卖家认为这与此前淘宝网两次承诺的3年不收费相冲突，是一种变相的收费行为，而且众多没有加入“招财进宝”的卖家的生意受到冲击，而加入的卖家中也出现个别卖家利用“招财进宝”交易成功才交费的规则进行不正当竞争，使其他加入的卖家蒙受损失。因不满淘宝网的这种做法，许多卖家开始筹划一场无形的“暴动”。

在“招财进宝”推出后的短短20天内，就有6000名卖家在网上签名，声称要在6月1日集体罢市，并且要将店中所有商品撤下，取光支付宝账户中的资金，同时将集体跳槽到其他个人电子商务网站。

作为“招财进宝”项目的主要策划人，马云没有想到会出现这样混乱的局面。当事件发生后，为了平息众怒，他首先对“招财进宝”的价格进行了调整。与此同时，马云立即发表署名文章，就淘宝网和用户们沟通存在的问题向所有用户致歉，并表示免费3年的承诺没变，同时他还说明：目前淘宝有2800万件商品，不久甚至会有5000万件，如果按照商品上线的时间来决定商品的位置的话，那么后上线商品的交易概率将大大降低，淘宝希望通过这一服务维持正常的市场秩序，通过“看不见的手”调节优化市场环境。但是，众多用户对这些说明和举措并不买账，反对之声并没有因此而停息。

5月31日晚，淘宝网做出了一个紧急通知，宣布从6月1日至6月10日，将进行为期10天的“网民公投”，由淘宝用户来决定是否保留“招财进宝”这一项目。6月12日，投票结果公布，在20多万的投票结果中，39%的用户赞成保留，61%的用户支持取消。随后，淘宝网发布致网民的公开信，称将于12日起取消刚“满月”的“招财进宝”。

自己的“孩子”最终被自己亲手“杀死”，像这样的压力并不是每个人都能坦然承受的，但是马云却做到了，这份胆魄也确实令人赞赏。他并没有认为自己丢了面子，因为他知道，在错误面前，面子一文不值。

在《赢在中国》节目中，有一位公认的实力选手，名叫钱俊东，马云也非常看好他，但是在商业实战第一场比赛中，马云却最终投了否决票，因为马云觉得，身为队长的他，不懂得承担应该担负的责任。在点评阶段，马云对他说了如下的话：“其实我是觉得你本来是你们10个选手里面可能最具希望进入前5名的人。当然我又突然回忆起，史玉柱在点评你的时候说，有一天你会众叛亲离，与其将来有，还不如今天有。你现在还很年轻，今天不是因为你没有表现好而让你下去，而是因为你是队长。在整个战略实施、执行过程中，你犯了很多错误，尽管可能别人都不对，有各种各样的问题，但我觉得作为队长没办法，你应该离开。而且我希望你永远记住今天的教训，别放弃。”

## 马云管理智慧

“权威说”一直在中国很盛行，这就导致许多企业的管理者即使明知自己犯错了，也不会轻易低下头来承认自己的错误。其实，作为一个企业的管理者，面对自己的错误，如果不能主动承担责任，反而是想方设法隐瞒，最终会使员工对他失去信心，影响企业的全局发展。

一个人之所以不会主动承认自己所犯的错误，主要的原因有两个：一是害怕承担责任；二是顾及自己的面子。马云的过人之处就在于，他从来不回避错误，当犯错之后，他总能积极对待和分析，从错误中汲取经验教训，再一步步走向成功。

马云之所以能做到主动承担责任，是因为在他的思想中有一套自己的CEO理论。他说：“平时你不是CEO，只有在两种情况下你是CEO：一是你做决定的时候；二是在你犯错的时候。CEO犯错误的时候要敢于承担责任，而不能说成功的时候就是我一个人的功劳，失败的时候是你们执行力不行。”

1970年12月7日，时任联邦德国总理的维利·勃兰特对波兰进行国事访问，并来到华沙犹太人死难者纪念碑前敬献花圈。在记者的摄像机镜头前，他突然双腿下跪，并发出祈祷：“上帝，饶恕我们吧，愿苦难的灵魂得到安宁。”以此来向“二战”时期被杀害的犹太人表示沉痛哀悼。

维利·勃兰特的这一举动立刻传遍了全世界，世界各国爱好和平的人对他这种虔诚地为纳粹时代的德国认罪、赎罪的态度表示了赞赏。1971年12月20日，勃兰特因此获得了诺贝尔和平奖。

1973年，维利·勃兰特接受媒体采访，当记者问到他当时为什么要做出这一出人意料的行为时，他说：“我明确区分罪过和责任。我问心无愧，而且我认为把纳粹的罪过归咎于我国人民和我们这一代人是不公平的，罪过只能由希特勒等发动‘二战’的战犯去承担。尽管我很早就离开德国（‘二战’期间勃兰特流亡国外，从事反法西斯斗争），但对希特勒上台搞法西斯主义，我也感到有连带责任。出任德国总理后，我更感到自己有替纳粹时代的德国认罪、赎罪的社会责任。”

一个优秀管理者的责任感是极其重要的，当企业面临困境时，只有其愿意走上前来，担起责任，问题才能得以圆满解决。犯错并不可怕，关键是我们应该用什么心态去面对错误。有的人能够正视错误并积极改正，因此可以不断进步。

有人曾做过分析并指出，“随时矫正自己的错误”是大多数成功者获得成功的最重要的一个原因。一个渴望成功、渴望改变现状的人，绝不会因为一个错误就止步不前，他必定会找出成功的契机，继续前进。因此，当出现错误时，我们不应该因为好面子而掩饰它，我们应该积极面对它，像有创造力的思考者一样了解它的潜在价值，然后把它当作垫脚石，从而产生新的创意，最终获取成功。

# 学会放弃的时候，才是进步的开始

我自己有计划，我40岁时准备退休，准备回学校教书。我喜欢当老师，我是一个好老师，我当老师比当CEO强多了，我把自己叫作首席教育官，我喜欢和年轻人交流思想，向他们学习。

人的一生有许多事可以做、可以贡献，为什么要在一个行业里待上10年呢？而且如果一个创始人总在公司里不走，会让许多年轻人失去机会，年轻人总比我要做得更好。我相信“打天下者未必能坐天下”，给新人空间就是给自己空间。

当然我45岁时，可能会做点新东西，现在还没想好，现在说也太早，接下去三四年，我要为阿里巴巴好好计划计划。

——2001年马云回答网友提问

## 马云管理案例

在“2010中国企业组织高峰论坛”上，宏碁创始人施振荣曾说过：“建立一家公司并不是一个马拉松比赛，而是一个接力赛，要学会交棒和接棒，给年轻人舞台。”

马云对这句话非常认同，其实早在这之前，马云参加“台浙经贸文化合作论坛”演讲时，就曾说过：“我每次看到台湾这些六七十岁的企业家充满斗志、充满创新，但我想给的建议是，也许我们真应该给年轻人多一点机会，因为这个世界是属于未来的，这个世界是属于年轻人的。”

2012年在一次接受媒体采访时，马云再次表示出“退意”，他说：“我今年已经48岁，我已经不再年轻，不能继续管理这样一家发展迅速的公司。我在35岁的时候，浑身充满了活力，头脑也灵活。我对什么事情都不担心。”他认为，如果自己的能力不能再匹配阿里巴巴，就是对公司的巨大伤害。

2013年1月15日，马云在向员工发的内部邮件中，表示自己将在2013年5月10日，不再担任阿里巴巴集团CEO一职，将全力以赴做好集团董事局主席全职工作。马云在邮件中写道：“互联网是年轻人的天下，今年，阿里绝大多数生于20世纪60年代的领导者将不再担任管理执行角色，我们将把领导责任交给20世纪七八十年代的同事们。因为，我们相信他们比我们更懂得未来，更有能力创造明天。能给他们提供更多、更大的舞台是我们的责任，更是我们的荣幸，也是我们这些人可以给公司未来创造最大的贡献所在……”

马云对太极的迷恋很深，他不但打太极拳锻炼身体，也常常从太极这项运动中获得哲学上的思考，比如阴阳两界、收放进退，等等。

退休这件事，就是马云从太极中得到的“放”的思考：“有时候人会太在乎自己，太想得到一些东西。人要成功，一定要有永不放弃的精神，当你学会放弃的时候，你才开始进步。”

按照马云的说法，为了辞去阿里巴巴的CEO，他思考了9年，计划了6年，实行了3年，他在2013年基本没有在公司待多长时间，都是让团队在处理事情，以此锻炼他们的能力。“互联网是4×100米接力赛，你再厉害，也只能跑一棒，应该把机会让给年轻人。”

在卸任之前，马云做了管理架构的调整、业务架构的调整。他将一切安排到最合理，然后潇洒转身。在2013年的5月10日晚上，杭州黄龙体育中心，马云在淘宝十周年的晚会上做了自己身为阿里巴巴CEO的最后一次演讲。

在演讲中，马云动情地讲道：“我感谢这个变化的时代，我感谢无数人的抱怨，因为在别人抱怨的时候，才是你的机会；只有变换的时代，才是每一个人看清自己有什么、要什么、该放弃什么的时候。

“参与阿里巴巴的建设14年，我很荣幸我是一个商人。今天人类已经进入了商业社会，但是很遗憾，这个世界的商人没有得到他们应该得到的尊重，这个时代已经不是唯利是图的时代，我想我们跟任何一个艺术家、教育家、政治家一样，我们在尽自己最大的努力，去完善这个社会。14年的从商经历，让我懂得了人生，让我懂得了什么是艰苦、什么是坚持、什么是责任、什么是别人成功了才是自己的成功。我们最期待的是员工的微笑。

“从今天晚上12点起，我将不是CEO。从明天开始，商业就是我的票友。我为自己从商14年深感骄傲！

“看到你们，看到中国的年轻人，我不希望有一天我们这些人再来一个致我们逝去的中年。在这世界上，谁也没把握自己能红5年，谁也没有可能说自己会不败，自己会不老，自己会不糊涂。解决你不败、不老、不糊涂的唯一办法，就是相信年轻人！因为相信他们，就是相信未来。所以我将不会回到阿里巴巴做CEO。

“要我回来，我也不会回来，因为回来也没有用，你们会做得更好！”

马云认为互联网时代是个瞬息万变的时代，只有年轻人才能拥抱这种变化，带领阿里集团继续前行。而他自己要去享受生活了，他要将机会留给年轻人。

## 马云管理智慧

古语说：“鱼和熊掌不可兼得。”在我们的人生旅途中，会面对许多抉择，这时我们应该学会选择，更要懂得取舍，只有这样，才能拥有一份安然祥和的心态，才会活得更加充实、坦然和轻松。

有一个年轻人想成为画家，但是他又想事事都强过别人，于是他学画的同时还学习法律、学习钢琴、学习舞蹈……可是让他感到苦恼的是，他不仅没有成为画家，反而哪样技能都不如别人，于是他就去向一位大师请教。

听完他的倾诉，大师没有开导他，而是带着他来到一座小山下，对他说：“我们登山，到山顶你就知道该如何做了。”

在那座山上有许多晶莹的小石头，每当见到喜欢的石头，大师就让年轻人装进袋子里背着。没走多远，年轻人就支撑不住了，望着还有很远的山顶，他疑惑地问大师：“咱们登山为什么要背这些石头啊？”

大师笑着说：“是啊，既然没有关系，你为什么不丢掉它们呢？”

听了大师的话，年轻人想了一会儿，然后对大师说：“谢谢大师，我懂了。”从那以后，他一心只专攻美术，虽然没有达到顶峰，但是也超过许多人，小有成就。

人的精力有限，不可能面面俱到。想要得到一切的人，最终可能什么也不会得到。然而在生活中，有很多企业的管理者就像那个年轻人一样，身上背负了很多东西，与其说他们觉得自己无法放手，不如说是舍不得放手。但马云在这个问题上就表现得很果断，他说：“10年前我很关心全世界，结果我的日子过得非常艰难；5年前我很关心中国的命运，我也过得很艰难；3年前我开始只关心公司，我的日子开始好起来。现在我只关心自己，日子越来越好。所以我说，关心好自己，每个人把自己喜欢做的事情做好，这个世界就会好起来。”

有一位老板经常对朋友抱怨，说他每天天不亮就要起床去公司，每天都要工作到凌晨才能回家，虽然很辛苦，但是公司的业绩没有丝毫的起色，所以他很苦恼。

他的朋友到他的公司待了一天，然后在下班的时候对他说：“我发现你的公司存在一个重大的问题，你每天都这么忙，你的员工似乎很清闲啊。”

老板说：“他们当然清闲了，所有重要的事情都需要我来做，他们只是做一些简单的工作。”

朋友说：“问题就出在这里，你以后把事情调过来看看效果，让你的员工处理那些重要的事情，你来处理简单的事情。”

老板说：“可是，我怕他们做不好。”

朋友说：“你不让他们去做，怎么知道他们做不好？”

老板觉得朋友的话有一定的道理，就尝试着去做。结果让他感到意外的是，不但自己的工作变得轻松了很多，而且公司的业绩也有了提升。

人在人生的每个阶段要抓住的东西都不同，人不可能将所有东西抓到手之后都紧紧攥在手心里，总要有所取舍，才能不至于被其所累。

## 成功是个人价值的实现，更是时代价值的实现

**奋斗的动力是什么？不是财富。我做的是商业公司，对钱很喜欢，但我用不了，我不攒钱，我没有多少钱。从大的方面说，我真的就想做**

一家大的世界级公司，我看到中国没有一家企业进入世界500强，于是我就想做一家。

如果我早生10年，或是晚生10年，那么我都不会有互联网这个机会，是时代给了我这个机会。在制造业时代，在电子工业时代，中国或多或少都错过了一些机会，而信息时代中国人有机会，我们刚巧碰到这个机会，我一定要做，不管别人如何说，我都要做下去。我觉得中国可以有进入500强的企业，我们学得快，在这个过程中，勇者胜，智者胜。

从小的方面说，既然出来了，那么就得做下去。89元的工资我也拿过，再过10年，可能我连平均生活水平都达不到。我不喜欢玩儿，有人为了权力，有人为了钱，但我没有这种心态。说实话，我是为自己，为这个国家，为这个产业。一个伟大的将军，不是体现在冲锋陷阵的时候，而是体现在撤退的时候。网络不行的时候我真正体会到了如何做企业，2000年以前，我没有做企业的感觉，而现在我觉得自己是在做企业，而不是做生意。

——马云2002年接受采访

## 马云管理案例

成功并不一定是赚很多的钱，买很大的房子，在马云看来，成功就是实现个人价值，实现自己的梦想。他认为："人永远有后退的通道，我们来这个世界上，一定要搞清楚。有人问我恐惧什么，我真没什么恐惧的。我觉得人生是个经历，不管你多牛，你一辈子就36000天的旅程，到这个世界上不是做事业的，不是来成就宏图大业的，你是来生活的。在生活中你见了那么多同学、那么多朋友、那么多同事，有父母、有太太、有孩子，这些是人生中很多的经历。有些痛苦的经历也是经历，看清楚了就这么回事，离开世界的时候，你就不会后悔。如果社会和世界给了你很多机会可以做很多事情，enjoy it。”

马云时时刻刻在提醒自己，自己不是一个商人，而是一个企业家，商人以赚取利润为第一要务，但是企业家有着更为重要的使命。

“我不想做商人，我只想做一个企业，做一个企业家，因为在我看来，生意人、商人和企业家是有区别的，生意人以钱为本，一切为了赚钱；商人有所为，有所不为；企业家是影响社会、创造财富，通过为社会创造价值来影响这个社会的。赚钱是一个企业家的基本技能，而不是所有技能。”这是马云在参加中央电视台的《新闻会客厅》节目时，曾发自肺腑说出的一段话。

在人们将财富与成功画上等号时，马云心中的财富价值观却是“取之于民，用之于民”。马云的这个态度给很多商人做了表率。2006年，阿里巴巴公司在新年之际策划了一个活动。“新年献爱心，阿里出钱你出名”的暖风行动，是由阿里巴巴出钱的一项慈善捐赠活动，虽然这场活动仅一周时间，可也足以看出马云的社会责任感。

马云在参加一次节目时，有观众向他提问：“马老师您好，我想问一个问题，据我所知马老师最开始的时候是一名老师，在那个时候您看到了您身上什么样的东西，让您决定去创业？在那个时候您眼中的成功是什么状态？我觉得应该不是像现在这样成功。”

“我29岁那一年被学校评为十大杰出青年教师之一。我想我所有教学生的东西都是从书本上学来的，我那时决定要当一个很好的老师。我一开始特别讨厌当老师，我因为大学考得不好，所以考进了杭州师范学院，我今天认为它是全世界最好的大学。不用笑，它确实是最好的。北大、清华、哈佛的人，都向杭州师范大学的学生报告，喊‘老板’。

“所以我爱上了这个学校，爱上了教书。我想到社会上花10年时间办一个企业，再到学校教书会更受欢迎，这是单纯的想法。我想假如马云能成功，中国80%的年轻人就能成功。当时很纯粹的想法，不是想挣更多钱。我跟所有人犯的错误一样，榜样是比尔•盖茨、李嘉诚。时间长了我发现，他们不是我的榜样，没法学习比尔•盖茨，没法学习李嘉诚，他们太大，没法学。”

马云虽然顶着成功企业家的巨大光环，但他从不会被光环蒙蔽了眼睛，他清醒地看着这个世界。他知道个人地位的提升、个人财富的累积都不算真正意义上的成功，一个人，只有实现了时代的价值，那才能算得上成功。

## 马云管理智慧

有一些取得一点小成绩就觉得自己了不起的人，常会在人面前做出趾高气扬的样子，觉得自己就是最厉害的，但他们并不知道在别人的眼中，自己其实是很可笑的。

社会上一些令人尊重的企业家、成功人士，人们之所以尊重他们，除了他们自身的经历有值得大众学习的地方之外，还因为他们在做人方面也很值得人们尊重。

“我跟自己讲，我们到这个世界上不是来工作的，我们是来享受人生的，我们是来做人的，不是做事的。如果一辈子都做事的话，忘了做人，将来一定会后悔的。不管事业多么成功、多么伟大、多么了不起，记住我们到这个世界上来就是享受经历这个人生的体验的，忙着做事一定会后悔。”马云曾说过这样的心里话。作为企业的管理者，马云不但要实现自我，更要发挥出自我的能力，为社会做出贡献。

一位年轻的企业家和一位年老的企业家一起去参加一场宴会，那位年轻的企业家觉得自己是商界的新起之秀，十分跋扈，他在宴会上大声喧哗，对宾客讲自己的创业史，说自己在商海中如何厉害。

但令他不满意的是，大家对他都很冷淡，反倒是聚集在那位老企业家身边，与老企业家微笑交谈。

年轻的企业家心里很是不屑，他觉得老企业家的厂子效益很一般，一年的利润还比不上自己公司一个季度的利润。他也凑了过去，想看看这个老企业家有什么魅力，能够吸引大家都围到他身边。

年轻的企业家问身边一个人："这老头怎么有这么大的魅力，居然成了宴会的焦点，他能赚很多钱吗？"

那个人摇摇头："这位老先生数十年如一日地坚持慈善事业，我们这里很多学校、医院都是他捐钱建立的。他还是一位博学多才的人，和他聊天十分舒服，还能增长见识，我们都喜欢他。"

年轻的企业家以做事、赚钱当作增强自身魅力的砝码，自然无法赢得旁人的尊重。一个企业家就算赚再多的钱，在做人方面很欠缺的话，别人也只会将你当作一个腰缠万贯的暴发户。

那位老企业家也许在经商方面成绩平平，但他在做人方面却是可以打满分的。他从事慈善事业，乐善好施，懂得与人分享，而且为人谦和，不会沉浸在自己的商业王国中自以为是，所以，人们都尊重他、喜欢他。

马云也是一个做人做得很成功的人，他不为个人的得失而愤愤，也不会对一些人情世故上的小事斤斤计较。

第十一章

# 资本管理：银行不改变，我们就改变银行

马云说："永远不要让资本说话，让资本赚钱。让资本说话的企业家不会有出息，最重要的是你让资本赚钱，让股东赚钱。如果有一天你拿到很多钱，你坚持今天的原则，做你认为可以赚钱的事，我相信有一天资本一定会听你的。"

## 基本面决定一切，好的公司可以吸引全世界的投资者

感谢所有的股东、所有投资阿里巴巴的香港股民、全世界的机构投资者，还有为整个IPO做出很大贡献的银行、律师团队、顾问团队。

今天对整个阿里巴巴集团来讲是一个非常重要的时刻，今天的IPO也证明了我们当时的判断，我们认为香港已经成为世界范围内上市的很好的场所。所以，我们希望阿里巴巴今天的上市，也能够吸引更多的中国、亚洲和全世界的高科技公司在香港上市，也跟阿里巴巴一样，能够得到香港股民和世界股民的关注。

就像几个月前我们坚信一点，好的公司是可以吸引世界各地的投资者来投资的。所以，阿里巴巴这次得到股民的支持，我们深感荣幸，也表示感谢。对阿里巴巴集团来讲，今天只是刚刚开始，我们要走的路还很远、很长。在几年以前我们说过上市是个加油站，上市的目的是为了加了油能走得更远。

——马云2007年11月在阿里巴巴香港上市时的发言

## 马云管理案例

阿里巴巴在香港上市的那天，福布斯网站评论道："正如其名，阿里巴巴是一个充满惊奇的传说。这个中国最大的B2B网站的股价在香港上市首个交易日的3个小时内即飙升了165%。"

一个公司能够成功上市，几乎是所有管理者的终极目标。公司上市了，不但会让公司运营的资金更加充盈，管理更加规范，也会让公司的知名度扩大很多。2007年11月6日，阿里巴巴在香港联交所第一次挂牌，这一天，阿里巴巴的人都激动不已。阿里巴巴本来早就可以上市，但推迟了很多年，才终于在2007年上市。至于为什么要将上市这一步走得这样缓慢，马云只是冷静地表示，之前是时机未到。

"美国纳斯达克和纽约证交所都找过我，希望我们上市，但是我们的公司才创办了5年，员工们都还年轻，平均年龄才26岁，要走的路还很长。我们要打造一家具有百年生命力的公司，现在就匆忙地上市，长远来看对公司并不好。这些才二十几岁的年轻人如果一下子都成了富翁，有可能会产生惰性，不再创新求异，故步自封。当我们的员工有了成为上市公司员工的心理准备，能够接受出现在全世界的聚光灯下迎接挑战，并清楚自己为什么要上市的时候，我们才考虑上市。"在大家的一再追问下，马云做出了这样的回答。那时，搜狐、新浪、网易等公司都已纷纷上市，唯独阿里巴巴静观其变，这让很多人以为阿里巴巴有什么财政上的困难，所以，马云做出了解释。

但大家对阿里巴巴上市的问题一直很关心，到2003年，马云又做出回应："我最后重申一次，我现在不想上市。但我不是说我绝对不会上市，我的逻辑是，如果今年上市只能支撑10元的股份，而3年后可以达到

30元，那为什么不再等三年呢？”

后来，在2004年的时候，软银投资给阿里巴巴8200万美元，大家认为这一次阿里巴巴会上市了，但等了很久，还是不见马云有上市的动作，大家便又开始问马云准备什么时候上市。马云在接受《网易科技》的采访时回答，阿里巴巴的潜力刚刚释放，整体规模还没有达到预期的目标，所以，他不希望阿里巴巴为了应付每个季度的报表而放弃更长远的策略。对于阿里巴巴来说，与其迫于竞争压力和舆论压力被动上市，那还不如不上市。

“上市是个自然过程，阿里巴巴不要为了钱而上市，阿里巴巴绝对不能为上市而上市。融资是很容易的事情，如果需要的话我们还可以融更多的资金，但是创办一家大的公司真的比上市更为重要。比如，很多上市企业今天为了迎合华尔街的需要，每一个季度都得为下一个季度活着，但是由于考虑到投资者，今天对于阿里巴巴来说，我不需要为3个月或者6个月活着。我们做我们认为对的事情，我只要说服5个投资者就可以，而不是说服华尔街5000个人。”

就这样等了很多年，其间有很多次机会，人们都认为阿里巴巴一定会上市，但是，马云都没有上市。马云也知道对于一家企业来说，上市是名利双收的好事情，但马云更知道，作为一家企业的管理者，在企业上市之后，会面临更多的挑战和问题，而且有些问题可能会更加放大。

所以，马云并不急着上市，他认为上市并不能看作是最终的成功，只有将企业做得更好，那才算成功。

### 马云管理智慧

很多管理者在创建公司时，总是喊着要上市，要上市，他们认为公司上市了就能圈到更多的钱，就能为公司带来更好的发展。但对于阿里巴巴来说，上市只是一个加油的过程，而不是目的，马云没想过不上市，但也不会急于上市，他只会在恰当的时机选择上市。2007年，阿里巴巴市场占有率越来越大，这个时候，马云认为上市的时机到了，阿里巴巴开始为上市做准备。

上市之后，阿里巴巴拉开了全球扩张的序幕。马云坦言："上市对阿里巴巴来说是一个里程碑，上市的时机选择得很正确。我们的B2B公司已经有了比较稳固的基础，市场环境也比较好，公司管理也很强，阿里巴巴在香港的成功上市证明，内地的企业也可以在香港获得投资者的青睐和高水平的估值。

"就在几年前，我们也不想上市，但现在我们认为是一个很好的时机。抓住很好的时机上市，对整个中国电子商务或者中国互联网市场都能产生比较大的影响，或者很好的提升。在香港，或者在美国上市区别也很大。我们认为，香港能成为世界级的交易场所，工行在香港上市就能体现香港资本市场的融资能力。阿里巴巴上市就吸引了很多欧美的大型基金。在香港上市对阿里巴巴而言意义重大，因为我们能为香港联交所贡献我们的价值。"

只要是好的公司，就可以吸引众多投资者，吸引全世界各地的投资者来投资。所以，作为企业的管理者，关键不在于自己的企业能不能够上市，而是要看企业是不是能够持续发展、成长，要看企业的结构是不是能够经得起时间的考验。作为企业的管理者，在追求理想的奋斗道路上，不要因为一点小小的成就就自大、就满足、就故步自封，要知道，做企业的目标不是上市，上市只是一个过程，上市之后的竞争会更加激烈。

中航三鑫董事长秘书石志在接受《中国证券报》记者采访的时候说过："上市使得中小企业能够实现资本的以小搏大，利用这种上市资源可以调动其他资源。上市还加速中小企业形成品牌效应，提升市场形象和竞争力，上市公司日渐成为媒体报道关注的对象，上市公司公告和新闻通过各类媒体迅速传播，无形之中提高了企业知名度。"

虽然上市对公司有很多好处，但石志还是提醒管理者："企业高管需要端正所有者和经营者的角色，规范公司治理和完善民主决策程序。上市公司需要注意把握特色经营和规模经营的关系，借助资本市场实现快速发展，抢占战略先机，需要处理好主营业务和多元化经营的矛盾，完善产业链，实现可持续发展，同时把握好虚拟经济和实体经济的关系，实现业绩高增长，给股价以实际业绩支撑。"

现在很多管理者在资本管理上喜欢盲目扩张，让企业多元化地经营，增大了企业的风险，这些管理者以为只要企业上市了，一切风险都会降低，但其实，他们这些想法都是片面的。企业如果没有足够优秀的发展前景和足够强大的竞争力，即便这个企业上市了，也不可能获得持续发展。

在上市的这条道路上，管理者要全面考虑问题，替企业的长远、健康发展考虑，而不是被上市的短暂胜利冲昏头脑。

## 不要受资本意志控制

没有领导能力的人才会说"资本力量是无穷的"，实际上资本永远是听你的。资本家要投资几十家公司，而我除了睡觉，天天在想如何管理公司，我一定比资本家懂。所以在把钱交给企业之后，资本家会被真正的企业家“绑架”。我觉得今天不是王志东的时代了，今天能活下来的企业都有自己的自信和独到的想法。我觉得阿里巴巴面临的问题是谁在经营这家公司，这是最核心的。

——2005年马云接受《南方都市报》专访

## 马云管理案例

资本是一个让企业家倍感纠结的东西，没有资本，企业家难以扩大规模，企业举步维艰；有了资本，企业难免会被投资者所“控制”，同样寸步难行。在中国，有很多企业家都在思考一个问题，那就是自己和投资者之间究竟谁是主人、谁是仆人？而大多数企业家思考之后却难以得出正确答案，最终往往因为企业家和投资者都强调控股权和控制权，陷入利益争斗中，使企业的发展陷入困境。

阿里巴巴的原则是“不许任何人控股”，马云曾说：“对股东，我尊重他们，我倾听他们，但我会按照我自己的想法去做。”马云之所以会有这种思想，与他曾经的经历有关。

早期创办中国黄页时，由于在北京搏出一片天地实在太困难了，马云决定回到杭州，筹划下一步发展。

然而，自从互联网行业不再神秘，越来越多地进入公众视野之后，中国黄页便有了越来越多的竞争对手，其中与马云竞争最激烈的当属杭州电信，当时的杭州电信发展得很快，大有与中国黄页一争高下的态势。

杭州电信资金雄厚，还有政府资源，注册资本达到3个亿，相比之下，马云的中国黄页注册资本仅仅2万元钱，显得势单力薄，不堪一击。

杭州电信为了分割中国黄页的市场，还做了一个与中国黄页名字很相近的网页，叫作chinesepage.com，这让马云变得更加被动了。为了拯救中国黄页走出当时的困境，马云选择拉靠山，来增强中国黄页的生存力。

在经过深思熟虑之后，马云决定和杭州电信合作。马云回忆说："当时脑袋一拍就干了，最后董事会里面他是5票我们是2票。1995年年底我们成立了合资企业，然后灾难就来了。"合作没多久后，双方就闹出了意见，马云和杭州电信方面的很多意见达不成一致，由于杭州电信占70%的股份，中国黄页仅有30%的股份，所以没有控股，马云没有什么话语权。久而久之，马云觉得很压抑，他不得不和杭州电信分道扬镳，提出了辞职。

这次惨痛的教训让马云明白一个道理，那就是"不要受资本意志控制"。所以，在创办阿里巴巴时，他一再强调不许任何人控制阿里巴巴，他自己不控股，也不许别人控股。马云曾说过："几乎所有民营企业都吃过一次亏，就是想方设法去控股。我没有控股董事会。我成立阿里巴巴的时候就跟董事会投资者讲，阿里巴巴的董事会是一个工作的董事会，不是分享权力的董事会。CEO要凭自己的智慧、勇气、胆略去领导这个公司。"

在阿里巴巴的发展过程中，经过了数次融资，但是每当和投资人谈到股份时，马云的态度都很明确，那就是投资者只是娘舅，他可以给你建议、给你钱，但是肩负着把孩子养大的职责的人是你。

**马云管理智慧**

在中国，很多企业都会出现一种现象，那就是在企业的董事会中，谁投资得多，谁所占的股份就高，谁就有话语权，这就导致投资者经常会干涉企业的决策，甚至有时会做出错误的判定。有的时候，一些企业在举行股东大会时，持有不同意见的大股东们时常会争执不休，导致一些决策无法拍板，更有甚者，在那种所谓的一股独大的企业中，经营者稍有不慎就可能被投资者踢出局。

在国际上，被誉为“科技狂人”的乔布斯曾经在1985年因在董事会的斗争中失势，被迫卖掉绝大部分的股份，离开他参与创办的苹果公司。直到1996年，才在苹果公司董事会的决议下重新回到正在垂死边缘的苹果公司担任临时CEO。而在中国，这种创始人被资本的力量排除在外、成为资本力量下的牺牲品的案例更是比比皆是，张树新离开瀛海威，王志东惜别新浪，吴鹰告别UT斯达康……无数惨痛的案例让企业家们领教了什么是“资本意志至上”。

搜狐总裁张朝阳曾在一次采访中说出了第一代互联网公司的无奈：“第一代互联网公司的优点，就是特别早，在别人都不知道的情况下你跳出来了，你的品牌会被人记住，先入为主。缺点是我们当时融资的时候，没有人要投互联网，谁都对互联网不感兴趣。说俗点儿，给奶便是娘，什么人给你扔点钱都了不起了。我们当时融资特别难，我们拿到资金的人，根本不懂互联网，整天瞎指挥。所以第一代互联网人比较痛苦的，就是当时怎么做都不知道，股东这边也都是门外汉，而且还以为自己特懂，所以我们商业模式就是这样的。”

一个企业一旦听命于资本的意志，管理者就会失去控制权，造成决策上的被动，而那时，他在企业中的存在也就毫无价值了，企业也很可能偏离原来的发展方向而走上歧途。所以，一个优秀的管理者要做到不能让投资者控制企业，只有企业家才是企业的领导者。

对阿里巴巴而言，阿里巴巴团队的力量才是掌握阿里巴巴命脉的力量，当然，马云并不否认资本的力量，但他不认为资本的力量可以控制一切。他认为企业家不应该因为资金而被投资者控制，而要让投资者跟着自己跑，只有企业家的决定才是最重要的。

一个合格的管理者，在股份问题上，有必要先学会“自保”，只有这样，才不会让自己辛苦创办的公司成为资本、创业者和管理层之间三角恋爱关系的“练兵场”。

## 寻找策略投资

融资，我们也走得不错，那时候互联网融资还比较容易。有些人为了钱，可能放弃一些条件，阿里巴巴那时很坚持：我们挑选投资者，不是投资者挑选我们，我回绝了38家投资者。我现在还记得很清楚，第一家来找我的投资者，是家国有企业，他跟我说：“你们要风险投资，我给你们100万，明年你给我120万怎么样？”我跟他说：“我给你100万，你明年给我120万怎么样？”那时国有企业对风险投资的意识还没有建立起来。

有些风险资本进来，他们考问我很多，你们现在怎么做，将来怎么做……等他们考问完我以后，轮到我问他们：“你倒说说看，除了钱以外，你还能给我带来什么东西？”他们如果说不出来，我就会把他们拒绝掉。

——2001年马云在厦门会员见面会上的演讲

## 马云管理案例

1999年，靠着和团队凑起来的50万元，马云正式创建了阿里巴巴。然而，这50万元相对于需要巨大资金投入的互联网行业来说，简直就是杯水车薪。尽管马云处处节省，但是随着阿里巴巴的不断发展，在支撑了几个月之后，公司还是陷入弹尽粮绝的境地，当时马云甚至困窘到需要借钱来给团队成员发工资的地步。

与马云的困窘相比，当时整个互联网行业却在飞速地发展，互联网经济深受国际资本的青睐，而此时的中国互联网也正在享受着来自风险投资的盛宴。以著名的老虎基金、高盛和软银为代表的风险投资商纷纷进入中国市场，与阿里巴巴同一时期的三大门户网站和一些电子商务、娱乐网站全都获得了大量的风险资金，而处在起步阶段的阿里巴巴自然也引来了无数投资商的关注。

尽管当时资金匮乏，马云却出人意料地拒绝了30余家风险投资公司的合作意向，只因为这些投资者全部来自国内。在马云的心中，有着他的小算盘，他深知这些国内投资者无一例外地是想通过注入资金获得阿里巴巴的股份，然后在短时间内实现套现获利，而这必然会给阿里巴巴带来巨大的隐患。马云希望能找到海外的策略投资者，在获得投资的同时，还能得到比资金更重要的附加价值，如进一步的风险投资和其他的海外资源。

马云这种宁缺毋滥的做法让很多人暗暗替他捏了一把汗，害怕阿里巴巴因为资金短缺而倒闭，但是后来事实证明马云的坚持是对的。

当时马云已经成立了阿里巴巴香港中国控股有限公司，由蔡崇信负责国际市场的业务拓展、推广以及公司的财务运作。1999年8月的一天，蔡崇信正在酒店里与一家投资商谈判，在中途休息的时候，他在大厅里遇见了一位老朋友，这位老朋友当时任职高盛公司，职务是香港区投资经理。在闲聊中，他告诉蔡崇信，由于全球互联网经济的热潮，高盛也开始关注互联网行业，有意向中国进行一次尝试性的投资。听到这个消息之后，蔡崇信立刻意识到，这对阿里巴巴来说是一个千载难逢的好机会。经过这位朋友的引荐，高盛公司在了解了阿里巴巴的基本情况后，决定派人到中国对其进行考察。

经过考察，高盛认为阿里巴巴的发展前景还是不错的。经过谈判后，高盛给阿里巴巴开出了500万美元的投资基金，这笔钱数在当时马云所接触的投资商中并不是最多的，但马云几经思考之后还是决定接受高盛的投资。马云认为，高盛是美国有名的投资公司，它的投资对将来阿里巴巴拓展海外市场具有长远的战略意义。而且由于高盛的规模大，看事情比较长远，他们应该对阿里巴巴有长远的信心，一定会长期地坚持下去，而不是短期牟利行为。

1999年10月，在高盛的牵头下，富达投资、Invest AB等多家一流的基金公司参与，联合向阿里巴巴注入500万美元的风险投资。至此，阿里巴巴获得了其历史上的第一笔“天使基金”。

很多商人为了拉投资，本着有奶就是娘的念头，放弃了自己的底线，而这正是马云所不能接受的。直到今天，马云对投资者的要求依然没有放松。他希望风险投资者是作为一个策略投资者进入阿里巴巴的。马云说：“不光是资本在挑选目标企业，我们也有自己的取舍。对那些不能与公司战略兼容的资金，我们一般不接受。而和聪明人在一起，你不用说什么废话，他就能听懂你的业务模式。”

## 马云管理智慧

在很多时候，真正能够体现一个企业家价值观的不是他说“是”的时候，而是他说“不”的时候，在马云的融资思维中，从来就不会出现“有奶就是娘”的思想，即使是弹尽粮绝、入不敷出的危急关头，他也没有丧失一个创业者、企业家应有的尊严。

面对络绎不绝的风险投资者，马云始终坚持着自己的原则，在寻找投资者的过程中，马云也切实体会到筛选投资者的重要性，他说：“找投资者的时候比找老婆还难，一定要小心，不光要找漂亮的，关键是她要跟你同甘共苦，在最困难的时候跟你一起奋斗，这是最重要的。”

在马云的眼中，有两种投资者是自己所不能接受的：一种是“管得太严”的投资者。马云认为这种投资者天天盯着你看，你稍有动作他就要问一问、管一管，这种被看管的滋味很难受，让你的能力无法发挥。这种投资者也很没劲，既然你这么谨小慎微，不信任他人，干脆自己做算了，还要我这个CEO干什么。另外一种是“从来不管”的投资者。马云认为这种投资者属于把鸡蛋全部押在篮子里面，投了十几个、二十几个项目，自己却没有几个人，这也就意味着他根本不是在关心你的项目，而是期望在众多的项目中赌上一把，获得收益。

对于那些目光短浅、只追求眼前利益的小投资者，马云是一概拒绝，而对于那些追求长远利益的策略投资者，马云则来者不拒。在一次采访中，马云说：“对于风险投资，阿里巴巴当初创业就要了个‘阳谋’，只找大型风险投资商，比如投资雅虎的孙正义，他们有本钱‘玩儿大的’。我不找那些小投资商，一个人只有10元钱，你借走9元，他当然天天坐在你家门口要账了；但你向有100元钱的人借3元，那人当然会很有耐心等。”

马云在将阿里巴巴办得有声有色后，许多投资人被吸引过来，面对在门口排队等着给阿里巴巴投资的人，马云却说出了让人大跌眼镜的话：“我们不需要钱，如果真的需要钱做资金储备，摆在我们面前的有两条路，要么上市融资，要么私募。”

面对找上门来送钱的投资者，马云看到的不是一捆一捆的钞票，而是这些投资能带给阿里巴巴什么样的前景。“私募资金可以让我们做战略的部署、人才的储备，不因为上市的压力做长远布局。你可以看到现在三大门户网站只能考虑下一个季度怎么办，我们今天的资金可以让我们考虑3年以后怎么布局。你不上市，你面对的是5个投资人；你上市，就是要面对5000个投资人，不是怕，是时机没到。”

人们往往只看到马云以及那些有钱人所拥有的巨额财富，却都忽略了他们对待金钱的方式和态度，这其中的深意更耐人寻味。马云如果不是有着极大的理性和对金钱的正确态度，那阿里巴巴也就不会有今日的辉煌成就。

## 花别人的钱比花自己的钱更加痛苦

阿里巴巴能够走到今天，有一个重要因素就是我们没有钱，很多人失败就是因为太有钱了。以前我们没钱时，每花一分钱我们都认认真真考虑，现在我们有钱了，还是像没钱时一样花钱，因为今天花的钱是风险资本的钱，我们必须为他们负责任。我知道花别人的钱要比花自己的钱更加痛苦，所以我们要一点一滴地把事情做好，这是最重要的。

——2008年马云在南昌的演讲

### 马云管理案例

在一些企业中，有些管理者在创办企业初期能够精打细算，因为他知道这是在花自己的钱，等到融资之后，他就会变得大手大脚，毫无顾忌，因为他觉得这是在花别人的钱，没必要心疼。而这种现象，在阿里巴巴是绝对不会出现的。

在阿里巴巴创业初期，马云和创业团队凑的那50万元根本不经花，本来马云打算用这些钱坚持10个月，可离10个月还早呢，钱就花没了。

在公司缺钱的那段日子，为了压缩公司的运营成本，本来就要求节俭的马云对公司的成员开支更是“抠门”。那时候彭蕾是公司的出纳、采购员，负责公司的一切花销。被马云称为“组织部长”的她，当时更像个“打杂的”。

“那个时候没有什么分工，哪个工作缺人，你又能做一点，就去做。其实我就是管钱的，买盒饭，打印纸没了买纸，就管这个。因为那个时候没有公司。公司是1999年9月10日正式成立的，之前我是做客户服务、出纳。”这是彭蕾当了阿里巴巴的副总裁后，回忆当年创业艰辛时说的话。

买办公用品时，彭蕾还要货比三家，尽量保证买到物美价廉的东西，争取每一分钱都花在刀刃上。办公用品都如此节省，出行工具就更别提了，公司没钱购车，员工出门能走路就走路，能坐公交就不打车。如果必须打车，那也尽量打最便宜的出租车，尽量不坐桑塔纳，而是坐夏利，只因为桑塔纳比夏利贵1元钱。现任阿里巴巴资深副总裁金建杭曾经回忆说：“我们打车，一看是桑塔纳，本来手都举起来了，就跟人家出租车司机聊上几句打发过去，直到看见夏利才坐上去。”

后来，尽管阿里巴巴获得了高盛、软银等著名投资机构的大笔风险投资资金，但是，这种节俭的传统仍然在阿里巴巴公司延续着。曾经共同创业的同事，现如今都成了公司高管，他们出差坐飞机很少买头等舱，打车也尽量选便宜的。在阿里巴巴办公室门口的复印机上放着一个储蓄罐，旁边墙上白纸黑字写了很长的复印机使用规定，在这份规定中明确写道：个人因私事复印每张5分，自觉投币。

对于投资者的钱，马云看得比自己的钱还重要，他一再强调：“阿里巴巴永远坚持一个原则，我们花的是投资人的钱，所以要特别小心。如果今天花的是我们的钱，可以大手大脚。雅虎是今天世界上最小气的公司，而我们每天考虑的也是如何花最少的钱，去做最有效的事。”

马云2001年在厦门的会员见面会上提到那时的经历，感慨道：“其实到了1999年6月我们已经没钱了。我们用钱很节省，必须打车的时候也只打夏利。这6个月里我们没日没夜地干，那时我们在全国有两三万会员，已经有很多人都知道我们了，名气比较大了，但也有很多人猜测阿里巴巴到底在哪里。

“我们最早的策略是阿里巴巴迅速进入全球市场，利用国际资本，迅速开拓海外市场，同时培养中国电子商务市场。当时中国的电子商务市场炒得很热很热，但实际的东西没有什么。我们避开中国的‘甲A联赛’，直接进入‘世界杯’，打入海外市场。我们根本没有被看作是中国公司，很多美国人用了半天还搞不清楚这是中国的公司做的。我们的时机掌握得不错，最后美国《商业周刊》通过各种途径分析出我们在杭州。我们不允许和亲戚朋友讲任何关于阿里巴巴的事，不是想保密。那时候和他们讲我们要做80年的企业，要做世界上最大的网站，一定会被认为是疯子，因为那时下个月的工资在哪儿都还不知道呢。

“美国《商业周刊》最后通过外交部、通过浙江省外办来调查我们、采访我们，打开我们的门一看吓了一跳——这就是阿里巴巴公司。我们二十几个人就睡在那里边，干啊干啊。《商业周刊》那时看到我们很吃惊，我们倒是没觉得有什么，我们是穷人的孩子，苦出身，在他们看来简直不可思议，在海外已经很有名气了，有几万商人在用的这个网站竟是从这个房子里出来的。我们这一步棋走得很对。”

### 马云管理智慧

节俭不仅是积累财富的基石，同时也是一面体现商人内在品质修养的镜子。马云曾说过：“投资者给你钱的时候，你一定要记得有一天还他，这是做人的品质。”而作为华人首富的李嘉诚，也曾坦言自己是喜欢节俭生活的人：“我的生活标准甚至还不如1962年的生活标准，我觉得简朴的生活更有趣。”这并非李嘉诚在故作姿态，而是他真实的生活状态写照。

李嘉诚的西装多是穿了很多年的旧衣服，鞋子也是如此，他不讲究衣服和鞋子的牌子，只要得体、整洁、干净就可以。在人们的印象中，李嘉诚从不披金戴钻，他拥有别墅和游艇，但他一般都是自己开车上下班，偶尔还会坐的士。

在吃饭这方面，李嘉诚的标准是一菜一汤或者两菜一汤。请客的时候，他一般不会饕餮浪费，而是根据客人的人数和爱好来选择菜肴。多年来，李嘉诚一直过着普通人的生活，他的消费水平甚至还不如打工的白领。

已故苹果原总裁乔布斯同样曾表示过："开支最省这一原则的重要性无须多言。大多数的企业还没能做出用户需要的东西之前就垮了，而其中最常见的原因是他们资金短缺。开支最省几乎等同于不断地快速地改进。而事实上，这一做法的重要性还不止于此。开支最省能够让一个企业保持活力，这一点跟运动能让人保持活力乃是同一道理。"

同李嘉诚、乔布斯一样，比尔·盖茨作为世界上最富有的人之一，也十分节俭。比尔·盖茨的生活信条就是："一个人只有用好了他的每一分钱，他才能做到事业有成、生活幸福。"

有一次比尔·盖茨和朋友到希尔顿饭店开会，因为没有普通停车位了，朋友就建议比尔·盖茨将车停放在饭店的贵客车位。比尔·盖茨没有同意，因为贵客车位需要多支付12美元，他认为那是超值收费。

不要因为这样，就认为比尔·盖茨是一个抠门的人，虽然他不愿多支付几美元的停车费，但他肯为公益和慈善事业一次又一次捐出大笔的善款，甚至在2008年他退休之后，将580亿美元个人财产捐到比尔和梅琳达·盖茨基金会。

也许有的人会说"今朝有酒今朝醉"，我自己赚取了财富，那么凭着我的努力，以后金钱会源源不断地来到我的手中，只要让自己得到享乐就行，没有必要为了给自己留足过冬的粮食而节俭。世界拳王泰森或许就是这样一种人，在他处于职业巅峰的时候，一场比赛就能够赚取数千万美元，因此被媒体夸张地称为"世界上最棒的印钞机"。由于金钱来得过于容易，在台下他忘乎所以，成为"散财童子"，把自己的全部金钱都花在几个与他有染的美女身上。结果，当他过了职业的巅峰时期后，生活水平立刻一落千丈，变得穷困潦倒，甚至一度沦落到靠在街头卖唱来赚钱果腹。

节俭并不是丢人的事情，很多人常常怕因为自己没钱而被人看不起，从而打肿脸充胖子，花钱装点面子工程，这是很没有必要的。人们从心里尊重的是那些物尽其用、有着正确价值观和金钱观的人，而不是虚荣好面子的人。

## 找风险投资时，必须跟风险投资共担风险

我一直认为，你不管做任何事儿，脑子里不能有功利心。一个人脑子里想的是钱的时候，你这个眼睛是人民币、港币、美元，全部从嘴巴里喷出来，人家一看就不愿意跟你合作。以前没钱的时候，每花一分钱我们都认认真真考虑，现在我们有钱了，还是像没钱的时候一样花钱，因为我们今天花的钱是风险资本的钱，我们必须为他们负责任。

——2005年马云参加中央电视台《对话》节目

### 马云管理案例

1999年夏，马云接到了来自摩根士丹利亚洲公司投资分析师古塔的一个电话。古塔向马云询问了阿里巴巴的一些情况，在几个星期后，给马云来了封电子邮件，让他去一座大厦里和一位投资人谈谈。

这位神秘的投资人就是大名鼎鼎的孙正义。那天，孙正义约见了好

几个人，他们都是来找孙正义投资的。因为时间有限，孙正义给他们一人20分钟的时间来阐述。轮到马云的时候，他做了6分钟的演讲后，孙正义就打断了他，表示出了想要为他投资的意向。

面对孙正义的快言快语，马云一下愣住了，因为他当时已经获得了高盛集团500万美元的投资基金，并不缺钱，所以这次根本没打算让孙正义投资。愣了几秒后，马云说："我不要钱。"马云的话也让孙正义愣住了，他问马云既然不缺钱，那为什么要来找自己。马云回答说："不是我要来找你，是别人叫我来见你的。"

马云与孙正义的第一次见面就发生了这样戏剧性的一幕，但是也正因为如此，不为钱折腰的马云吸引了孙正义，孙正义邀马云去日本和他做进一步的详谈。在与孙正义第一次见面的20多天后，马云与孙正义在日本再次相见。两人省去寒暄，直入主题，谈起了融资的各项事宜。

在谈判中，马云提出了三个条件：一是阿里巴巴不接受联合投资，只接受软银一家的投资；二是软银作为股东，在公司的运营和运作上要以阿里巴巴的长远发展为中心，不能过分追求短期的收益回报；三是由孙正义担任阿里巴巴的董事。

孙正义很快答应了马云的三个条件，只不过将第三个条件的董事改为顾问，因为他从来不做自己所投资公司的董事。对于这个改动，马云同意了。

最终，马云和孙正义达成协议，软银投入3000万美元，占30%的股份，帮助阿里巴巴拓展全球业务，同时在日本和韩国建立合资企业。协议签署后，孙正义对马云说："记住，今天是历史上最重要的一天，你们是我见过的最漂亮的团队。"

回到杭州后，马云在董事会上宣布了软银投资阿里巴巴的计划，大家经过一番激烈讨论后，认为软银要占30%的股份太多了，这样会造成股东结构不平衡，为阿里巴巴日后的发展埋下隐患。

马云冷静思考之后，也为在日本的决定感到后悔了："我要那么多钱干什么呢？这真是太愚蠢了。"想清楚利弊关系后，马云立刻给孙正义的助手打电话，告诉对方自己不需要这么多钱，只要2000万美元就够了。孙正义的助手听完马云的话，差点跳起来，他还从来没有见过嫌钱多的人。

"这简直是一件不可思议的事情，我们投资的钱，你竟然嫌多，你这是在赌博，这是无法谈下去的。"

面对孙正义助手的质疑，马云如实答道："是的，我在赌博，但我只赌自己有把握的事。尽管我以前控制的团队不超过60人，掌握的钱最多只有2000万美元，但2000万美元我管得了，过多的钱就失去了价值，对企业是不利的，所以我不得不反悔……"

与孙正义的助手争执不下，马云只得给孙正义发了一封电子邮件，他说："……希望能与孙正义先生牵手共同闯荡互联网……如果没有缘分合作，那么还会是很好的朋友。"发出这封电邮没几分钟后，孙正义就给马云回复了："谢谢您给了我一个商业机会，我们一定会使阿里巴巴名扬世界的。"

最终，以孙正义为阿里巴巴投资2000万美元为这件事情画上了句号。马云的首席财政官蔡崇信说："这是孙正义投资经历中让步最多的一次了。"这是一个离奇的故事，到手的1000万拱手还给别人；这也是一个简单的故事，花自己该花的钱，做自己该做的事。花最少的钱，做最有效的事情，就是马云一直以来为阿里巴巴设计的理念。

## 马云管理智慧

对于很多刚开始创业的人来说，资金是最需要的，获得一笔丰厚的投资或者得到投资者的青睐，是很多刚开始创业的人梦寐以求的事情。但马云在资金紧张的情况下，对投资方百般挑剔。

从人性的角度来分析，每个人都想要更多、更好的东西。当一个看起来非常诱人的机会摆在眼前时，很少有人能够控制住自己的贪念。但作为一个真正聪明的人，他就能够迅速在冷静下来之后，分析清楚这其中的分寸，成功既不是全盘接受，也不是全盘放弃，做人不能太贪心，要懂得知足，也不能太谨慎，裹足不前。

但是，说起来容易做起来难，很多人在看到利益的时候，往往会不假思索就扑上去，想着拿得越多越好。过度地追逐利益会使人迷失，凡事适可而止，才能走好人生的路。马云也说："上当不是别人太狡猾，而是自己太贪。"

两个商人在回家的路上看到了几只绵羊在吃草，他们将羊毛剪下，每人背了一筐羊毛回家。走了一段路后，在路边发现了别人丢掉的一些矿石，那些矿石可以拿去换钱，但两个人已经背了羊毛，背不动矿石了。

一个商人就把羊毛放在一边，捡了几块矿石放进筐里，另一个商人不舍得把羊毛扔掉，就背着羊毛和矿石继续走在回家的路上。途中要过一座独木桥，只捡了矿石的商人很轻松地过桥了，而那个背着羊毛和矿石的商人因为背负的重量太大，一不小心掉入了河水中，等他爬上岸，羊毛和矿石都被河水冲走了。

那个背着矿石的商人将矿石卖了个好价钱，那个什么都想要的商人最终什么也没得到。贪婪的人总是什么都想要，但人生万事万物哪能都得到呢？什么都想要，什么都去追，最后只会累死自己。

人生也是如此，人不可能什么都拥有，当你握有一件东西的时候，就紧紧抓牢，不要朝三暮四，否则最终会什么也得不到，竹篮打水一场空。懂得什么该拿，什么该放，才是大智慧。

有一个小孩和妈妈去买东西，路过一个糖果店时，老板和小孩的妈妈是熟人，两人闲聊了几句。老板见小孩盯着糖果目不转睛，就慷慨地让小孩抓一把糖果吃，但小孩不肯，老板觉得小孩肯定是不好意思，就亲自抓了一把，放进了小孩的口袋里。

走出糖果店后，妈妈问："刚才你为什么不自己去抓糖果？"

小孩说："我的手这么小，叔叔的手那么大，如果我去抓糖果，抓不了几颗，叔叔一把可以抓好多。"这个小孩的聪明之处就在于不贪图眼前的小便宜，克制自己的贪欲，最后反而收获了更多。

李嘉诚曾说过："经营企业，'知止'两个字最重要。我从12岁就开始投身社会，到22岁创业时就已经过了10年非常艰苦的日子，到今天我已工作60多年了。在香港我看过有些人成功得容易，但是掉下去也非常快，是什么原因呢？'知止'是非常重要的。全世界很多企业之所以失败，最少一半都是因为贪婪。"

贪心不足蛇吞象。当贪心得不到满足时，人会丧失理性。对于一个管理者来说，丧失理性就等于将企业送上风口浪尖，稍不留神，企业就会陷入破产的边缘，而能克服心中的贪欲，带着企业在稳中前进，方显管理者的大智慧。

# 附录

# 马云简历

中 文 名：马云

外 文 名：Jack

国　　籍：中国

民　　族：汉族

出 生 地：浙江省杭州市

出生时间：1964年

毕业院校：杭州师范学院、长江商学院

担任职务：

阿里巴巴集团主席

阿里巴巴公司主席和非执行董事

软银集团董事

中国雅虎董事局主席

亚太经济合作组织下工商咨询委员会会员

杭州师范大学阿里巴巴商学院院长

华谊兄弟传媒集团董事

北京华夏管理学院特聘教授

菜鸟网络科技有限公司董事长

成就荣誉：

2000年10月，被“世界经济论坛”评为2001年全球100位“未来领袖”之一。

2001年，被美国亚洲商业协会评选为2001年度“商业领袖”。

2002年5月，获选为日本最大的财经杂志《日经》的封面人物。

2004年12月，荣获十大年度经济人物奖。

2008年3月，获选《巴伦周刊》2008年度全球30位最佳运行长。

2008年7月，获得日本第十届企业家大奖（该奖项过去只颁发给日本国内的企业家）。

2008年9月，获得美国《商业周刊》评出的25位互联网行业最具影响力的人物。

2009年，个人净资产达80亿元，位列胡润富豪榜77位。

2009年11月，获选《时代》2009年百大最具影响力人物。

2009年11月，获选《商业周刊》2009中国最具影响力40人。

2009年12月，获选 CCTV中国经济年度人物十年商业领袖之一。

2012年，《财富》中国最具影响力的50位商界领袖排行榜，马云排名第8位。

2012年，CCTV中国经济年度人物候选人。

2013年，《新财富》中国富豪榜排名第17位。

2015年10月，2015年《福布斯》中国富豪榜在北京发布，马云以218亿美元财富排名第2位。

2015年11月，马云名列《福布斯》全球最有权力人物排行榜第22位。

2016年10月，2016年《福布斯》中国富豪榜公布，马云以282亿美元财富排名第2位。

2017年1月，美国总统候选人特朗普和阿里巴巴集团董事局主席马云进行了一场“Great Meeting”（非常棒）的会谈，特朗普称马云是一个伟大的企业家。

# 阿里巴巴发展史

1998年12月：

马云和其他17位创建者在杭州发布了首个网上贸易市场，名为“阿里巴巴在线”。

1999年3月：

马云带领团队回杭州创业，阿里巴巴网站推出。

1999年7月：

阿里巴巴中国控股有限公司在香港成立。

1999年9月：

阿里巴巴（中国）网络技术有限公司在杭州成立。

1999年10月：

阿里巴巴引入500万美元风险投资基金。

2001年1月：

日本互联网投资公司“软银”对阿里巴巴注入2000万美元的投资资金。

2001年12月：

开始盈利，注册会员突破100万个，成了全球首家超过百万会员的商务网站。

2002年10月：

全面进军日本市场。

2002年12月：

全面实现盈利。

2003年7月：

马云在北京宣布投资1亿资金发展淘宝网，开始打破国内C2C的市场格局。

2003年10月：

阿里巴巴创建独立的网上交易安全支付产品——支付宝。

2003年12月：

推出全面免费的国内在线C2C网站——淘宝网。

2004年2月：

获国内互联网界史上额度最大的国际资本投资。

2004年4月：

淘宝网与中国最新锐的互联网娱乐综合门户网站21CN.com结盟签约。

2004年7月：

淘宝网在全球排名至第18名。

2004年7月：

阿里巴巴宣布再次对淘宝网投资3.5亿元人民币。

2004年年底：

推出独立的支付宝公司。

2005年1月：

淘宝网正式进军香港电子商务市场，开通“香港街”。

2005年4月：

淘宝网和搜狐宣布成为战略联盟。淘宝网2005年第一季度的交易金额超过10亿元，居于国内个人电子商务网站第1位。

2005年7月：

支付宝开展“你敢用，我敢赔”的支付联盟计划，成为网站购物支付的首选工具，推动了中国网购的进一步发展。

2005年8月：

阿里巴巴获得雅虎中国10亿美元投资。

2005年年底：

阿里巴巴被选为“2005CCTV中国年度雇主调查”最佳雇主。

2006年6月：

美国权威财经杂志*Business2.0*公布全球50位最具影响力商界人士排行榜，马云成为中国大陆地区唯一入选的企业家。

2006年7月：

在开曼群岛注册成立日本投资控股有限公司。

2007年1月：

阿里巴巴集团在上海宣布阿里巴巴（中国）软件有限公司正式成立。

2007年6月：

“e贷通”贷款发放仪式在杭州举行。

2007年7月：

淘宝网2007年上半年总成交额突破157亿元人民币，比2006年同期相比，增长了近200%。

2007年8月：

支付宝全面拓展海外业务。

2007年10月：

中国工商银行与阿里巴巴联合推出的网商融资新产品“易融通”正式宣布上线。

2007年11月：

阿里巴巴网络有限公司在香港联合交易所主板成功上市。

2008年3月：

阿里巴巴成为恒生综合指数及恒生流通指数成分股。

2009年7月：

阿里巴巴集团宣布旗下阿里软件公司与阿里研究院正式合并，公司名称仍为阿里软件。

2009年9月：

阿里巴巴集团创立10周年，同时成立阿里云计算。

2010年4月：

推出全球速卖通，能让中国出口商直接与全球消费者接触和交易。

2010年8月：

手机淘宝客户端推出。

2011年10月：

聚划算从淘宝网拆分，成为独立平台。

2012年1月：

淘宝商城正式更名为“天猫”。

2012年6月：

阿里巴巴网络有限公司（代码1688）在香港联交所退市，备受市场瞩目的阿里巴巴私有化落幕。

2013年1月：

阿里巴巴集团现有业务架构和组织将进行调整，成立25个事业部，由各事业部总裁（总经理）负责。

2013年9月：

正式推出社交网络手机客户端——来往。

2014年2月：

作为天猫平台延伸方案的天猫国际正式推出，让国际品牌直接向中国消费者销售产品。

2014年9月：

阿里巴巴集团于纽约证券交易所正式挂牌上市，股票代码为“BABA”。

2015年7月：

阿里巴巴集团宣布成立阿里音乐集团，高晓松出任董事长，宋柯出任CEO。

2015年11月：

阿里巴巴“双11”购物狂欢节当天交易量达到912.17亿元人民币，比2014年“双11”成交额提升近60%。

2015年12月：

阿里巴巴集团斥资12.5亿美元，成为“饿了么”第一大股东。

2016年4月：

阿里巴巴集团CEO张勇宣布，合一集团（优酷土豆）正式完成私有化，加入阿里集团大家庭，古永锵仍将担任合一集团主席及首席执行官。

2016年5月：

阿里巴巴集团成为国务院首批双创“企业示范基地”。

2017年2月：

阿里巴巴集团澳大利亚新西兰总部揭幕典礼在澳大利亚新南威尔士州举行。

2017年3月：

阿里巴巴宣布全资收购大麦网，阿里巴巴集团副总裁、阿里文化娱乐集团秘书长张宇出任大麦网CEO。